日本1941

恥辱倒計時

Japan 1941: Countdown to Infamy

堀田江理 (Eri Hotta) 著

馬文博 譯

商務印書館

本書中文譯稿由新華出版社授權使用。

插頁圖片來源：

第七頁，左上與左下圖：The Naval History and Heritage Command.

第九頁，右上圖：Hiroko Anzai

第十頁，上圖：the Franklin D. Roosevelt Presidential Library and Museum.

其他圖片：The archives of *Mainichi Shimbun*

日本1941：恥辱倒計時

Japan 1941:Countdown to Infamy

作　　者：堀田江理（Eri Hotta）

譯　　者：馬文博

責任編輯：韓　佳

封面設計：楊愛文

出　　版：商務印書館 (香港) 有限公司

　　　　　香港筲箕灣耀興道 3 號東滙廣場 8 樓

　　　　　http://www.commercialpress.com.hk

發　　行：香港聯合書刊物流有限公司

　　　　　香港新界大埔汀麗路 36 號中華商務印刷大廈 3 字樓

印　　刷：美雅印刷製本有限公司

　　　　　九龍觀塘榮業街 6 號海濱工業大廈 4 樓 A

版　　次：2015 年 6 月第 1 版第 2 次印刷

　　　　　© 2014 商務印書館 (香港) 有限公司

　　　　　ISBN 978 962 07 5635 1

　　　　　Printed in Hong Kong

　　　　　版權所有　不得翻印

人生潮起潮落，

若能把握機會乘風破浪，必定能馬到成功。

若不能把握機會，他們人生的航行就只能受限於淺陋和悲苦之中。

我們正漂流在茫茫大海，

當浪潮湧來時，我們必須把握住它，

否則就會使我們的冒險失敗。

—— 莎士比亞，《尤利烏斯・愷撒》

中文版序

1941 年 12 月，日本決定進攻美國及其盟友，本書把焦點集中在日本作出這一災難性決定之前的 8 個月。與公認觀點不同的是，本書認為，日本領導人其實認識到發動這場戰爭將帶來毀滅與自我毀滅的後果（當時，日本企劃院估計美國的工業產量是日本的 74 倍以上），甚至在發動襲擊前的幾個月裏，日本領導人也本可以避免這一對決。除了對歷史事件的直接關注，本書還着重探討了日本與中國以及日本與西方世界的對抗關係。

中國對於 1941 年的日本十分重要。二戰結束前，對日本來說，中國一直是一個頑強而難以制服的對手，日本能夠佔據絕對優勢，卻從來無法將中國打敗。正如每位中國讀者所知，日本自 1931 年起開始對中國東北積極進行軍事擴張，自 1937 年 7 月起，日本為了征服中國大陸而展開殘酷的戰爭。1940 年，日本甚至在南京建立了一個傀儡政府。儘管日本在軍事上佔上風，但中國絲毫沒有妥協的跡象。日益孤立又缺乏自然資源的日本鋌而走險，侵入東南亞，這冒着捲入一場新戰爭的風險，但自相矛盾的是，這樣做日本才能繼續與中國無休止地打下去。

當然，日本在中國大陸的不如意與 1941 年太平洋戰爭的爆發沒有必然聯繫，但日本無法通過軍事手段控制中國的確影響到日本最高領導人的政策判斷。到 1941 年秋，美國要求日軍從中國撤出，這成為阻礙美日外交談判的最主要問題之一。正如美國副國務卿薩姆納·威爾斯（Sumner Wells）在華盛頓對一位日本外交官所說，在美日談判中能否不涉及中國問題就如同"詢問《哈姆雷特》搬上舞台時能否去掉哈姆雷特這一角色一樣"。但東京的領導人不這樣認為。

日本偷襲珍珠港的官方解釋是，日本被美國這一西方自由主義國家實施的懲罰性經濟制裁措施逼上了絕路，不得不發動戰爭。這種看法說明，日本領導人忽視了一個事實：正是日本多年來在中國的軍事行動以及進一步挺進印度支那才招致了制裁。日本還為發動戰爭尋找正當理由，認為發動戰爭是為了從西方殖民者手中"解放"亞洲其他地區（而與此同時卻在攻打中國的亞洲同胞）。日本認為戰爭不可避免，自己是在反抗傲慢白人的欺凌。大聲叫囂的日本右翼至今仍持有這種歪曲事實的觀點。許多日本人仍傾向於認為這場戰爭是防禦性質的，是不可避免的，這是因為如果想到日本本可以避免這場毫無意義又損失慘重的戰爭，他們的內心會難以承受，而認為日本別無選擇就會感到輕鬆得多。

然而，正如本書再三論證的那樣，日本擁有選擇權。珍珠港事件前夕，日本多次召開高層會議，探討戰爭以外的選項，這說明日本領導層心裏清楚，與西方開戰將無法獲勝，因此應該避免這樣做。但最後，沒有一個人有勇氣出面阻止日本的黷武政策，這一政策的出發點正是日本已為戰爭作好了全面準備。雖然不論在政府還是軍方，日本的決策過程稱不上獨裁，但基於共識建立的政府阻礙了有意義的直接辯論。隨着時間的推移，包括參戰在內的重大決定的責任分攤在各個部門、各個領導人之間，最終由最具有象徵意義的天皇來批准，而天皇本應被視為凌駕於政治之上。可以説，絕大多數日本領導人認識到他們的國家走在自殺的道路上，但沒有人覺得自己負有足夠責任來阻擋這種趨勢，他們都寄希望於其他人來採取行動。通過對個別領導人的詳細剖析，包括近衛文麿、松岡洋右、裕仁天皇和東條英機，我所尋求的不是原諒，而是剖析悲劇人物的弱點與缺陷。

顯然，一場戰爭不會無緣無故打起來。日本説到底就是一個侵略者，首先入侵中國，其次是其他亞太地區，日本主動發動襲擊，早就在該地區踐行各種意義上的帝國主義入侵，盲目否認這些事實沒有意義。同時，我們應該從更加廣泛的歷史角度審視日本的帝國主義以及令人憂慮的中日關係。雖然當今兩國關係緊張，但值得我們銘記的是，敵對並不總是中日關係的主旋律。

即使在 1895 年中日甲午戰爭日本擊敗清廷後，日本精英階層仍然崇拜中國文明的輝煌，他們對中國經典著作的熟知程度與他們掌握西方語言的才能一樣突出。另一方面，在 20 世紀初，許多中國人也將日本作為現代化進程的典範。所以在 1905 年，孫中山創建中國國民黨前身（中國同盟會）的地點是在東京，這一點也不偶然。不論在過去還是現在，兩國能夠相互學習、互惠互利的地方還有很多。

英國歷史學家 E・H・卡爾（E・H・Carr）曾總結說，歷史 "是史學家與事實之間不斷交互作用的過程，現在和過去之間永無終止的對話"。這種對話必須不斷受到其他歷史學家的挑戰、修改並重新注入活力，這樣我們才能加深對特定歷史事件的理解。顯然，讓歷史問題政治化來解決短期問題不會改變歷史及書寫歷史的宏觀進程。我希望在這一持續性對話中貢獻自己的綿薄之力。

最後非常感謝商務印書館（香港）有限公司和譯者馬文博將本書帶給中國讀者。

1921 年 5 月，21 歲的裕仁皇太子（中）訪問英國時與英國首相勞合·喬治（其右方）合影。

1941 年，裕仁天皇為軍隊最高統帥。

內大臣木戶信一，天皇最親近的顧問，其扮演的角色如同皇宮的守門人。

1938 年 1 月，難得一見的由軍隊和文職高層領導人參加的帝國會議。

1937 年 12 月，一片歡騰的演員及觀眾在歌舞伎座為攻陷南京而歡呼。

1941 年 4 月，大米配給開始在大城市中實行。配給中心的標語上寫到：本日起開始增配。

早在 1941 年 8 月美國對日本實施全面石油禁運之前，石油的稀缺使得日本開始研發燒煤的汽車。

1937 年春，在女兒婚禮前夕的化妝晚宴上近衛文磨公爵模仿希特勒的打扮。不久之後，他將當上日本首相。

1938 年 11 月 3 日的廣播講話中，近衛緩和了他的鷹派立場，聲稱日本侵略中國為的是建立一個有利於全亞洲的"新東亞秩序"。

1940 年 9 月在柏林簽署了《三國同盟條約》,左為日本大使來棲三郎,中為
意大利外交部長加萊阿佐．齊亞諾(Galeazzo Ciano),右為希特勒。

近衛帶領參加大政翼贊會成立儀式的來賓三呼萬歲。
該組織成立於 1940 年 10 月。

1941 年年初，近衛內閣派海軍大將野村吉三郎赴華盛頓談判，希望能扭轉國際孤立局面。美國駐日大使約瑟夫‧格魯（Joseph Grew）在東京車站為他送行。

近衛內閣的親軸心國政策由其外相松岡洋右主導（中間）。松岡在美國接受教育，性格怪異，善於宣傳。1941 年春，他在柏林安哈爾特車站受到納粹外交部長約阿希姆‧馮‧里賓特洛甫（Joachim von Ribbentrop）（左）的迎接。

1941 年 4 月 13 日松岡洋右與斯大林簽訂了中立協議。兩人在莫斯科火車站告別。

1941年7月18日，近衛（第一行，右側）成立的新內閣，包括海軍大臣川古志郎（第二行，最左側）、外相豐田貞次郎（第三行，最左側）、陸相東條英機（川谷左側）以及國務大臣兼企劃院總裁鈴木貞一（近衛身後身著淺色西服者）。松岡沒有被納入其中。

1941年8月，日軍手持太陽旗在西貢外行軍。

1941 年 8 月，美國總統羅斯福與英國首相邱吉爾在加拿大紐芬蘭會面，討論同盟國的未來以及建立在《大西洋憲章》之上的歐洲戰事。

海軍大將山本五十六反對日本加入軸心國同盟。這張照片拍攝於 1940 年 11 月，不久之後他便開始規劃珍珠港戰略。

1941 年夏秋之際，海軍軍令部總長永野修身（上圖）以及參謀總長杉山元（右圖）強烈的推動對戰爭的準備。

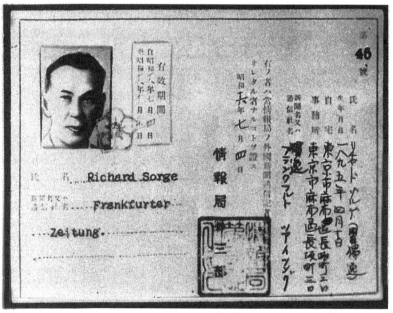

德國駐東京記者理查・佐爾格 (Richard Sorge) 是太平洋戰爭前夕,蘇聯派駐在東京的特務。圖為他的外國記者證明文件。

尾崎秀實是一位秘密共產黨員，
也是知名記者。他幫助佐爾格滲
透入日本政治精英之中。

尾崎大大受益於他與西園寺公一的親近關係。西
園寺是近衛的顧問，可以獲得政府的情報。

資深外交官東鄉茂德出任東條內閣的外相。
近衛在 1941 年 10 月 18 日辭職。

1941 年 11 月在華盛頓，野村大使和剛剛到
達的來棲特使由美國國務卿赫爾帶領，從國
務院去往白宮會見羅斯福。

1941 年 12 月 7 日，日本轟炸之後的珍珠港。

一群大阪人讀著手寫的，關於日本攻擊美國及其盟友的報導。

1945 年 9 月 5 日，東久邇宮稔彥王在戰後第一次國會會議上發言。

目　錄

主要人物

東久邇宮稔彦王：皇室親王；陸軍大將；裕仁天皇的叔叔

裕仁：昭和天皇；1926 年至 1989 年在位

賀屋興宣：1941 年 10 月起擔任大藏大臣

木戶幸一：侯爵；1940 年 6 月起擔任內大臣；裕仁的心腹

近衛文麿：公爵；1937 年 6 月至 1939 年 1 月、1940 年 7 月至 1941 年 10 月擔任首相，是日本國際危機加深時期的領導人

來棲三郎：近衛內閣簽署《三國同盟條約》時的日本駐德大使

松岡洋右：1940 年 7 月至 1941 年 7 月擔任近衛內閣外務大臣；主導日本的親軸心國外交，最終在 1940 年 9 月簽署《三國同盟條約》

永野修身：海軍大將；1941 年 4 月起擔任軍令部總長

野村吉三郎：海軍大將；1941 年 1 月任命為日本駐美大使，曾擔任過外務大臣

及川古志郎：海軍大將；1940 年 9 月起擔任近衛內閣海軍大臣

西園寺公一：近衛首相政策顧問；西園寺公望公爵之孫

西園寺公望：公爵；現代日本最後一位元老、最有權力的政治家；曾將近衛視為其門生

島田繁太郎：1941 年 10 月接替及川擔任海軍大臣

杉山元：陸軍大將；1940 年起擔任參謀總長；第一次近衛內閣（1937 ～ 1939）陸軍大臣，使中日戰爭加劇

鈴木貞一：企劃院總裁；退役陸軍軍官，受到近衛和東條信任，常常擔任二者之間的聯絡人

高松宮宣仁親王：皇室親王；1941 年成為軍令部成員；裕仁天皇的弟弟

東鄉茂德：20 世紀 30 年代末歷任駐德國大使和駐蘇聯大使；1941 年 10 月起擔任外務大臣

東條英機：陸軍大將；近衛內閣陸軍大臣；近衛辭職後成為首相

豐田貞次郎：海軍大將；1941 年 7 月擔任近衛內閣外務大臣；《三國同盟條約》簽訂時任海軍次官

1941 年 4 月前的日本歷史大事件

（此處及整本書出現的日期均為當地時間）

1853 年 7 月：海軍準將馬休・佩里（Matthew Perry）敦促日本結束閉關鎖國政策。

1854 年 3 月 31 日：德川幕府簽訂不平等的《日美和親條約》，結束閉關鎖國體制，對世界其他國家開放港口。

1868 年 1 月 3 日：幕府時代結束，明治維新開始。

1882 年 1 月 4 日：《軍人敕諭》頒佈，這份軍人行為準則將形成日本民族主義的重要部分。

1889 年 2 月 11 日：《明治憲法》頒佈。

1890 年 7 月 1 日：日本首次舉行大選。

　　11 月 25 日：日本兩院組成的國會首度召開會議，四天後再次召開會議。

1894 年 8 月 1 日：日本對滿清宣戰，中日甲午戰爭爆發。

1895 年 4 月 17 日：日本擊敗中國，簽署《馬關條約》，台灣和遼東半島割讓給日本。

　　4 月 23 日：俄國、德國和法國催促日本將遼東半島還給中國（三國干涉還遼），日本 5 月 5 日同意交出遼東半島。

1898 年 3 月 27 日：俄國成功拿到遼東半島租借權。

1902 年 1 月 30 日：英國和日本以平等身份締結英日同盟。

1904 年 2 月 8 日：日本在亞瑟港襲擊沙皇俄國，兩天後才對俄宣戰。

1905 年 5 月 27 ～ 28 日：日本海軍在對馬海峽海戰中取得決定性勝利。

　　9 月 5 日：在美國總統希歐多爾・羅斯福的調停下，日俄戰爭結束，雙方簽署《樸茨茅斯和約》。

　　11 月 17 日：朝鮮成為日本的受保護國。

1906 年 8 月 1 日：日本成立關東軍，以保衛剛從俄國手中奪得的 "滿洲"。

1910 年 8 月 29 日：日本吞併朝鮮。

1912 年 7 月 30 日：明治天皇睦仁駕崩，其子嘉仁繼位。

1914 年 7 月 28 日：第一次世界大戰爆發。

8 月 23 日：日本對德宣戰，11 月前佔領德國在中國及太平洋地區的領地。

1915 年 1 月 18 日：日本向中國的袁世凱提出 "21 條要求"，但日本壓迫中國時沒能取得外交特權。

1918 年 11 月 11 日：一戰結束，1919 年召開巴黎和會。

1922 年 2 月 6 日：日本簽署《九國公約》和《華盛頓海軍條約》，開啟自由國際主義的外交政策。

1923 年 9 月 1 日：關東大地震及隨後的火災讓東京被毀。

1926 年 12 月 25 日：嘉仁駕崩，皇太子裕仁繼位。

1929 年 10 月 29 日："黑色星期五" 標誌着大蕭條的開始。

1930 年 1 月 21 日：倫敦海軍會議開始。

11 月 4 日：由於批准《倫敦海軍條約》，首相濱口雄幸遭到極端民族主義者刺殺，身受重傷。

1931 年 9 月 18 日：關東軍發動 "滿洲事變"，炸毀穆克頓（瀋陽）附近的鐵軌並嫁禍給中國，隨後入侵中國東北。

9 月 24 日：若槻禮次郎內閣批准關東軍佔領 "滿洲" 吉林省，縱容軍方的擅自行動。

1932 年 3 月 1 日：關東軍宣佈日本傀儡政權 "滿洲國" 成立。

10 月 2 日：李頓調查團發佈報告，譴責日本入侵 "滿洲"。

1933 年 1 月 28 日：關東軍佔領熱河（今河北省北部），這是 "滿洲國" 和中國之間的緩衝帶，日本想在華北建立根據地。

2 月 24 日：日本全權代表松岡洋右宣佈，鑒於 "李頓報告" 獲得通過，日本打算退出國際聯盟。

5 月 31 日：日本成功迫使國民黨領導人蔣介石簽署《塘沽協定》，在河北東部靠近 "滿洲國" 邊界的地區設定非軍事區。

1935 年 6 月：日本加大對蔣介石的壓力，迫使蔣介石從河北、察哈爾、內蒙古撤出部隊，日本得以確保 "滿洲國" 周邊的勢力範圍。

1936 年 2 月 26 日：青年將校在東京發動政變，差一點成功，但裕仁果斷介入平息政變。

12 月 12 日：蔣介石被反日軍閥張學良綁架，被迫與中國共產黨組成抗日民族統一戰線。

1937 年 6 月 4 日：近衛文麿成為首相。

7 月 7 日：中日雙方在北京附近的馬可波羅橋（盧溝橋）擦槍走火，中日戰爭打響。

12 月 13 日：日軍攻陷並洗劫國民政府首都南京。

1938 年 1 月 16 日：近衛首相宣佈日本不以蔣介石為對手。

3 月 24 日：日本國會通過《國家總動員法》，實施一系列緊急集權措施以開展有效的戰爭動員。

7 月 1 日：美國開始針對日本，對飛機及零部件實行 "道義禁運"。

11 月 3 日：近衛宣佈，日本在中日戰爭中的目的是要建立 "東亞新秩序"。

1939 年 1 月 5 日：近衛內閣辭職。

2 月 10 日：日本開始佔領海南島。

7 月 26 日：美國宣佈廢除 1911 年簽訂的《日美通商航海條約》。

1940 年 3 月 30 日：汪精衛在日軍佔領下的南京成立親日政權。

5 月 7 日：珍珠港成為美國太平洋艦隊主基地。

6 月 4 日：美國禁止向日本出口工業設備。

6 月 17 日：法國向德國投降。

7 月 22 日：近衛第二次擔任首相，松岡洋右成為外務大臣。

7 月底至 8 月初：美國對日出口金屬、航空燃油和潤滑油受到嚴格管控。

8 月 1 日：松岡用 "大東亞共榮圈" 來形容政府的野心，日本渴望領導一自給自足的地區集團。

9 月 23 ～ 29 日：日本佔領法屬印度支那北部。

9 月 25 日：美國加大對蔣介石的財政援助。

9 月 26 日：美國禁止對日本出售鋼鐵和廢鐵，從 10 月 16 日開始生效。

9 月 27 日：日本與德國、意大利簽署《三國同盟條約》。

10 月 12 日：近衛領導下的大政翼贊會宣告成立，日本政黨政治結束，"新體制運動" 開始。

10 月 31 日：舞廳關閉，爵士樂表演在日本成為非法活動。

11 月 10 日：全國慶祝日本皇室 2,600 年的統治。

1941 年 1 月 8 日：陸軍大臣東條英機發佈《戰陣訓》，要求士兵戰死沙場，不能被俘，這種美化犧牲的訓誡成為日本戰時信念的基石。

2 月 11 日：日本駐美大使野村吉三郎抵達華盛頓。

3 月 12 日：松岡啟程前往歐洲，會見日本的軸心國夥伴希特勒和墨索里尼。

序幕　改變歷史的一天

　　1941 年 12 月 8 日清晨，霧，大和民族被一則令人震驚的消息驚醒。七點剛過，日本人得知，該國 "黎明前在西太平洋與美國和英國進入戰爭狀態"。[1] 儘管沒有透露具體細節，但彼時日本已成功襲擊了珍珠港。第一批戰機於日本當地時間凌晨 1：30 起飛，清晨 5：30 完成了這次突襲。上午 11：30，日本襲擊美國歐胡島珍珠港海軍基地的確切消息傳到日本，整個國家都為之振奮。稍後不久，日本正式向同盟國宣戰；日本在英國殖民地馬來亞和香港取得進一步軍事勝利的消息也隨之傳來（實際上，日本在馬來亞的軍事行動比太平洋行動早了近兩小時）。這一整天，日本廣播協會（NHK）在六小時常規節目外，為守候在收音機前的日本聽眾特意增加了 12 小時的特別新聞報道。

　　由於時差原因，日本帝國海軍航空部隊襲擊夏威夷時仍是夏威夷時間的 12 月 7 日。在這次襲擊中，日本擊沉或損毀了大量美國軍艦、飛機及其他軍事設施。襲擊中喪生及後來傷重不治者共計 2,400 人。日本在發動這次毀滅性襲擊前並沒有終止與美國的外交關係，更沒有對美宣戰，這讓日本聲名狼藉。但 12 月 8 日當天，日本普通民眾對這些戰術細節並不在意，他們的第一反應是歡呼雀躍。

　　日本派飛機偷襲珍珠港時，該國正深陷經濟和政治動盪。由於國家不斷加強對公共生活的控制，一種無助感在日本國民中蔓延。從日本 1937 年年中對中國發動全面戰爭伊始，日本民眾曾相信他們的國家將很快贏得這場戰爭。然而，儘管不斷傳來日本在中國節節勝利的消息，但中國國民黨領導人蔣介石並不打算放棄。與拿破崙的軍隊當年在俄國的情況類似，日本軍隊過於深入艱苦而陌生的中國腹地，難以有效展開軍事行動。儘管日本媒體繼續大力鼓吹沙文主義，但民眾私下卻開始質疑，為甚麼這場戰爭還沒有結束。大多數民眾並不了解日本外交的真實情況，他們所知道的是前外相、海軍大將野村吉三郎 1941 年年初被派往華盛頓進行談判，以期和平解決日本面臨的國際孤立局面。但隨後並沒有傳來好消息，這讓日本民眾頗為擔憂。許多人知道美國對日本一系列舉動相當不滿，例如與德國和意大利結盟，先後佔領法屬印度支那的北部與南部等。美國似乎決心要通過經濟制裁來打擊日本，除非兩國能很快達成外交解決方案。

在日本的日常生活中，奢侈品很快消失了，食品也出現短缺，尤其是日本人的主食 —— 大米。由於在中國的戰事久拖不決，精壯男子都進入軍隊以及與戰爭有關的工業部門，留在農村的人為部隊生產更多糧食的壓力更大了。從 1940 年夏天開始，即使東京最高檔的餐廳也只能供應廉價進口大米和土豆，這種大米口感乾澀，被當地人譏笑為"老鼠屎"。1941 年四月以後，在曾經充滿現代生活便利的六大都市，當地居民只有通過定量配給券才能獲得大米。到 1941 年 12 月，這一配給制度涵蓋了 99% 的日本民眾。對於一個國產大米在國民飲食中佔據近乎神聖地位的國家，這如同一場災難。

用當時一位評論家的話說，日本人的生活如同墓地一般陰鬱。[2] 曾身穿豔麗和服或新潮西服、流連於影院與舞廳的時尚男女們現在卻盡可能地保持低調。小說家永井荷風對這些變化深感憤慨。這位年邁隨性的都市生活記錄者曾經認為，紐約中國城的鴉片煙館、巴黎蒙馬特的咖啡館和舊日東京的市井街區都是讓他感覺輕鬆自在的地方。他又瘦又高，看起來並不過度講究衣着，但實際上他既了解也十分在意時尚 —— 這是他出身富裕家庭的結果。但即使以他獨特的審美觀來判斷，他也覺得日本人變得過於不在乎外表了。1940 年秋，這位年屆六旬的作家在日記中抱怨道：

> 東京市中心的街景已面目全非。僅僅半年前還熱鬧繁華的街頭，如今卻變得安靜而毫無生機。晚上六點左右，這兒如往常一樣擠滿了通勤族，但看看這些都市男女穿的甚麼衣服啊！説這些人變得沒有光

彩都是客氣了，他們顯得老態而土氣。女人們似乎也不再注重外表，
不費心打扮了。夜晚的街道漆黑一片，人們不得不加緊回家的腳步。
那些拼命擠進火車的人相互推擠，一個個看起來與難民無異。[3]

　　暗淡的都市生活説明，從 1940 年夏天開始提倡全國節儉的宣傳運動完
全奏效了，日軍在中國戰事的拖延是主要推動因素。光"真正的日本經不起
放縱"和"奢侈是敵人"這樣的標語牌子就有 1,500 個，懸掛在東京各地（不
過也有人在"奢侈是敵人"中間插入一個假名變成"奢侈是極好的"[①]）。

　　愛國婦人會的志願者走上街頭，主導着這場節儉運動。這些看似正經的
婦女以警覺的目光搜尋並告誡身穿漂亮衣服的女性，遞給她們一張寫有"請
自重"的卡片。[4] 那些燙着頭髮，戴着戒指，塗抹指甲油、口紅，或戴着金
邊眼鏡的女人也成了攻擊目標，因為她們被看作"腐朽"、"個人主義"西式
生活的擁護者。這種迫害運動有時也會遇到激烈抵抗。曾有一名女子歇斯底
里地哭喊："我受不了！"還有一位"化了妝"的年輕男子趾高氣揚地走上街
頭，對這些愛國的時尚督察員挑釁地說："你們不打算讓我說點甚麼嗎？"但
這些反抗行為都只是個例而已。

　　曾販賣夢想的百貨商場也受到嚴格監視。每個商場都被要求執行"每
名顧客限購一件商品"的政策，以抑制與節儉倡議相抵觸的過度消費行為。
1935 年，化妝品公司資生堂開始讓漂亮的"服務員小姐"免費在商場櫃檯為
顧客講解化妝技巧，其美容潤膚霜的銷量在兩年內提高了 23 倍。但隨着中
國戰事的深入，"慰安袋"取代化妝品成為資生堂最暢銷的產品。裝有小零
食、手帕、鉛筆和筆記本的慰安袋被送到前線士兵手裏，以示家中親人的精
神支持。

　　1940 年 10 月 31 日夜晚，每個舞廳都擠滿了最後肆意瘋狂的男男女女，
因為第二天所有的舞廳和爵士樂表演都將變為非法（這些活動也被認為有損

---

① 編者註：原文為 "Zeitaku wa Su-Te Kida"。

人們的道德，會危害公共秩序）。《朝日新聞》在第二天的報道中形容這些擁擠在舞池中央的人就像"剛下鍋的小馬鈴薯，總是彼此碰撞"。事實上，從1938年年中開始，只有職業女舞者才被允許在舞廳跳舞，由於被迫加入各種婦女社團，這些女舞者的人數已減少了一半。婦女社團競相搶奪新會員，讓她們從事更加"體面"（也更加清貧）的工作，例如打字員和工廠工人。但在1940年10月31日夜晚，即使樂隊的告別曲——《友誼地久天長》已演奏完畢，人們仍不願離開舞池，彷彿在用一種微小、無力的方式抗拒着即將籠罩日本的漫漫長夜。

1941年12月8日這一天改變了一切。成功襲擊珍珠港讓過去兩年日本陷入僵局而產生的暗淡情緒幾乎頃刻間轉變為狂歡，大多數日本人為此歡欣鼓舞。一男子回憶起當時的情景：那時他還只是二年級學生，他的父親在東京開了家收音機店，他驚訝地看到父親的店門口大排長隊，人們等待着修理手中的收音機，因為預計政府將發佈更多特別公告。他此前從未見過父親一天之中做了那麼多活，此後也再沒有見到過。[5]

這一天，日本人固有的矜持蕩然無存。大街上，陌生人相互道賀。東京市中心皇宮外的廣場上，人們在地上跪拜，感謝天皇對國家的神聖領導。永井荷風當晚在擁擠不堪的列車上冷靜地觀察到，"一個傢夥以顫抖的聲音發表着演講"，[6] 他顯然無法抑制對當日新聞的興奮之情。這種公開表露的情緒與過去數年政府精心安排的各種勝利慶典形成鮮明對比，政府曾希望藉助慶祝活動喚起人們對中國綿延戰事的支持。

日本文人也無法擺脫珍珠港魔咒。時年59歲的齋藤茂吉是日本20世紀最著名的詩人之一，他在日記中寫道："我年邁的熱血正煥發新生！……我們襲擊了夏威夷！"[7] 36歲的小說家伊藤整在日記中寫道："幹得漂亮，日本的戰術就像日俄戰爭時一樣令人稱道。"[8] 的確，日俄戰爭也始於1904年2月8日日本對亞瑟港（Port Arthur）[②] 俄羅斯軍艦的突襲，兩天後日本才正式

---

② 譯者註：旅順港

對俄宣戰。最終，日本贏得了那場戰爭。[9]

即使之前不贊成在亞洲擴張的日本人也對日本與西方的交戰感到興奮。在過去 10 年，日本一再表示要逐步將亞洲從西方侵略者手中解放出來，現在，不贊成日本擴張的人立刻接受了這種官方立場。而在此之前，打着為亞洲反抗帝國主義的旗號卻在中國與亞洲同胞作戰的這種自相矛盾不斷折磨着這羣人。31 歲的漢學家竹內好表示，他和他的朋友一直誤解了日本領導人的真實意圖：

> 我們此前擔憂，在 "建設東亞" 這樣的漂亮口號背後，日本一直在欺凌弱者。（但現在我們意識到）我們的祖國日本其實並不畏懼強權……讓我們一同為這場艱難的戰爭而戰。[10]

儘管日本在 12 月 8 日充滿歡慶情緒，但仍然有一些頭腦冷靜的人對日本發動的戰爭表示懷疑，甚至擔憂。人們私下的情感也常常與公開表露的興奮有很大不同。許多人只是厭倦了戰爭及其對日常生活的束縛，還有人十分擔心他們的愛人可能必須奔赴戰場。

在距離東京東北約 70 公里的一個種植水稻的村莊，一個九歲男孩放學回家後得知日本襲擊珍珠港的消息。他的母親在屋外焦急地等候他，母親哭喊道："又打仗了。" 她流下的不是歡快的淚水，而是擔心其他六個兒子的安危。假如這場戰爭與中日間的戰爭一樣長久，那她這個最小的兒子也可能會被帶走。村子裏各家各戶深深的哀傷與電台傳來的歡快聲音形成鮮明對比，這一切讓小男孩印象深刻。[11]

少數對西方有深刻了解的日本人也高興不起來。他們深知日本資源有限，確信日本最終會失敗。一位在名古屋三菱重工工作的年輕人仍然記得，那日在工作中從收音機裏聽到這則消息後，他產生一種混合着興奮與害怕的奇怪感覺。儘管他對成功襲擊珍珠港感到高興，但同時也擔憂日本的前途。他所在的製造 "零式" 戰機的工廠也將在幾年後成為美軍轟炸的首要目標。

他的同事大多被炸死了，而他僥倖撿了條命。[12]

在珍珠港事件後的歡愉氣氛裏，表達上述種種關切可能會以不夠愛國的罪名遭到逮捕。太平洋和東南亞的軍事勝利讓大多數日本人變得狂熱，使他們至少暫時忘記了等待他們的艱難時刻。

在太平洋的另一端，珍珠港事件同樣激起了廣泛的愛國熱情。佛蘭克林·德拉諾·羅斯福總統在國會聯席會議上發表演講，他的聲音從容而堅定：「昨天，1941 年 12 月 7 日 —— 將永遠成為國恥日 —— 美利堅合眾國遭到了日本帝國海軍和空軍有預謀的突然襲擊。」以國務卿科德爾·赫爾（Cordell Hull）為首的羅斯福的閣僚們最初要求總統向國會陳述日本過往在國際上的種種劣跡。但羅斯福最後決定發表僅 500 字的講話，以便將他的信息傳播給盡可能多的受眾。他表示，日本發動襲擊是背信棄義的，美國將不惜一切代價擊敗這個懦弱的敵人。

羅斯福總統通過這一策略成功在國內激起針對日本的強烈情緒。曾在參加歐戰問題上與羅斯福爭執多年的孤立主義者也不再反對，羅斯福對日宣戰的提案立刻獲得國會批准，只有來自蒙大拿州的反戰主義者、共和黨議員珍妮特·蘭金（Jeannette Rankin）投了反對票。[13] 從這一歷史時刻起，珍珠港被深深烙在美國人的心裏，並在熱門歌曲《銘記珍珠港》那強有力的歌詞中不斷強化。這首在珍珠港事發 10 天內錄製的歌曲這樣激勵着美國人：

> 「讓我們銘記珍珠港，我們將要上戰場；
> 讓我們銘記珍珠港，正如當年的阿拉摩 ③……
> 讓我們銘記珍珠港，直至最後的勝利！」

---

③ 編者註：阿拉摩之戰（Battle of the Alamo）是 1835 年 10 月 -1836 年 4 月德克薩斯獨立戰爭期間，發生在墨西哥軍和德克薩斯分離獨立派之間的戰鬥。德克薩斯軍雖然戰敗，但是「勿忘阿拉摩」（Remember the Alamo）後來成為激勵德克薩斯士氣的口號。

在遭受日本襲擊之前，夏威夷對於絕大多數美國人來説幾乎就如同另外一個國家。[14] 諷刺的是，日本人及日裔美國人佔到夏威夷總人口的近40%。如今，位於平靜太平洋上的夏威夷已成為美國愛國主義永恆不變的核心。

珍珠港事件也改變了戰爭其他各方的命運。蔣介石聽聞珍珠港遇襲後頓時非常興奮。有消息説他用留聲機播放了《萬福瑪利亞》並跳起了舞（蔣介石當時已皈依循道公會）。英國數月來的獨自作戰也終於結束了。溫斯頓·邱吉爾在與美國特使埃夫里爾·哈里曼（Averell Harriman）及美國大使約翰·吉伯特·懷南特（John Gilbert Winant）共進晚餐時接到了羅斯福的電話。羅斯福向他告知美國遇襲的情況。邱吉爾説，那一晚，他"躺在牀上，懷着解救與感恩之情入眠"。[15] 四天後希特勒對美國宣戰，這又讓邱吉爾鬆了口氣。

1941 年 12 月 8 日，日本的影院和戲院臨時取消了當晚的演出，取而代之的是播放首相東條英機當天早些時候錄製的講話。以前日本人喜愛的諸如《史密斯先生到華盛頓》（*Mr.Smith Goes to Washington*）等美國電影被正式禁播。當晚，觀眾們聽到的不是美國影星吉米·斯圖爾特（Jimmy Stewart）的聲音，而是一位政治領導人的聲音。

東條英機是一個戴着眼鏡的禿頂中年男人，除了他的鬍子外，沒有甚麼顯著特徵。他誇張的齙牙形象只存在於西方漫畫中，但他的確不像一位讓自己的國家與其最強大敵人開戰的那種政治領袖。他朗誦着《回應大日本帝國的召喚》，他的嗓音毫無特點，發音矯情得就像一個二流舞台劇演員：

> 我們卓越的帝國陸軍和海軍正在進行一場孤注一擲的戰鬥。儘管大日本帝國盡了一切努力，但仍未能維護整個東亞的和平。政府在過去嘗試了一切可能使日美外交關係正常化，但美國不肯做出絲毫讓步。非但如此，美國還加強了與英國、荷蘭和菲律賓的關係，要求日本單方面作出讓步，包括無條件從中國撤出全部軍隊，拋棄（日本扶

持的）南京政府，並廢除與德國和意大利簽訂的《三國同盟條約》。即
使在這樣的要求下，日本仍然堅持尋求和平解決方案，但美國至今仍
拒絕重新考慮其立場。假如大日本帝國屈服，滿足美國的所有要求，
那麼日本不僅將顏面掃地，無法完成"支那事變"④開創的事業，而且
日本自身的生存也將受到威脅。[16]

東條英機片面地解釋了襲擊珍珠港的原因，強調日本主動發起的戰爭只
是出於"自衛"。他如實表達了日本根深蒂固的受害者心理、受挫的民族自
豪感以及對更大認同的渴望，所有這些可粗略概括為"反西方主義"。這是
一篇感情色彩濃重的演講，而他沒有講的內容更值得關注。

日本領導層對於在太平洋和東南亞採取先發制人的行動沒有形成清晰
的共識，許多人對他們的決定仍然極度懷疑，猶豫不決。誠然，正如東條的
一句名言所說，"有些時候，一個人必須鼓足勇氣做事，就像從清水寺的平
台上往下跳一樣，兩眼一閉就行了"。[17] 這裏提及的清水寺是位於京都的佛
教寺院，以突出懸崖外的平台而聞名。人們常引述這句話作為東條英機魯莽
冒險主義的象徵。外界認為他是盲目將日本推向戰爭的軍事獨裁者，但他在
決策時也猶豫不決，尤其在發動珍珠港襲擊前的兩個月。在政府關於是否開
戰的最後討論中，東條從始至終都清楚日本取勝的機會微乎其微。 1941 年
10 月 18 日，東條英機就任日本首相時，他給自己設定的首要任務就是恢復
與美國的外交關係。

雖然一些日本領導人對勝利抱有希望，但沒有人對日本的最終勝利信心
滿滿。東條的前任近衛文麿公爵沒有軍隊背景，在珍珠港事件爆發前的四年
裏，他陸續擔任日本首相長達近三年。近衛文麿魯莽而極權的領導方式對日
本的國際地位造成了難以估量的損害，也讓軍隊對政府的影響力達到頂峰。
但與此同時，近衛明確反對與西方開戰。他的女婿兼助手細川護貞説，近衛

---

④ 譯者註：全面侵華戰爭

聽聞日本對西方開戰的消息後，他僅驚訝地說了這麼一句話："究竟怎麼回事！我真的感到一場慘敗不遠了。這（日本的有利局面）最多只能維持兩三個月。"[18]

與近衛文麿不同，小說家伊藤整無法接觸到政治或戰略信息，但他的直覺卻是對的。12 月 22 日，在他興奮地將珍珠港事件比作日俄戰爭的兩個星期後，伊藤整在日記中表達了自己的懷疑：

> 他們至今只宣佈在登陸馬來亞和菲律賓時損失了兩艘船隻。難道日本軍隊在此之後再沒有其他任何損失了嗎？還是他們規定不允許公佈我方的損失？假如是後一種情況，我會感到非常擔憂。[19]

無論對於戰爭走向有着怎樣的擔憂，大多數日本人還是傾向於認為，這場戰爭不僅為了日本，更是為了全亞洲的解放。這種想法是可以理解的，尤其對於日本士兵來說，因為每個人都願意相信自己是為了一項有意義的事業獻身，而不是相反。

的確，隨着西方列強在 1941 年年底至 1942 年年初相繼被日本擊敗，日本開始鼓吹的"大東亞共榮圈"名噪一時。這個共榮圈內幾乎所有國家當時仍屬於西方殖民地，包括緬甸、英屬馬來亞（今馬來西亞和新加坡）、荷屬東印度（今印尼）、法屬印度支那（今越南、柬埔寨和老撾）以及菲律賓（但日本入侵時菲律賓不再是殖民地）。因此日本佔領軍可以借機宣稱他們解放了受壓迫的亞洲兄弟姐妹，幫助他們完成社會重建，融入日本領導下的多元文化、經濟和政治集團。儘管披着教化使命的外衣，但"大東亞共榮圈"首先仍要為日本帝國主義經濟服務，意在加強對東南亞和東亞大量資源的控制，以幫助日本繼續戰鬥。隨着時間推移，這種需求將愈加緊迫。

由於 1942 年 6 月的中途島慘敗，日本帝國海軍勢如破竹的勝勢結束了。制訂中途島作戰計劃的與策劃珍珠港襲擊的是同一團隊。但這一次，日本損失了 289 架飛機和 4 艘航母，以及海軍花費數年培養的優秀飛行員，他們是不可替代的。中途島戰役證明，日本在珍珠港並未把敵人真正摧毀。

　　1941 年 12 月 7 日，在海軍中將南雲忠一的指揮下，日本飛行員的確完成了打擊八艘美軍戰列艦的首要目標，其中擊沉四艘、摧毀四艘。但南雲忠一的部隊卻忽略了其他更為重要的目標，比如儲油罐和彈藥庫躲過了一劫，修理廠也沒有遭到襲擊，這讓絕大多數受損戰艦很快得到修復，甚至還提升了性能。遭到日本襲擊的八艘戰艦中，只有"亞利桑那"號和"奧克拉荷馬"號徹底毀了。更重要的是，襲擊發生時美軍航母並不在珍珠港，這為美國取得中途島大捷埋下伏筆。

　　中途島戰役後，日本的局勢急轉直下。由於嚴格的新聞審查制度，日本人肯定不了解他們國家的失敗，這一點伊藤整已經在 1941 年 12 月的日記中質疑過。但隨着時間推移，日本人開始感覺到國家對戰事正逐漸失去控制，他們的忍飢挨餓就是佐證之一。由於可供分配的食品太少，食品配給體系開始失靈。領取食物的隊伍越來越長，而蔬菜、海產品等新鮮食品早已杳無蹤跡。一位 40 多歲的醫生的妻子，在戰前曾在美國居住多年，她在日記裏寫道："配給商品並不意味着你能免費得到它們。你要花錢購買每一樣東西，但你仍然受到乞丐般的待遇。這真讓人惱火！"[20]

　　營養不良問題在戰爭的第二年和第三年變得更加突出。每個人每天的口糧只能提供約 1,400 卡路里的能量（一個 140 磅的成年男性每天需要 2,400 卡路里）。政府號召國民通過"創造性"方式獲取食物，例如在黑市上進行買賣，自己種植蔬菜，以及用稻草、鋸屑或稻穀殼為原料來烤製"麵包"。

　　到 1944 年年末，日本本土的生活已變得異常艱難，包括東京、大阪、神戶、仙台、名古屋和橫濱等主要城市都在美軍地毯式轟炸下化為焦土。1945 年 3 月 10 日凌晨，美軍 B-29 轟炸機給東京造成毀滅性的打擊，東京老城大部分地區化為火海。被鄰居尖叫聲驚醒的永井荷風匆忙收拾好日記本和手稿，拎着公事包逃出屋外。他穿過翻滾的濃煙，最終到達一座小山上的空地。但他突然想要親眼看看自己居住了 26 年的家最終會變成甚麼模樣，在這種難以抑制的衝動下，他開始往回走。他的房子曾奇跡般逃過了 1923

年關東大地震後的大火，他希望這一次也能發生奇跡。他躲在樹木和電線杆背後以避開正指引人們離開危險區的警察，永井設法來到了他家附近，但最終仍被濃濃黑煙擋住了去路。他抬頭看見天空突然躥出的火苗，確信他家樓上的書房着火了。[21] 他曾聲稱對任何人都鮮有深深的依戀之情，卻對“失去那些書籍感到痛心疾首”。[22]

永井荷風和他的日記倖存了下來，但許多人並沒有這麼幸運。儘管不清楚具體數字，但據估計當晚遇難人數超過 10 萬人。至此，人們都清楚地意識到，珍珠港及其帶來的解救眾生的快感不過是一場毀滅性戰爭的開始。

倘若一個人試圖向外界解釋自己國家不光彩的歷史，他往往會被某些淺薄的評論家貼上“狡辯”的標籤。首先需要澄清的是，通過回顧珍珠港事件前 8 個月的歷史，我絕對不是想為日本的行為辯護。相反，日本領導人必須為發動這場本可避免且毫無勝算的戰爭承擔最終責任。倘若更加理智，更具耐心，這場戰爭本是可以避免的。

誠然，我們很容易站在道德制高點來控訴前人的罪行，但我們不應該因此而不去分析發動這場不負責任戰爭的原因和方式。相反，這一巨大歷史疑團迫切需要破解。經過時間的滌蕩，徹底拋開情感影響後，人們才能更清晰地審視這段羣情激奮的歷史時期。

不幸的是，清晰審視歷史事件並不容易，日本這一重大決定的背後有眾多複雜而矛盾的因素。毫無疑問的是，大多數日本領導人，無論是出於體制還是個人原因，都極力避免彼此發生公開衝突。他們説話繞彎，讓相關歷史記錄的解讀變得尤為困難。對多數軍方領導人而言，任何軟弱的跡象都是不能流露的，因此，即使他們對戰爭心存異議，也不可能公開而堅決地反對戰爭。這就是為甚麼相同的人在不同的時間、地點和場合下，時而支持開戰，時而又加以反對。例如，一些人在政府與軍方高層的聯絡會議上支持戰爭，又在私下避免他們的真實想法為他人所獲悉。大家都期待其他人能代替他們表達自己的意見。

　　會議記錄的缺乏也構成一個重大難題。日軍參謀總長杉山元保留的一份名為《杉山備忘錄》的筆記集為了解日本高層會議討論的議題提供了寶貴線索。這些文件能夠保存下來實屬偶然，多虧一位下級官員的敏銳直覺，他確信這些文件具有歷史價值，所以在戰爭臨近結束時他沒有按照命令將其銷毀，而是將文件保存在自家地下室的鐵皮油桶中。但這些備忘錄是遠遠不夠的。首先，備忘錄的記錄方式混亂，前後不一致。每次會議後，杉山元會向他的高級參謀通報會議內容，這主要依賴於他的筆記和記憶力，其中一位參謀負責記錄杉山所講的內容。當然也不是每個詞都記錄了下來，記錄本身也缺少必要描述，所以我們無法想像會議室內的氣氛，這更增添了日本重大決定是平白無故做出的這種詭異感受。備忘錄的語言時而生硬時而流暢，語言的正式程度也不盡相同，人們很難揣摩真正的語氣，更不用說詞語間的細微差別。即使是準確無誤的記錄也無法完全呈現這些會議的重要內容。

　　然而，這些保存下來的記錄的確提供了足夠證據證明，日本領導人在數次官方會議後，刻意作出與西方開戰的決定。他們說服自己相信，在當時的局勢下，他們是受害者而非侵略者，所以他們更多選擇魯莽而拋棄理性，不情願卻又頗具挑釁地將國家推向戰爭軌道。從東條英機12月8日的講話中可以明顯感受到一種“委屈”，即日本因為外部勢力毫不講情面才被迫捲入戰爭，包括美國的經濟制裁、美國對日本和平意圖的刻意誤讀，以及來自更廣泛西方世界的傲慢與偏見。

　　當然，我們也不應低估日本領導人在珍珠港事件前夕所承受的壓力。他們認為自己不得不做出選擇，要麼不計代價地發動戰爭，要麼為了避免戰爭而將日本多年的戰利品拱手讓人。日本領導人往往沒有意識到，這兩種極端處境正是他們的決定和行為一手造成的。隨着日本領導人在外交上做出更多誤判，他們開始討論一場不切實際的戰爭，同時虛假地宣稱自己為此已準備就緒，所以他們在國內外事務中已沒有多少可選項，日本就像卡在漏斗的底部一樣。這些領導人一定認為，戰爭這個選項是打破束縛最快捷也最可靠的途徑。悲哀的是，他們沒有考慮這樣做的後果。

他們為何沒能預料到後果？正如本書將要展示的，主要原因還是歸結於日本自身。不過，日本及其在 1941 年所處的環境倒的確是 20 世紀 20 至 30 年代紛亂歲月的產物，那時整個世界都經歷着重大變革。許多人認為帝國主義野心導致了第一次世界大戰，一戰結束後，人們嘗試各種努力，建立國際新秩序，防止爆發另一場大規模戰爭。建立國際聯盟、召開華盛頓裁軍會議（1921 ～ 1922 年）、簽署《凱洛格—白里安公約》，這些措施旨在規範和促進國際事務的解決，使大小國家朝着建設一個更加和平的世界而努力。但許多國家感覺自己被這一更加民主、高度理想化的新秩序所欺騙。

典型例子就是戰敗的德國。在領土擴張、實現國家榮耀、壯大軍隊、通過征服實現自給自足等帝國主義夢想的驅使下，德國發動了一戰，最後失敗了，被解除了武裝。德國將一戰後一系列和平協定及其衍生出來的國際主義運動視為戰爭勝利方企圖削弱德國的陰謀，因此德國更加渴望實現最初的野心，這最終導致國家社會主義的興起。從 1933 年至 1938 年，希特勒領導下的德國巧妙地逐步脫離國際聯盟，重整軍備，再度佔領萊茵蘭地區，並把矛頭對準奧地利。奉行自由主義的西方大國為了保住和平而不惜任何代價，因而它們選擇犧牲當時中歐唯一存在的民主國家捷克斯洛伐克。當西方國家認識到希特勒永遠無法得到滿足並不斷抬高價碼時，一切為時已晚。到 1940 年年中，西歐大部分土地已盡數落入納粹入侵者手中。這樣令人沮喪的經歷勢必會在 1941 年影響到西方對納粹盟友日本的看法。

作為一戰的戰勝國，日本從國際聯盟獲得了相應的領土割讓和臨時統治權。一時間，許多日本人興奮地擁護自由國際主義，儘管也有人感到不滿。持異議者認為，在當時國際體系下"掌權"的大國，特別是英國和美國，都是自私的種族主義者，一心想阻止日本變得真正強大。20 世紀 20 年代末至 30 年代初，不斷蕭條的經濟讓日本面臨嚴峻的社會問題，所以抵制西方的觀點甚囂塵上。

當然，整個世界都面臨類似的社會經濟問題，人們從極右到極左的各種意識形態中尋找解決方案，造成了國家的分裂（例如西班牙和法國）。到

20 世紀 30 年代，許多日本人很容易就把日本面臨的社會問題歸咎於其他國家，並過度強調日本民族主義的重要性，讓其凌駕於現實世界之上，進而發展為極端民族主義。對天皇的崇拜在日本激化民族主義的過程中發揮了核心作用，天皇被視為活着的神，是日本大家庭仁慈的首領。許多日本人聲稱，一個不完整的民族可以通過對外擴張、對內軍事化來實現完整。與納粹德國不同的是，實現過去的帝國主義目標也是日本極端民族主義的組成部分，儘管一些目標已不再可行。

中下級別的年輕軍官尤其容易受到這種激進民族主義的影響，因為他們能在其中大展拳腳。他們大聲指責"掌權"國家在大蕭條後結成經濟團體，對日本商品徵收高關稅，認為這是西方的陰謀。極端民族主義者還將蘇聯的布爾什維克主義、中國的現代民族主義以及美國在亞太地區展現的經濟和軍事自信視為對日本地區主導地位的威脅。極端民族主義者在日本國內也有特定的敵人。西化的大資本家及依附於他們的政治團體因支持自由民主而備受指責，成為極端民族主義暴力行為（比如暗殺）的對象。雖然這些極端民族主義恐怖分子從未真正控制過日本，但他們卻成功營造出恐怖氣氛，這在某種程度上讓日本領導人無法在 1941 年做到直言不諱。

日本領導人在 1941 年所面臨的許多或真實或假想的困難，其歷史根源都可追溯到 19 世紀後半葉日本對外部世界敞開國門的時代。結束閉關鎖國、德川幕府倒台以及之後建立了現代日本，這一系列事件與世界權力結構的大規模重組同時發生。西方殖民主義的掠奪本性，以及中國、西班牙、奧斯曼帝國的瓦解都讓日本相信，實力是生存的最基本要求。同樣在這一時期，不加辨別的各種思潮迅速發展。新帝國主義、社會達爾文主義、白人至上論，所有這些都不斷強化世界的種族主義觀念。儘管日本人無法改變他們的膚色，但此時的日本就像一個模範學生，不斷加強國力、提高教育水平和加快實現工業化，以期趕上西方的腳步。

需要注意的是，現代日本從一開始就清楚認識到，成為強國並不僅僅是實現工業化與軍事化，它還需要遵守規則並贏得國際尊重，因此日本需要確保一個有利的國際輿論環境。1895 年戰勝中國清朝後，日本天皇告誡國民："勿隨意輕視其他國家，不要因勝利而自我膨脹，傲慢自大，這會讓日本失去其他強國的尊重……我們尤其不能侮辱他國，不能因為勝利而盲目自大，這將使友邦失去對日本的信任。"[23] 但這種謙遜到 20 世紀 30 年代已為大多數日本人所故意忽視。由於日本作為現代的單一民族國家所取得的成功，加之歷史上遭遇西方不公平待遇而積累的怨恨，日本變得更加盲目自信，認為自己能夠憑藉堅定的決心（還有常常伴隨的好運氣）渡過各種國內外危機。這種自信最終驅使日本入侵中國東北，進一步將勢力範圍擴展至中國北方，加劇與中國的衝突。基於同樣的自信，日本還謀求奪取東南亞的資源，以支持中日戰爭的持續，直到取得滿意的結果，並以此擺脫對外界的經濟依賴，於是日本朝着太平洋戰爭的錯誤方向邁出第一步。而希特勒在歐洲發動的戰爭使歐洲列強無暇顧及亞洲殖民地，這進一步刺激了日本的膽大妄為。

　　日本在太平洋戰爭前夕自以為是地鼓吹對外擴張，未能正確認識到自己的政策失誤，也沒能重新審視過去數十年對中國、朝鮮和中國台灣推行的嚴苛的帝國主義政策。儘管存在自身資源不足的劣勢，但日本仍然堅信該國注定要成為一個偉大國家。日本決策者 1941 年對國家命運進行抉擇時，近乎狂妄的自信已經在相當程度上成為他們心態的一部分。

　　日本官方關於被迫與西方開戰的表態折射出長期的歷史記憶對其心態的影響，也解釋了為何這場近乎自殺的戰爭在 1941 年 12 月能如此輕易地被日本民眾接受。但歸根結底，被壓抑的負面情緒不足以解釋為何在領導人普遍沒有信心的情況下，日本仍然發動戰爭。

　　丸山真男是日本戰後最卓越的政治學家之一，他在 1949 年反思這一問題時寫道：

　　　失敗的可能性讓人發抖，但（日本領導人）仍然用手蒙住雙眼決意
　　向前。假如我們問："他們想要開戰嗎？"答案是肯定的。但假如我們

問：“他們希望避免戰爭嗎？”答案還是肯定的。雖然想要開戰，但他們
又試圖避免戰爭；雖然想要避免，但又故意選擇了走向戰爭的道路。[24]

當個人職責模糊時，責任認定就難以進行，日本就是如此。與其法西斯
盟友不同，日本從來都不是一個獨裁國家，即便其議會政治到 1940 年秋季
已正式不復存在。日本的決策過程冗長，常常令人困惑。決策涉及一個橫跨
軍隊、政府部門和皇室的複雜結構和政治文化。

最重要的是，政府分裂並不是甚麼好事。根據憲法，軍隊可以越過民選
政府直接向天皇“進諫”，這一特權通常被稱為“最高指揮官的獨立性”。這
意味着日本有可能出現兩個外交政策完全相反的政府。更糟的是，這兩個
“政府”之間政治和意識形態分歧根深蒂固。此外，日本陸軍與海軍總是不
和，每支部隊內部在政治傾向、世界觀、派系及戰略取向方面都存在差異，
他們的主要對手也不同。考慮到這些分歧，日本領導人能夠同意發動一場無
人真正知道如何取勝的戰爭着實令人意外。

在整個 1941 年，日本文化固有的對團結的偏好（即使是最淺層的團結）
妨礙了該國在關鍵節點上對國家前途進行坦誠探討。日語的長處在於談論複
雜的社會關係、區分語義細微差別並給對方留有餘地，但這種語言不善於闡
明想法或引發公開辯論。然而，儘管這些結構、文化、社會甚至語言因素有
助於解釋事情的真相，但它們不是政治誤判的藉口。

一場重大的國家賭博是對日本開戰決定最貼切的理解。雖然社會因素迫
使日本領導人孤注一擲，但他們最終決定跳入火海是有意為之的。日本認為
與希特勒交戰的歐洲人無法守護亞洲殖民地，日本軍方規劃部門的戰略家於
是大膽推行侵略方案，並讓他們的長官相信，決策時間拖得越長，日本可獲
取的用於戰爭的資源就越少，美國也將獲得更多時間為兩國“不可避免的”衝
突做準備。日本認為從地緣角度看，日美兩國必須決定誰來領導亞太地區。
假如衝突在所難免，那何不自己掌握時間？客觀來說，這是一個通過獲取新
領土來為戰爭提供物資和資金支持的魯莽戰略，這正是古羅馬言簡意賅的名

言"以戰養戰"所表達的道理。當然,仍有許多日本領導人並不認為與美國爆發衝突是歷史的必然,有些人直到最後階段仍未完全放棄通過外交途徑與美國實現和解。但沒有人願意為日本錯失贏得戰略優勢的機遇承擔責任。

激進冒險的準則是:機會越小,收穫越大。日本在近代的兩場戰爭中都取得了勝利(1894 ~ 1895 年的中日甲午戰爭、1904 ~ 1905 年的日俄戰爭)。受此鼓舞,日本領導人認為,日本總有打贏這場衝動戰爭的可能性,儘管他們並不過多考慮該如何取勝。他們既有絕望的心態,又有賭徒般異乎尋常的興奮感。尤其當他們只關注於短期前景時,這種興奮感就更加強烈。但無論日本領導人的心理狀態如何,這場戰爭太草率了。日本獲得戰爭勝利的前景完全依賴於不受日本控制的外部條件(除了日本人的意志力外),比如美國很快求和或納粹德國征服歐洲這樣一廂情願的局面。就像日本領導人宣稱被推入戰爭一樣,他們似乎認為他們還將以某種方式被推向和平。可以這樣說,在珍珠港事件前夕,領導日本的是一羣"赫爾曼"式的人物。赫爾曼是普希金小説《黑桃皇后》中的顛覆性主角,他窮困潦倒,卻默默做着準備,希望在賭博中大撈一筆,最後喪失理智。

關於日本開戰決定最諷刺的是,如果沒有海軍上將山本五十六,日本領導人甚至不敢想像進行如此大的一場賭博。但山本五十六本質上卻是反對這場戰爭的。作為頭腦冷靜的政治家,山本在 1941 年 9 月底警告日本參謀本部説:"不應進行一場獲勝希望如此渺茫的戰爭。"[25] 雖然這位日本最見多識廣的指揮官清楚,美國不會輕易放棄戰鬥,但他仍然堅持自己的珍珠港戰略。

人們有權在賭桌上揮霍自己的錢財,但日本的國家賭博卻在威脅本國人民的生命,而對於那些遭受日本襲擊與侵略的國家來說,這些國家的人民也受到生命威脅。將如此重大的決定歸結為"不可避免"是絕對不夠的。驅使日本襲擊珍珠港的人究竟是誰?背後的原因究竟是甚麼?

第一章　戰爭傳聞

瘦高、留着小鬍子的近衛文麿公爵熱衷藝術，他曾翻譯過奧斯卡·王爾德的《社會主義下人的靈魂》。近衛現在成了日本首相，卻憂心忡忡。在官方照片中很少能見到近衛的笑容，卻時常見他陷入沉思。1941 年春天，有太多事讓他心情沉重。

自 1940 年秋開始，日本與美國的關係進入了更為緊張的新階段。1940 年 9 月 23 日，日本佔領軍抵達法屬印度支那北部，這讓羅斯福政府警覺。日本認為，佔領行動在一定程度上是對美國相關政策的一種應對措施。首先，美國自 1938 年年中起，對日本所有飛機進口實施"道義禁運"；其次，美國 1940 年 1 月又終止了實施 30 年之久的《通商航海條約》，對美國工業材料的出口實施更為嚴格的管控。另外，1940 年 5 月珍珠港被指定為美國太平洋艦隊基地，這也加劇了日本的憂慮。而美國上述舉措是對日本從侵略中國開始的一系列挑釁行為的回應。

此外，納粹德國在歐洲不斷擴大的優勢也給日本在亞洲的擴張主義注入了更多動力。1940 年 6 月巴黎淪陷後，日本攫取戰略物資的時機看似成熟。由於美國的封鎖政策，日本缺乏戰略物資。日本還想通過佔領法屬印度支那北部切斷英美兩國援助蔣介石的主要運輸線，進而結束中日戰爭。

但這一政策的結果卻事與願違。儘管佔領行動表面上是根據與法國殖民政府簽訂的防禦條約執行的（在法屬印度支那和荷屬東印度，歐洲殖民者仍掌握政權，儘管他們的祖國已被納粹佔領），但日本的行動顯然體現了在更大範圍控制東南亞的野心。這也是美國對日本實施經濟報復性措施的原因。美國立刻加強了對蔣介石的援助，美進出口銀行向蔣介石政府追加了 5,000 萬美元的財政援助。美國還對日本實施金屬材料禁運，極大限制了日本的金屬生產。[26]

　　美國對日本做出針對性回應後，日本於 1940 年 9 月 27 日在柏林簽署了
《三國同盟條約》，與德國和意大利結成軍事同盟。德國派遣特使赴東京直接
與近衛政府進行協商，繞過堅決反對這一聯盟的日本駐德大使。由於征服英
國的希望日漸渺茫，德國越發感到焦慮，因而急切想與日本走得更近。德國
空軍在 1940 年 7 月至 10 月不列顛空戰中沒有取得成果，無法實現入侵英國
的計劃。德國希望通過與日本和意大利結盟來威懾美國，盡可能減小美國
參加歐戰的可能性。與此類似，日本也將法西斯聯盟看作實力制衡的一種方
式。日本外相松岡洋右支持迅速簽署結盟協定，認為這將顯著增加日本與美
國談判的籌碼。

　　為宣揚三國的同盟關係，日本發行了一張題為"三個好朋友"的明信片。
在這張具有政治宣傳色彩的卡片上，來自德國、日本和意大利的孩子們興高
采烈地揮舞着自己國家的國旗。在卡片頂部，是一排希特勒、近衛文麿和墨
索里尼的小照片。近衛文麿的照片居中，他看起來有些愚蠢。他帽子上的白
色羽毛裝飾大概借鑒了 19 世紀西方法庭的正式裝扮，但顯得不合時宜。而
他的小下巴和茫然的眼神讓他顯得虛弱又不真實。

　　這張卡片實際上創作於數年前，用以紀念《反共產國際協定》。該協定
最初由德國和日本於 1936 年年底簽訂，意大利於一年之後加入。儘管人們
很容易將 1940 年建立的新軸心國聯盟看作這一舊聯絡機制自然發展的結
果，但事實並非如此。《反共產國際協定》並無意成為一個法西斯聯盟，日
本外務省曾試圖勸說波蘭和英國等其他國家加入這一協定，但沒有成功；而
當時在日本駐德國大使館擔任武官的大島裕志卻成功吸引納粹德國加入這
一協定。大島裕志早年在德國留學，與納粹關係極為密切，他先後於 1938
年至 1939 年以及 1940 年年底擔任過日本駐德大使。此後，只要東京上層決
策圈出現建立軸心軍事聯盟的提議，日本海軍省就堅決反對，因為擔心這將
誘發日本與美英兩國之間的戰爭。此外，日本對 1939 年 8 月 23 日簽署的
《蘇德互不侵犯條約》頗感憂慮（此時正值日本和蘇聯在"滿洲國"附近的邊

界開戰）。在這份條約的秘密協定中，蘇德兩國同意共同瓜分波蘭，並將波羅的海地區劃為蘇聯的勢力範圍。這撼動了日本早前與德國簽訂的《反共產國際協定》的基礎，接替近衛擔任首相的平沼騏一郎對此頗感震驚。平沼在下台時説：“歐洲的事情太複雜、太奇怪了。”

隨着德國 1940 年春季後在歐洲節節勝利，要求鞏固日德關係的呼聲再次浮現。1940 年秋，時任日本海軍大臣的吉田善吾仍然認為，結成法西斯同盟是個錯誤，他因強烈反對簽署《三國同盟條約》而心臟病發入院（也有人懷疑吉田入院的原因是自殺未遂），這使他不得不在德國特使抵達東京前辭職。沒有吉田善吾的阻擋，再加上海軍中仰慕德國的人越來越多（很大程度上由於德國首創的閃電戰所取得的成功），海軍同意支持《三國同盟條約》，只要該條約明確表示日本不因此條約而自動捲入德國與美國之間的戰爭（海軍還因此得到更多預算的承諾）。日本外交自此開啟了一個新時代。

1941 年年初，關於戰爭的傳聞開始在日本外交界流傳。不斷惡化的美日關係促使美國開始撤回駐日使館全體工作人員的家屬。2 月，東京的一家美國學校被迫宣佈關閉；與此同時，一家主要出版商出版了一本預測並分析日美假想戰爭的書（獲勝方自然是日本），這本書在一個月內售出了 5.3 萬本。

日本與英國的關係也日趨緊張。英國傳統上對日態度一直在務實與安撫間遊走。1939 年 7 月，日本外相有田八郎與英國駐日大使羅伯特・克萊琪（Robert Craigie）爵士簽署了《有田—克萊琪協定》。根據此協定，英國同意既不主動反對日本在中國的行動，但也不給予法理上的承認。該協定簽署一年後的 1940 年 7 月，英國對日本做出讓步，同意關閉滇緬公路。這條公路是向中國運輸物資的重要補給線。但日本對印度支那北部的佔領最終促使英國放棄綏靖政策。1940 年 12 月，英國同意向中國國民黨政府提供 1,000 萬英鎊貸款，並重開滇緬公路。加之蘇聯在北方的威脅，日本從 1941 年開始要面對更多的敵人，這是日本沒有想到的。

對日本民眾來說，1941 年是食品和燃料愈加短缺的一年。酷愛享樂的永井荷風因久居美法兩國而"無肉不歡"，他總是願意把錢花在美食上。但此時他開始面臨大問題。他在 1941 年春天抱怨道："與半年前相比，肉類和蔬菜的質量都急劇下降。"[27] 但這還僅僅是開始。數月後，他又寫道："我已經有好幾天沒見過任何蔬菜或水果了，豆腐也買不到，大夥都感到很憂慮。"[28] 在繁華的銀座地區，有一家以出售高檔水果而聞名的商店（例如用精美的美紋紙包裝的鮮亮蘋果，以及分裝在木盒中單獨出售的香瓜等），但這家商店現在除了一些桃子外也沒有東西可賣。至於永井日思夜想的肉，他寫道："牛肉已不見了蹤影。"同時，由於石油和煤炭需留作軍用，日本國民不得不依靠木炭生火做飯、取暖；甚至公共汽車也依靠木炭提供動力，這些資源也開始變得短缺。

與使用替代燃料的車輛一樣，日本外交也失去了動力。 1940 年 12 月 14 日，美國駐日大使約瑟夫·格魯（Joseph Grew）在一封寫給羅斯福總統的信中稱呼後者為"親愛的弗蘭克"，他在信中絕望地寫道：

> 想必您之前已看過我的一些電報。在那些電報以及這封信中，我們都試圖盡可能清晰、準確地呈現當前日本的情況。我們不得不摸索着來獲取信息，因為日本也常常處於一種"右手不知左手在幹甚麼"的狀況。日本人所謂的"新結構"（近衛文麿的中央集權計劃，更廣為人知的名稱是"新體制運動"。該計劃終結了日本的政黨政治）一團糟，政府內部的持續爭吵與分歧空前激烈。打着正義的口號一步步向極權主義邁進，這已經完全不是那個我們曾了解並喜愛的日本了。[29]

格魯認為美國不得不"阻止日本的中央集權計劃"。[30] 唯一的問題是何時以及如何阻止。

與此同時，美國加入歐洲戰場的可能性越來越大。1941 年 1 月 29 日至 3 月 29 日，美英兩國的規劃人員聚集在華盛頓（所謂的美英對話），討論未來的共同戰略。同年 3 月，《租借法案》的簽署終結了美國不干涉主義的藉口。這一法案允許美國向同盟國提供軍需物資，成為"民主國家的兵工廠"，儘管羅斯福總統仍面臨《中立法案》及孤立主義者的堅決反對。

美國對同盟國越來越多的支持也激化了美日關係惡化。即使日本政府緩慢向東南亞殖民地推進，在歐洲結交飽受爭議的朋友，與美國及其盟友交惡，但近衛文麿無意讓日本與西方開戰。近衛領導下的日本仍在努力從中國戰場脫身（日本委婉地將這場戰爭稱為"中國事變"，部分原因是日本從未正式向中國宣戰，同時也因為日本並未料到戰事會持續數年之久）。日本已無力發動另一場戰爭，這是日本軍界與政界高層官員的共識。畢竟他們認識到，在可預見的將來，美國發動戰爭的能力將是日本無法企及的。1940年，日本93%的石油來自美國。

1941年1月，近衛指派經驗豐富的外交官吉澤健吉赴巴達維亞（今雅加達）重啟與荷蘭當局的談判，期望不用動武就能確保另一個可替代的石油進口來源。同年2月，另一位經驗豐富的外交官野村吉三郎海軍上將抵達華盛頓就任日本駐美大使。時年62歲的野村笑容可掬，長得頗像個大號泰迪熊。本已處於半退休狀態的野村被説服承擔這一重大使命。與大多數他這一輩的海軍同僚一樣，他伴隨着英日同盟的黃金歲月長大，野村對英、美兩國友好，反對開戰。野村與羅斯福是舊相識，因此他被認為擔任駐美大使的最佳人選。

然而，所有的領導人都清楚，近衛所面臨問題的根源不在荷屬東印度或美國，而在中國。1937年年底南京淪陷後，國民政府遷往重慶，三軍統帥蔣介石從這裏發起對日本的頑強抵抗。為避免針對戰備物資的國際制裁，中日雙方都未正式將這場事實上的慘烈衝突稱為戰爭。1931年入侵中國東北後被稱為"流氓國家"的日本也因這場衝突更加臭名遠揚。由於在第一任期內錯過了結束中日衝突的機會，當近衛於1940年7月再次就任首相時，他希望結束這場衝突。

近衛文麿1937年在一片祥和的氛圍中首次就任首相。儘管並未經過民選（日本首相傳統上由天皇根據有權勢的政治寡頭們的推薦來任命。這些建立現代日本的政治寡頭在人事安排上權力巨大。後來，首相的提名權落到最後一位健在的政治寡頭西園寺公望公爵及其高級助手的手中。近衛就是由西園寺提名擔任首相的），但似乎整個日本都希望這位 45 歲的近衛能成為該國領導人。日本自 19 世紀下半葉以來一直將天皇崇拜作為國策，在這樣的國家裏，近衛的出身與年紀都為其公眾形象加分。他擁有最高貴的頭銜，血統可追溯到顯赫的藤原家族。藤原家族起源於 7 世紀，家族成員一度作為攝政王統治日本，並把女兒嫁入皇室。

近衛文麿並不是一般人想像的那種普通政客。雖然有人說他平易近人（他曾在鄉間散步時哼唱一首俗氣的流行情歌《我想念你》），但他已習慣了驕奢的生活。在他首次被任命為首相時，對食物的極度挑剔曾引起廣泛議論。大家都聽說過他曾在盛大的政治晚宴中婉拒了最新鮮、最精心準備的生魚片（人們猜想，近衛可能覺得相對於他的高雅品位，生魚片太過粗糙了）。為他服務的藝妓會將切好的生魚片放入一碗沸水中，就像涮火鍋一樣，然後用勺子（或筷子）餵給他吃。

近衛就任首相前夜，報紙在刊登的人物介紹中半開玩笑地說，他品嚐草莓的方式也十分挑剔（事實上，近衛只用消過毒的水來清洗草莓），草莓是他最喜愛的水果。近衛在一次雜誌訪談中承認過這些癖好，他解釋說，他不吃生食是因為他的胃不好。這種癖好不但沒有讓近衛顯得過於軟弱而不足以領導國家，相反增加了他的貴族神秘感和政治魅力。在對近衛滿懷崇敬之情的民眾看來，近衛不可能犯錯。

近衛的名望或許源自這些表層印象，但日本民眾的確期盼近衛文麿的任命能夠帶來變革。1937 年 6 月 4 日，近衛文麿幾乎在舉國歡呼中就任日本最高政治領導人，儘管當時日本經濟蕭條，經歷自然災害和農業減產，還有可能面臨以激進改革為名而發動的軍事叛亂。近衛的內閣人選立刻讓一些機敏的觀察家感到失望。由於近衛讓上屆政府的陸軍、海軍和法務大臣繼續留任，一位專欄作家說，他的選擇辜負了人們對變革的期望。這位專欄作家說："這使我們想起了（前任政府的）一味妥協縱容，我們應該感到警惕。" 31

儘管主要政黨在前一年春天獲得壓倒性勝利，迫使上屆政府下台，但近衛拒絕讓主要政黨成員進入他的內閣。近衛內閣僅有的兩名具有黨派背景的閣僚來自一個親軍方且支持極權主義的新政黨。沒有跡象顯示，近衛想要復興日本千瘡百孔的議會制，儘管這一制度曾在 20 世紀 20 年代的後半段迎來黃金時期。近衛對多黨制的厭惡顯而易見，但他的個人魅力使日本民眾看不到其中潛伏的危險。

近衛就職僅一個月後，日本與中國爆發戰爭，他的政治立場卻更加強硬。1937 年 7 月 7 日夜晚，中國和日本軍隊爆發小規模衝突，確切起因仍十分具有爭議性。廣為流傳的說法是，一小羣日本軍人在永定河岸邊進行空槍演練（日軍根據 1901 年簽署的國際條約駐紮於此地，該條約是在美歐列強為平息義和團運動入侵中國後而簽訂的）。但讓他們意外的是，日本士兵聽見他們的空槍演練遭到很可能來自中國軍隊的實彈還擊。更讓他們慌張的是，日軍隨後在點名時發現其中一名士兵失蹤。日本人要求搜查附近村鎮，這不在他們通常的控制範圍內，因而遭到中國守軍的拒絕。隨後雙方發生口角，開始召集部隊。失蹤的日本士兵又安然無恙地返回部隊，大概是去附近解手，但這已無關緊要了。中日軍隊間的小規模衝突很快演變為嚴重的武裝衝突。由於當晚的事件發生在北京城外的馬可·波羅橋（盧溝橋）附近，這位 13 世紀的意大利商人曾記錄過這座橋的美麗，因此這一事件在西方也被稱為"馬可·波羅橋事件"。

剛開始，近衛因忙於國內事務而無暇顧及發生在國外的小規模衝突。他同時還忙着為一些極端民族主義軍官請求赦免，這些軍官因前一年發動軍事政變並險些取得成功而面臨軍事法庭的審判。近衛的這些努力不僅反映了他對極右翼勢力的支持程度，也顯示出儘管多次出訪海外，但他對外部世界仍一無所知。現在，中國的形勢需要他的關注。

充滿個人魅力的石原莞爾曾在 1931 年策劃日本入侵"滿洲"，他認為應當避免與中國發生武裝衝突，因為更大的敵人蘇聯潛伏在北方。然而，一些東京和駐紮在中國的官員認為，日本正在錯失給蔣介石致命一擊的天賜良機，蘇聯國內正因斯大林的大清洗而陷入混亂，假如日本試圖擴大在中國的勢力範圍，蘇聯也不太可能干預。最終，認為日本還未準備好在中國發動全面戰爭的觀點佔了上風，與中國的休戰協定也於 7 月 11 日夜晚達成。如同前一年許多類似的小衝突一樣，中日雙方的此次對抗似乎也被控制在地區衝突的級別。

然而，就在休戰協定簽署的同一天，近衛以保護衝突地區的日本國民為由，推動了一項向中國華北地區增兵的計劃。這一計劃暴露了近衛迫切希望收買軍中強硬派的意圖，強硬派向來對避免戰爭的安撫政策感到不滿。增兵計劃很容易被視為戰爭動員，近衛文麿傳遞給中國的信號是，儘管雙方達成停戰，但這並不意味着日本將撤出中國，也不意味着日本懷有擴張目標。

近衛主動在東京展開魅力攻勢，為他的中國政策爭取支持。[32] 7 月 11 日晚間，他在官邸召集議員、金融界和媒體人士，宣佈其增兵計劃，並號召他們以國家緊急狀態為名進行全國動員。第二天的報紙將向中國華北增兵的目的稱為 “為了讓（中國人）產生悔意”，而中日兩國簽署休戰協定的新聞要麼被擱置角落，要麼乾脆被忽略。

近衛努力在外人眼中表現出很強硬，包括對蔣介石、政府同僚、參謀本部以及本國民眾，他積極將國家上下團結在一起，他深知個人名望是其最大的武器。他並不希望（也可能沒有料到）將與中國爆發一場曠日持久的戰爭。他認為僅僅通過虛張聲勢和強硬表態就足以加強日本的地位。他時常通過 “日本放送協會”（NHK）發表講話（近衛於 1936 年起擔任 NHK 總裁，一直到他 1945 年 12 月自殺身亡）。套用當時一位敏銳的評論家的話說：“當戰爭打響後，他指揮日本破釜沉舟、孤注一擲。”[33]

這一休戰協定到 7 月 20 日蔣介石正式批准時已名存實亡。隨着戰爭範圍和強度的升級（日本轟炸了南京、上海、杭州及中國其他主要城市），近衛卻責怪其他人，尤其是軍中好戰分子，而這些人既無名也不曾露面。1937 年夏天，他對日本陸軍中校池田純久說，衝突是 “年輕的陸軍軍官發動的”。[34] 池田純久曾因對中日戰爭持反對意見而從中國被調回，他對此回應說：

公爵先生，恐怕不是軍隊，而是首相您本人發動了這場戰爭……
看看現在報紙上都在説些甚麼吧，儘管您的政府之前採取避免事態升
級的政策（在您通過言行鼓勵那些渴望戰爭的軍官，並賦予他們權力
後），戰爭的爆發一點也不讓人感到奇怪。

　　近衛繼續採用自相矛盾的政策來實現政治調解，他只想避免國內起衝
突。1938 年 1 月，國民政府首都南京已經淪陷，隨之發生大規模殺戮、搶
掠和強姦，近衛此時錯誤地認為戰爭勝利在望，並發表了他政治生涯中最傲
慢、最強硬的一次講話。不過，與強硬的措辭相比，近衛尖細的嗓音卻陰柔
得讓人不安。近衛指責"（國民黨的）侵略行徑讓日本帝國忍無可忍"，日本
不會與蔣介石接觸。[35] 大日本帝國"別無選擇，只有訴諸武力，讓（蔣介石
政權）付出代價"。但這一傲慢的聲明是毫無道理的。

　　日本的暴行以及 1937 年 8 月以後對中國多個地區的轟炸不僅缺乏人
道，也是自取滅亡。他們沒有迫使中國求和，反而更加堅定了中國人抗日的
決心，同時加強了外界對日本的負面評價。德國轟炸西班牙城鎮格爾尼卡
（Guernica）及隨後的相互指責仍讓西方記憶猶新。中國戰場正成為泥潭，
接連勝利使日本得以佔領特定的"點"（城市）和"線"（鐵路和交通幹線）。
但國民黨部隊撤得越遠，日本人佔領並駐守這些"點"和"線"的難度也就越
大。日本人力資源有限，對地形的熟悉程度也有限。蔣介石的臨時盟友中
國共產黨從北方抗日根據地對日作戰，他們迅速消失，讓日本佔領城鎮和村
莊，但日本人離開後又再度出現（國民黨希望共產黨進行抵抗和戰鬥。共產
黨人在戰時保存實力的做法將有助於他們日後戰勝國民黨）。

　　近衛不知該如何結束這場衝突，結果他的對華政策前後矛盾，帶來災難
性後果。他一方面同意向中國增兵，主動增加軍費預算，簽署法律在國內進
行更密集的戰爭動員；另一方面他仍尋求與蔣介石直接接觸，通過談判結束
戰爭。但每當有和平的希望時，近衛要麼滿足軍隊強硬派的期望，要麼猶豫
不決，或直接做出錯誤判斷。例如，1937 年 12 月初，日本即將攻陷南京時，

蔣介石通過德國駐中國大使轉達願與日本進行談判的意願，而近衛拒絕了中國的主動示好。

很顯然，外交事務從來都不是近衛的強項，但他極其擅長讓其身邊的人覺得他們獲得了聆聽與關注。他獨有、招牌式的伶俐口齒使他能有效應對各種政治派別，並在日本政治最動盪的年代遊刃有餘地拓展自己的政治生涯，或許這正是他們家族存活下來的原因。但這一特質的缺陷也顯而易見。近衛曾談道："我既沒有明顯的敵人，也沒有明顯的盟友。一個人即使有五個敵人，他也能在政治上依靠五個真正的盟友。但（我所擁有的）10 個盟友，卻可能隨時變成 10 個敵人。" [36]

近衛的這種孤立感很可能源於他複雜的成長歷程。他是父親第一次婚姻中唯一的孩子，母親在他出生僅一週後就去世了。他的父親很快再娶，第二任妻子是近衛母親的妹妹，此後兩人育有數個孩子。他們之間的關係不僅僅是同父異母這麼簡單。近衛的父親 41 歲去世後，近衛或許是這個古老家族最尊貴但絕非最富有的成員。12 歲的近衛繼承了家族的宅邸，以及他父親生前政治活動所欠下的巨額債務。年幼的公爵感覺遭到了遺棄，終日鬱鬱寡歡。在同為藤原家族後裔的西園寺公望侯爵（後來獲封公爵）的幫助下，近衛家族才免於捉襟見肘的尷尬。[37]

近衛讀大學時第一次見到西園寺，但兩人並沒有立刻熟絡起來。年輕的近衛公爵那時深受馬克思主義哲學影響，他對西園寺堅持稱他為"閣下"感到不快。事實上，兩人有許多的共同點。外表上，兩人都身形修長，無論是身著昂貴的西裝還是不菲的和服，都顯得得體、好看。更為重要的是，兩人都兼具頭腦與野心，相對於兩人的家庭背景，這一點很難得。近衛大學畢業步入政壇後，兩人的關係越發緊密。西園寺很樂見擁有這樣一個聰明的門徒。

務實的西園寺反對神化天皇，但認為天皇對於現代日本的團結至關重要。[38] 在他看來，多餘而繁複宮廷禮制的創立者要麼是無所事事的舊貴族，要麼是品位差勁的新貴族（19 世紀末日本現代化期間）。然而，儘管不認同賦予等級制度過度的重要性，但西園寺深知在具有等級觀念的日本擁有一個貴族頭銜的好處，關鍵是知道如何從這個頭銜中謀利。他認為比他年輕 40 歲的近衛文麿有足夠的聰明才智在這場危險的遊戲中取勝。

遺憾的是，西園寺沒能將自己的價值觀傳授給自己年輕的門生。出生於 1849 年的西園寺是個古典自由主義者，深受 19 世紀的歐洲影響，他曾作為學生在巴黎經歷了巴黎公社運動，並與喬治・克列孟梭（Georges Clemenceau）成為朋友。曾與西園寺同住一個屋簷下的克列孟梭後來成為法國著名政治家。西園寺在十幾歲時萌發了政治意識。當時位於京都的日本王室突然發現自己身處政治變革之中，這一變革最終導致 1868 年的明治維新。西園寺此後的人生原則就是既要在激烈的政治變化中生存下來，又不犧牲自己。

近衛從未在日本以外的國家生活過，並且在成長過程中被過分溺愛，所以他與西園寺的人生態度截然不同。作為一個對政治哲學充滿熱情的學生，近衛的學術興趣包括馬克思主義和法西斯主義（自由主義似乎從未對他有過吸引力）。近衛深信日本應該在更寬廣的世界中變得更加偉大。他沉溺於這樣一個觀念，即日本不應該在與其他民族國家的政治競爭中處於下風。出身於特權階層的近衛希望日本在國際舞台上也佔據類似的特權地位。他的這一刻板觀念在他首次出國之旅後進一步得到鞏固。1919 年，時年 27 歲的近衛文麿仍是政壇新人，他陪同西園寺參加一戰後的巴黎和會。他感到這次會議具有重大歷史意義，因而請求西園寺帶上他。

近衛發現前往巴黎對他的個人生活也極為有利。當時，近衛正因情人菊懷上他的孩子而心緒不寧。這個名叫菊的女人原來是一名藝妓，近衛把她從京都帶到東京。近衛最初需要她的陪伴以短暫逃離他的家庭。為他延綿子嗣的任務是他妻子的工作，這一點她做得很好。近衛知道，菊懷上的這個孩子將取代自己在菊心中的位置，因此兩人也就沒有繼續維持情人關係的必要了。菊被送回了故鄉。在變賣一些家傳寶物籌措旅費後，近衛也踏上前往巴黎的旅程。

近衛對巴黎和會投入了極大的熱情。在停戰協定簽署的前一天，他寫了一篇題為《我呼籲反對英美和平框架》的文章，刊登在一份民族主義雜誌上。儘管他並未全盤否定伍德羅·威爾遜關於建立一個政府間組織的理念，但他對國際聯盟說教式的激進主張深表懷疑。他堅稱英美兩國制定的戰後新秩序與兩國宣稱的促進民主與和平毫無關係。相反，他認為這一新秩序反映了英美渴望繼續推行經濟帝國主義，以加強自己的優勢和國際地位。

近衛認為，他的同胞之所以青睞自由國際主義提案，是因為他們感情用事，太容易被"公正"、"人性"這樣的花言巧語所打動。他以黃種人在美國、澳大利亞和加拿大所遭受的種族歧視告誡日本讀者要清醒認識到國際上不平等、不公正的殘酷現實。他說：

> 這些國家歡迎白人移民，但抵制黃種人移民，其中當然包括我們日本人。這個事實一點也不新鮮，而且是我們多年憤怒與沮喪的根源。僅僅由於我們的膚色，白人就阻止我們獲得工作、租賃房屋和土地。我們有時甚至無法投宿旅店，除非我們有白人做擔保。從人道主義角度來看，這一問題糟透了。[39]

近衛這篇情感強烈的文章本來是只為日本國內讀者準備的，卻被傳到外界。文章被翻譯成英文，受到位於上海的《密勒氏遠東評論》(*Millard's Review of the Far East*) 的批評，近衛被冠以激進分子的惡名。西園寺認為這篇文章輕率而帶有挑釁性，在外交場合也欠妥，對於一個即將隨官方代表團參加巴黎和會的成員來說，這樣做不合時宜，西園寺表達了自己的不悅。但是現代中國民族主義領導人及泛亞洲主義者孫中山在上海邀請近衛共同進餐，兩人在亞洲民族主義的重要性上達成了共識。

近衛在巴黎見證了有史以來最為重要的政府間秘密會議。他遠遠地觀察着克列孟梭和威爾遜，觀察着與會者的膚色構成。由於每個代表團席位有限，近衛無法作為正式代表與會。他設法通過擁有記者證旁聽了會議，卻在之後被西園寺斥責為有失尊嚴。近衛還因在公園裏摘花而被西園寺責備為

"缺乏一個大國國民所應具備的基本禮儀"。[40] 更讓西園寺感到震驚的是，他在無意中聽見近衛輕率地調侃着如何與海關官員交談來擺脫麻煩。

對於近衛這名參議院（日本議會兩院之一）新成員來說，此次行程為他開啟了更寬廣世界的大門，使他得以獲得一個更為國際化的視角來認識外交是如何運作的。當他離開代表團獨自遊歷歐洲時，最令他着迷的是英格蘭可愛的花園。他還訪問了美國，但他的首次異域冒險最終並沒有改變他的根本信念，即一戰後的各種協議是強加於戰敗方以維持現狀的迦太基式和平。雖然日本是獲勝方，但他認為日本人也是失敗者。他認為由於白人的歧視，日本將種族平等及宗教信仰自由等條款寫入國際聯盟憲章的努力才以失敗告終。

在返回日本後不久，近衛出版了小冊子，記錄他西方之行的印象。他思索着日本如何能不用搖尾乞憐即可獲得更高的國際地位。在評論美國因移民問題而日漸高漲的反日情緒時，近衛寫道：

> 白人，尤其是盎格魯·撒克遜人，通常都厭惡有色人種。這是明擺的事實，尤為顯著地體現在美國黑人的境遇中。我個人在倫敦感受到的種族壓迫比巴黎更多，而這種壓迫感最甚的地方還屬紐約。[41]

但就是在這個始終鄙視英美種族主義的男人的帶領下，日本 20 年後與納粹德國（這一所有歐洲政權中最為狂熱的種族主義者）結為聯盟，這真是諷刺至極。

年輕的近衛繼續探討中國對美國公關的成功，哀歎日本在促進民族大業方面的相對失敗。他闡述了中國旅美學生如何比日本學生更有效地推銷（並喚起美國學生同情）自己的國家。奇怪的是，近衛並沒有將中國視為日本高調反抗英美不公正待遇的亞洲夥伴。相反，他認為中國想要成為亞洲第一強國以贏得西方尊重和承認，是對日本具有威脅的對手。由於擔心中國可能超過日本，近衛倡議日本奉行更加強硬的外交。歸根結底，近衛更多的是一名大日本主義者，而非亞洲民族主義者。與許多沙文主義者類似，近衛對偉大的追求往往伴隨着深深的不安和孤立感。

於是，近衛有意栽培長子文隆進入政界，將他送入一所名叫勞倫斯維爾（Lawrenceville）的美國私立預科學校和普林斯頓大學學習，希望有朝一日他能成為美國精英層中日本利益的實際支持者。近衛對那些質疑他把兒子送往美國的右翼朋友説，在國外更容易培養出真正的日本精神，而日本國內的大學則常常將學生的日本精神損耗殆盡。他還表示，國外生活更容易讓人熱愛自己的祖國。近衛將兒子送往美國更令人信服的原因是，他大多數同為貴族出身的助手和朋友都畢業於英美頂級名校。他們具備的社交與語言能力，使他們更容易成為更大特權世界的一分子。由於父親早逝，近衛本人在成長階段並沒有如此優越的條件，他很可能內心存在一定程度的自卑感。應該從這個角度來看待近衛公開反對英美的立場。近衛對中國的態度也毫無疑問是矛盾的，他一方面欽佩中國的古代文明，另一方面又擔憂中國日益高漲的民族主義。

近衛熱衷於宣稱日本深受掠奪成性的西方帝國主義和種族主義之害。他的這一論斷在當時一點都不新鮮，但他成功在公開表達自己看法的同時又不至於顯得過度激進和危險（至少大多數時候是這樣）。因此，日本國內外的評論家常常看不清近衛的真面目；由於他與西園寺公爵貌似親密的關係，近衛有時甚至被錯誤地貼上自由主義者的標籤。

在西園寺生命的最後階段，他對這位從前的門生在外交政策上的挑釁言論日益感到失望和憂慮。1937年春天，近衛在女兒婚禮前夜的化裝舞會上身着納粹制服，以類似希特勒的形象示人。這無助於緩和他與西園寺之間時常緊張的關係。粗略來看，這不過是貴族階級的消遣方式。但這樣做卻讓西園寺勃然大怒，於是，近衛在公開表達對納粹主義的溢美之情方面有所收斂。然而，近衛後來的大多數政策仍然表現出對法西斯意識形態某些方面的偏好，尤其是墨索里尼和希特勒所稱頌的"歐洲新秩序"。這一理念認為，在一個廣泛文明的復興過程中，優等民族注定要領導其他民族，這與近衛亞洲"應以日本為中心"的觀點不謀而合。這正是近衛 1938 年年底宣佈意欲建設"東亞新秩序"的原因。

　　但他此前政策帶來的損害無法被輕易消除。近衛在 1938 年 1 月拒絕與蔣介石接觸的表態惹惱了這位國民黨領導人，阻斷了兩國未來通過外交途徑解決糾紛的可能性。西園寺私下對他的孫子說：

> 日本不得不把蔣介石作為合法的談判對手⋯⋯中日甲午戰爭談判時的中方代表李鴻章同樣在日本聲名不佳，但他是當時的唯一人選。因此，我們要接受現實，認清中國在誰的掌控之下，並與這個人進行談判。[42]

　　近衛對蔣介石缺乏耐心，所以他傾向於支持日本需要迅速擊敗中國的看法。

　　同時，在近衛任內，日本與中國之間的戰爭久拖不決，日益影響日本人的日常生活。為了確保有效開展國內動員，日本政府於 1937 年秋設立企劃院，專門負責資源調配。這為《國家總動員法》的通過鋪平了道路，這部法律最終於 1938 年 4 月生效。通過宣佈國家進入緊急狀態，該法律賦予國家絕對權力以管控行業、經濟和社會生活的方方面面。該法律將日本的半戰時經濟徹底轉變為戰時經濟，極大減少了原材料向市場的流動，為最後的全面戰爭做好準備。

　　然而，《國家總動員法》在微觀層面上偏離了其初衷。作家永井荷風記錄了這樣一件事：一位善良的麵包店店主因給員工發獎金而被處以巨額罰款。他哀歎道："為甚麼有人會因付出太多而受到懲罰？我們生活在一個多麼奇怪的世界啊！"[43] 這件事充分表明，國家監控無孔不入，人們很容易因為錯誤的原因遭受懲罰。

　　由於中日間的戰爭，日本中心權力的基本結構也迅速發生着變化，後來證明，這種變化是極其重要的。1937 年 11 月，近衛創立了政府與軍方共同參加的大本營聯絡會議制度。在國際危機加劇的背景下，這種聯絡會議旨在幫助領導人克服政府與軍方間的分歧，實現政策統一。聯絡會議在第二次近衛內閣期間召開次數更為頻繁，1941 年 7 月前，會議地點一直在首相官邸；而在近衛第三次就任首相後，會議地點也挪到日本皇宮。參加聯席會議的人員通常包括首相、外相、陸軍大臣、海軍大臣、參謀總長和軍令部總長，所有與會人員都有相同的發言權。然而，與最初設立聯絡會議的意圖相反的是，會議後來成為推動戰略實施的場所，而非各方辯論的平台。由於與會六人中有四人從屬於軍方（即使理論上講，陸軍和海軍大臣屬於政府內閣），因此這四人的意見往往佔據主導地位。這被證明是日本戰前決策的一個主要結構性缺陷。

近衛當權期間，國民黨出現了另一個親日政權。近衛支持這個由汪精衛領導的政權，汪精衛是孫中山的學生，也是蔣介石的最大對手。與強硬、務實的蔣介石不同，汪精衛是一個天真浪漫的理想主義者。他於 1938 年 12 月逃離國民黨新首都重慶，經歷諸多挫折（包括僥倖逃脫暗殺）後，汪精衛政權最終於 1940 年春在南京宣告成立。促使汪精衛這一舉動的既有愛國主義，也有狼子野心，而日本也需要一個更加順從的談判夥伴。於是在 1940 年 11 月底，日本與德、意兩國簽署《三國同盟條約》兩個月後，第二屆近衛內閣宣佈承認汪精衛為中國新領導人。他或許覺得在道義上有義務承認汪精衛政權，畢竟他是近衛一手扶持的。但承認汪精衛政權的時機卻糟糕透頂。當時，汪精衛政權在中國已名譽掃地（而且，日本並未將整個中國的控制權交給汪精衛，而是繼續保留了一系列附庸政權，包括 "滿洲國"、台灣、華北和內蒙古。這削弱了汪精衛在中國的聲望）。近衛再一次證明了他在外交事務方面的無能。

日本官方的宣傳永遠是日軍繼續在中國取得巨大進展。但實際上，日本的行為就像是經典黑色喜劇《無止盡前行》[5] 中患上妄想症的主人公。這部

---

⑤ 譯註：日文名為限りなき前進。

影片根據小津安二郎編寫的故事拍攝而成，並於 1937 年中日衝突爆發不久後放映。在影片中，52 歲的德丸在為公司效力大半輩子後遭到解僱。此前不久，德丸還以為會獲得晉升，並開始建造一棟超出其承受能力的房屋。現在，沮喪將德丸推向崩潰邊緣，他無法再分清妄想與現實，妄想着自己得到了提拔，開始以一位大人物的姿態出現在公司，這讓他的家人和以前的同事相當尷尬。就這樣，德丸得以在他混亂的精神世界裏"無止盡前行"。

日本的中國情結也在 1941 年影響了該國的政治選擇。在日本的歷史長河中，該國引入（常常通過朝鮮）並融合了中國文明的許多方面，包括文字、儒家思想以及佛教。日本歷史上對中國心存敬畏，但作為地理位置孤立的島國，日本社會也容易與中國保持距離感。但到 19 世紀 40 年代，曾經輝煌的中國在西方帝國主義威脅面前顯露出徹頭徹尾的無能與軟弱。這個頃刻間走向衰敗，沉溺於鴉片的國度不再是日本追尋的典範。

在德川幕府統治下，經過相對平靜的兩個半世紀後，日本被迫摒棄自我封閉——閉關鎖國限制了日本與外部世界的交往。中國在 19 世紀中葉的衰落意味着，它無法再成為日本的緩衝帶，日本不得不獨自面對西方列強。同樣令人擔憂的是，沙皇俄國似乎渴望向日本和中國北方擴張。

作為列強遊戲中的絕對新手，日本不得不迅速學習遊戲規則。而日本之所以能快速掌握遊戲規則，正是歸功於一羣有才華和遠見的年輕人，這羣人締造了現代日本。20 世紀初，日本作為一個亞洲國家令人驚歎地在西方帝國主義精英俱樂部中佔據一席之地，不過日本從未真正完全融入該俱樂部。希歐多爾·羅斯福的評論（或者說一種恭維）可以解釋其中原因，他將日本稱為"榮譽白種人"。日本常常陷入不自信與多疑的狀態，既感到自己高人一等，卻又孤立無助。

日本的敏感有時不過是妄想症般的過度反應。但有些時候，日本的確有充分理由認為自己受到怠慢，甚至排擠。1868 年建立的日本明治政權在最初幾十年一直致力於通過外交努力廢除之前被迫與西方列強簽訂的不平等條約，與美國的條約直到 1911 年才失效。這些通過艦炮外交強加於日本的條約剝奪了日本的商業與法律主權，迫使日本在多個港口開放對外貿易，實施固定的低關稅，並使在日居住的外國人擁有治外法權。

　　甚至是日本在中日甲午戰爭中的勝利也因西方的介入黯然失色。這場中日兩國在 1894 年至 1895 年間因朝鮮而爆發的戰爭最終以《馬關條約》的簽署而終結。條約將福爾摩沙島（台灣）和遼東半島割讓給日本。由於遼東半島的大連和亞瑟港（旅順）作為中國東北門戶的戰略位置，遼東半島成為各大國（尤其是毗鄰的俄國和日本）競相爭奪的目標。《馬關條約》公之於眾後，俄國、法國和德國（在英美兩國的默認下）成功迫使日本放棄遼東半島，即所謂的"三國干涉還遼"。這就是國際政治中的殘酷現實。三年後，俄國在這個垂涎已久的半島獲得租賃權。

　　日本並未就此止步，它繼續堅定地追求受人尊重的國際地位、更大範圍的領土擴張以及更強大的軍隊。1904 年至 1905 年，日本與俄國開戰並獲得勝利，其帝國主義美夢終於成真，日本贏得了其他國家的喝彩，尤其是英美兩國。朝鮮由此成為日本的附屬國，並在 1910 年被完全吞併。日本還獲得俄國此前在"滿洲"南部的鐵路和礦產權利。日本從俄羅斯帝國手中收回遼東半島的租賃權，獲得薩哈林島（庫頁島）南部土地，薩哈林島位於日本北方，長期生活着日本原住民阿伊努人。不過，中國仍然是一個懸而未決的大問題。

　　中日甲午戰爭戰敗後，中國改革派人士驚歎於日本的快速崛起，他們紛紛擁向日本，學習西方科學與政治思想。日本人利用西方科學與政治思想維護國家獨立，許多中國人對此頗為推崇，其中就包括孫中山，他將日本視為現代化的成功典範。一些日本人也對孫中山的事業予以支持，例如利用自身財富資助孫中山民族主義運動的日本影業大亨梅屋莊吉，他與其他資助孫中山的日本人都認為，一個更加強大的中國有利於整個亞洲未來的發展。

　　近衛的父親近衛篤磨公爵主張建立強有力的中日聯盟。在他擔任參議員期間，他於 1898 年幫助建立了一個名為"同種文字協會"的文化組織。該組織成員認為，中日兩國應該互相幫助，因為中國人和日本人在人種上屬於近親，並共用相同的文字體系。該組織最著名的項目是在上海建立了一家學院，畢業生後來紛紛成為日本研究中國政治、外交、新聞和經濟領域的專家。

儘管在各個民間層面存在加強中日關係的努力，但在國家層面，日本處理對華關係時始終堅持強硬的帝國主義方式。清王朝 1912 年的土崩瓦解引發中國國內外勢力的終極競爭，各方都想進一步控制這一幅員遼闊的國度，佔有看似無窮無盡的資源。日本通過討價還價、強迫、威脅，以及偶爾使用的武力和政治暗殺（最著名的例子是 1928 年日本關東軍對軍閥張作霖的暗殺）等手段獲得了各種特權。

1915 年，日本顯露出對中國更大的野心。日本企圖利用中華民國嚴重的國內危機，並趁歐洲爆發戰爭之機，向總統袁世凱提出了所謂的"二十一條"，此後不久袁世凱想要自我加冕為拿破崙式的皇帝。剛剛在山東擊敗德國的日本要求繼承前者在該區域的特權，日本還要求將南滿鐵路區域的租借期延長至 21 世紀（這一日本從俄國手中獲得的區域，其租期本應於 1923 年到期），以及任命日本人擔任中國政府的顧問，這幾條把中國幾乎變成日本的傀儡政權。中國人對此進行抵制，日本只好作罷。最終，這段插曲演變為一場公關災難。日本只是鞏固了它已經擁有的權利，卻激怒了作為中國"門戶開放"政策守護者的美國。一些日本人認為，"門戶開放"政策意味着美國否認自己的"門羅主義"，使美國得以介入日本的後院，阻撓日本在亞洲的領導地位。

當然，日本的要求激怒了中國。日本對中國山東的領土主張獲得巴黎和會支持，以獎勵日本在對德戰爭中加入正義的一方，這進一步激起中國的民族主義情緒。這種強度大、範圍廣的民族主義情緒最終在 1919 年反日反帝國主義的"五四運動"中達到頂點。結果，日本對中國的利益關切變得盡人皆知（在美國的調停下，日本最終在 1922 年的華盛頓海軍會議上同意將山東歸還中國。這在日本民族主義者眼中是一次恥辱的讓步）。大體上的外交事件就是這些。

　　一切皆因石原莞爾大佐策劃的"滿洲事變"(九一八事變)而改變。1931
年9月18日，駐紮在日本租借鐵路區以保護該國在中國東北南部利益的關
東軍士兵炸毀鐵路路軌，並宣稱是中國抗日人士所為。日軍以此為藉口對當
地中國軍隊發動了全面襲擊，並在接下來的5個月內佔領了整個東北地區。

　　性格古怪但充滿號召力的軍官石原莞爾幾年前曾提出了一個終極戰爭
理論。他在日本佔領中國東北過程中的重要作用讓他成為日本為中日間的戰
爭以及最後的太平洋戰爭進行軍備建設的關鍵人物（儘管石原本人並不贊成
中日戰爭）。石原一直將東西方之間爆發大規模衝突視為歷史的必然，認為
這種衝突最有可能發生在日本與美國之間，但也可能是日本與蘇聯之間。這
種美化日本英雄主義命運的花言巧語將影響到許多陸軍和海軍中的普通戰
略規劃人員。

　　"滿洲事變"(九一八事變)前夕，石原擔心，蔣介石特有的民族主義
自信以及他的領導地位在西方日益得到認可已成為日本面臨的重要問題。
1925年孫中山逝世後，蔣介石取得國民黨領導權。此後不久，他在共產黨
人的幫助下發動北伐，以期統一因軍閥混戰而四分五裂的中國。蔣介石在北
伐期間與共產黨鬧翻，1927年4月在上海對共產黨發動屠殺，這導致國民
黨左、右派之間發生短暫分裂，領導國民黨左派的正是汪精衛。然而，儘管
遭遇一系列挫折，北伐仍然在1928年全年繼續推進。這一年，國民黨軍隊
第一次與派來保衛日本國民的日軍發生衝突。到1931年，蔣介石已被成功
塑造為整個中國的名義領導人，儘管他屢遭軍閥盟友及共產黨的挑戰。日本
確信，蔣介石正日益倚重與西方大國（尤其是美國）的合作，並同時疏遠日
本，對日措辭強硬。

　　對於許多日本人來説，蔣介石在短時間內獲得西方支持代表一種背叛，
這與維持中國分裂以讓所有大國從中受益的帝國主義長期策略背道而馳。
20世紀20年代末，日本還高度關注布爾什維克主義的崛起。此時，蘇聯正
開展"五年計劃"以加強自身經濟，同時又在緊鄰日本北方的遠東地區加強
軍事力量。所有這些因素都迫使石原莞爾及其部下超越職權範圍，發動對中

國東北的入侵。雖然他們的魯莽行動讓大多數日本領導人感到意外，但也不排除行動策劃者受到陸軍參謀本部高級別領導支持的可能。在中國東北的軍事行動伊始，日本首相若槻禮次郎和外相幣原喜重郎等官員希望控制事態。然而，在極端愛國主義媒體的煽動下，石原的冒險行為獲得日本民眾的支持。公眾被各種讚揚野戰軍勇氣和弘揚國家自豪感的新聞報道所包圍。主要的幾家報紙彼此競爭，紛紛登載日本每一步戰略行動的獨家照片，突然井噴的發行量讓這些報紙獲利頗豐。記者也被派往戰區，發回一系列吸引眼球的報道，諸如"我國陸軍英勇地從長春向吉林挺進"、"帝國陸軍攻陷齊齊哈爾、偉大精神穿透雲霄"等。[44]

此時，這些報紙做出了一項影響力深遠的政治選擇：自我審查。儘管私下通過一些陸軍軍官得知，所謂中國精心策劃的爆炸不過是個幌子，但所有主流報紙都選擇封鎖這一消息。他們從未向讀者透露這個虛假的藉口，他們還毫無保留地支持日本關東軍的聲明，不斷炮製號稱"揭露'滿洲事變'真相"的虛假報道。這些報道還配有照片，展示了遭到毀壞的鐵路路基，以及一個據稱應為此事負責的中國士兵的屍體（實際上，這名中國士兵是被日本人殺害後放置在鐵路旁邊的）。

媒體報道在很大程度上營造出看似明確的民意支持，迫使若槻政府在9月24日勉強批准了軍事行動。這樣一種模式就被確定下來：極其被動的政府同意軍事入侵，政府既不鼓勵也不縱容這種侵略行為。由於無法控制軍方，若槻於當年12月辭職，繼任者是反對黨黨魁犬養毅。

到1932年2月，日軍已控制了中國東北三省：遼寧、黑龍江和吉林。衛戍部隊在沒有獲得正式許可的情況下即可佔領中國部分地區，這釋放出一個危險信號。一段時間以來，失意的年輕士兵傾向於將日本所面對的各種社會和經濟困難歸咎於掌權者，並期望推動激進變革。現在，由於沒有上級的明確指令，東京的默許進一步加劇了暴力活動。用古代武士的話說，這就是家臣篡奪了主人的位置。用現代軍事術語來說，這就是不服從命令。然而，沒有一個陸軍領導人打算阻止這一切。

日本在中國東北的行動標誌着邁向政治孤立的重要一步，即使很少有日本人認識到這一點。關東軍扶持的傀儡國家"滿洲國"於 1932 年 3 月 1 日宣告成立，但國際譴責也隨之而來。同年 5 月 15 日，一夥年輕的海軍軍官和陸軍軍校學員闖入首相官邸，槍殺了犬養毅。行刺者對犬養毅溫和的對華立場頗為不滿，害怕他可能放棄日本對"滿洲國"的控制。在國際聯盟存在的大多數時間裏，日本都堪稱這一國際組織的模範成員，但日本卻在 1933 年 3 月因"滿洲國"問題宣佈放棄國際聯盟的會員資格。

不過，由於雙方的現實利益，中日關係並未完全癱瘓。整個 20 世紀 30 年代中期，日本始終在更加慎重、甚至友好的中國政策與軍方壓力下形成的強硬政策之間搖擺。而蔣介石忙於在中國其他地區鞏固自己的控制力，尤其忙於在中國南部和中部內陸地區與建立"蘇維埃共和國"的共產黨進行戰鬥，他似乎也願意暫時忽略"滿洲國"這一棘手問題。毫無疑問，蔣介石竭力避免在中國北方與日本爆發重大衝突。關東軍認識到這是一個機會，它首先將日本勢力範圍擴展到"滿洲"以西的熱河省（這一地區 1933 年成為"滿洲國"的一部分），隨後進一步擴展至附近的河北和察哈爾（今屬內蒙古）地區。在中日兩國 1933 年和 1935 年達成的一系列協議中，國民黨接受了恥辱性條款，包括從華北部分地區撤出軍事力量、國民黨組織撤出"滿洲國"周邊地區以及在河北東部和察哈爾建立親日自治政府等。

在國內，日本社會努力從全球大蕭條引發的經濟衰退中恢復過來，而民眾的憂慮與不安卻日益加重。在這種慘淡氛圍下，部分青年軍官在 1936 年 2 月 6 日發動了一場幾近成功的政變，他們在投降前殺害了數位政府關鍵人物。此次刺殺行動的頭號目標西園寺公爵逃過一劫。廣田弘毅內閣於 3 月 9 日成立，但他得以就任首相是因為近衛文麿公爵由於身體原因婉拒了這一職位（近衛不願意對同情反叛軍官的勢力進行清洗，他本人希望與這些勢力保持友好關係。後來他試圖赦免這些遭起訴的軍官，更加證明了這一點）。

廣田政府開始採取更為強硬的政策，要求擴充軍備為與中國、蘇聯及西方大國之間可能的戰爭做好準備，同時還制訂了進軍東南亞的計劃。中國立刻感受到日本的政策變化，這也是造成馬可波羅橋（盧溝橋）緊張氣氛的原因。在沒有事先與中方商議的情況下，日軍人數在 1936 年增長至原來的三倍，達到將近 6,000 人。

中國國內局勢此時也發生了本質變化。日本的擴張願望與蔣介石領導強大而統一中國的野心已無法繼續共存。由於之前對日本不斷妥協讓步，蔣介石在共產黨的宣傳面前變得越來越站不住腳，共產黨稱蔣介石是向日本帝國主義低頭、不惜出賣中國同胞的國家叛徒，迫使蔣介石重新思考與日本的協議。決定性的轉捩點出現在 1936 年 12 月，蔣介石被年輕的張學良將軍（被日本人刺殺的東北軍閥張作霖之子）所劫持。張學良想讓蔣介石與共產黨一道加入抗日統一戰線。為了維持作為中國國家領導人的合法性，蔣介石決定，再也不能看起來對日軟弱了。這意味着他不能再與日軍一樣，將擊敗（中國或蘇聯的）共產黨作為首要任務。這種變化又進一步促使日本軍方強硬派推行更具侵略性的政策（尤其在中國北方），以維持日本現有利益，並使之最大化。

正如我們所看到的，在"馬可波羅橋事變"（"盧溝橋事變"）不久前上任的近衛文麿坐視該事件升級，但他不承認自己有意為之。他制定和支持的政策常常相互妥協，從未真正貫徹執行過一項政策，其累積的結果是災難性的。

越來越多的男性（包括那些年近四旬的人）被派往戰區。1873 年頒佈的《義務徵兵條例》在 1927 年被適用範圍更廣的《兵役法》所取代，後者一直實施到 1945 年。在這一新體系下，陸軍徵召入伍的新兵將服現役兩年，並在隨後大約 15 年的時間裏成為預備役。而在海軍現役和預備役的時限分別為三年和九年。隨着中日戰爭升級，為了"大批量生產"戰士，軍方放寬了健康與體質要求（例如，最低身高要求由 1.55 米降至 1.5 米）。許多迫切想要逃避兵役的人佯裝身體有殘疾或疾病。一些人在體格檢查前喝下超大瓶的醬油，以期造成暫時性的肝臟或心臟衰竭跡象，也有人通過服用瀉藥減去大量體重。但無論如何，徵兵還在繼續。合乎兵役要求的男性人口數量由 1935 年的大約 20% 提高到 1937 年的 23%，並在 1939 年進一步提高至 47%。[45]

　　一個名叫潮津吉次郎的士兵（由於還有成千上萬像他一樣的士兵，讓我們暫且叫他大兵潮津）剛好在中日戰爭爆發後的 1937 年 8 月被徵召進入陸軍服役。他所在部隊在揚子江（長江）河口登陸前，這個來自京都的小店老闆從未聽過槍聲。他也從未聞過將他絆倒的一具中國士兵腐屍所散發出的難以形容的惡臭，這具臭氣熏天的死屍上佈滿了成千上萬隻飢餓的蒼蠅，而蒼蠅發出的巨大嗡嗡聲讓他無法相信牠們僅僅只是昆蟲。已過而立之年的潮津對自己的新身份毫無準備。

　　大兵潮津在日本人剛剛佔領的一座城市執行巡邏任務，檢查房屋內是否還有人。一個大約 12 歲的小女孩主動接近他。[46] 讓他頗感驚訝的是，女孩自願將他領到了自己的牀上。女孩不顧一切的絕望姿態讓他感到驚訝和難過，他完全知道，要是其他人早就順勢佔了便宜（日本最終決定設立"慰安婦"，也就是從朝鮮半島及其他地方強制徵召的性奴隸。其主要目的是對日本士兵的慾望加以些許控制）。

　　還有一次，潮津見到一個剛生產完的年輕中國婦女蹣跚走出她的屋子以躲避槍戰。她最後為流彈所殺，手中還抱着剛出生的孩子，連臍帶都沒來得及剪斷。同樣讓人難以忘卻的是，日本士兵將中國俘虜拋入河中，在他們掙扎求生時將其射殺，鮮血把河水染紅，潮津卻只能無力地看着。

　　1937 年 10 月末，潮津聽到傳聞說，日本與國民黨的談判陷入僵局，他感到很沮喪，擔心這場預期中迅速而簡單的戰爭將持續更長時間。在前往南京的危險路途中，潮津又驚又喜地遇到自己的哥哥，他在潮津離開後也被徵召入伍。潮津不敢相信一個 36 歲的人也需要入伍服役，這更加證明事態的發展並不那麼順利。

　　更糟的見聞還在後頭。隨着他所在的部隊進入淪陷的國民黨首都南京，潮津再一次被熟悉的屍臭所籠罩。南京挹江門堆滿了屍體，這裏是恐慌的中國士兵與南京市民 1937 年 12 月 12 日逃離南京的必經之路。潮津的部隊不得不繞過堆積如山的屍體，一些屍體像紙片一樣被人踐踏。潮津默唸着佛經前行。

　　日本軍隊突然擴軍，招募像潮津這樣的業餘兵，這意味着中日戰爭為職業軍人的快速晉升提供了重要機會。士官通常負責監督那些不上進和不合格的新兵，所以職業軍人變得更加重要，也推動了日本社會進一步軍事化。其中一個表現就是若干"愛國婦女協會"的出現，這些組織請求志願者捐款支持"千人針"，一種由 1,000 名不同的婦女縫製帶有刺繡裝飾的腰帶，據稱可以防彈。這些腰帶被送往中國戰場以示支持。令穿戴這種腰帶的人失望的是，這種腰帶成了蝨子的溫牀。

　　日本因入侵中國東北而名譽掃地，與中國的戰爭又讓日本失去挽回國際聲譽的機會。在中日戰爭爆發整整一年前的 1936 年 7 月，東京贏得了 1940 年奧運會的主辦權。日本人為了這一榮譽曾不知疲倦地進行遊說。日本將作為第一個主辦奧運會的非西方國家，這是現代日本最為重要的國家項目之一。運動場館的建設工作迅速展開。但到 1938 年，要求日本放棄主辦權的國際壓力不斷加大，包括美國在內的一些國家暗示將抵制這屆奧運會。

　　隨着中日戰爭的結束遙遙無期，軍方擔心其資源需求無法滿足，因而建議與奧運會有關的工程只使用木材和石料。曾為東京奧運會搖旗吶喊的主流媒體在這一問題上卻異常沉默。1938 年 6 月末，近衛內閣對戰爭目的以外使用的工業材料設置了限額，這實際上終結了日本的奧運夢，東京將不得不繼續等待 24 年才真正迎來屬於自己的奧運榮耀。

　　諷刺的是，在國際社會輿論對日本日趨強硬的同時，日本除軍事實力以外，其他各個方面的自信心都在不斷膨脹。在 1937 年的巴黎博覽會上，師從勒・柯布西耶（Le Corbusier）的 36 歲建築師阪倉準三以日式涼亭作品贏得了最高獎項。8 月，東京驕傲地主辦了世界教育社團聯合會（World Federation of Education Associations）第七次雙年會。這是該會議首次在亞洲舉辦，吸引了 48 個國家的 3,000 名與會者。之後是"神風"戰機。當這一雙座戰機 1937 年 4 月 6 日飛離東京時，歐洲似乎沒有人在意這架飛機的 24 歲飛行員飯沼正明與 36 歲飛機工程師塚越賢爾所要經受的挑戰。歐洲和北美飛行員統治着長距離飛行紀錄，日本在這項迷人而極其危險的領域完全是個未知數。這架日本飛機表面上前去慶祝英國國王喬治六世 5 月 12 日的加冕典禮，並對歐洲數個國家的首都進行友好訪問。但實際上，這是《朝日新聞》仿效歐洲報社，通過僱傭飛行員進行自我推廣的宣傳噱頭（當然也是為了收集新聞）。

"神風"熱潮不再是一家公司的廣告宣傳，因為整個日本都在關注這兩名飛行員的偉績。由三菱公司為軍事偵察目的製造的測試飛機被吹捧為"完全"國產，進一步煽動了這股愛國熱（實際上，飛機所用的金屬和所需要的汽油都來自其他國家。塚越賢爾還具有一半英國血統）。"神風"是從《朝日新聞》讀者提供的大約 50 萬個名稱中挑選出來的。4 月 1 日舉行的命名儀式由皇后的叔叔東久邇宮稔彥王主持，這更讓這架飛機的成功成為國家驕傲。

許多開始對此不以為然的西方媒體也被這架飛機所吸引。飛機 4 月 8 日離開卡拉奇飛入地中海上空時，歐洲開始屏息以待，1937 年 4 月 9 日，"神風"出現在倫敦以南的克羅伊登（Croydon）上空。飛機盤旋了數圈，似乎是要取悅 4,000 名歡呼的羣眾，包括 300 名充滿喜悅與自豪感的日本人。下午 3 點 30 分，飛機完美着陸。兩名飛行員從東京飛抵倫敦，創造了 51 小時 19 分 23 秒的長距離飛行世界紀錄，平均速度為每小時 2,992 公里。英國《泰晤士報》報道："飛行員好不容易從'神風'走下來，迎接他們的是歡呼和'萬歲'。人們給他們戴上花環，如潮水一般同他們握手並道賀。"兩名飛行員又在法國受到熱烈歡迎並得到了榮譽獎章，其中包括法國政府頒發的"榮譽軍團勳章"（Legion of Honor）。4 月 16 日，正打算在歐洲開啟小提琴演奏事業的神童諏訪根自子和日本駐比利時大使來棲三郎（以及他的家人）一道，在布魯塞爾為兩名飛行員獻上了鮮花。

與"神風"飛行員不同，小提琴演奏家諏訪已經體會過巨大民族期望感所帶來的壓力。她在國際舞台上的成就很長時間裏都是日本人自豪感的重要源泉。儘管如此，當她見到這兩位飛行員時，她的表現也同其他 17 歲的傾慕者一樣。她在日記中寫道："他們兩人如此夢幻！尤其飯沼正明先生是那麼英俊……我可以盡情地看着他！真是令人高興的一天！"[47] 布魯塞爾機場的這一短暫相遇就像是對青春美麗和活力的定格，它如同海市蜃樓一樣，展現了日本本可以擁有的景象，而最終這一切美好卻很快離日本遠去。

為了慶祝"神風"飛機的成功，自豪的贊助商在 1937 年 4 月 10 日的《泰晤士報》上刊登了致英國民眾的一則留言。留言稱："當前國際關係的狂風暴雨將危及未來的世界和平，此次飛行將有助於營造和平與友好的氛圍。"要真是這樣該多好。但不幸的是，近衛的領導將辜負"神風"飛機所創造的功績。

近衛強烈感受到了自己的失敗，於是 1938 年春天時，他開始讓助手知曉他準備辭職的打算，但正式辭職的決定卻一直拖到 1939 年 1 月。近衛總是認為自己站在正確的一邊，其實他並不清楚哪一邊才是正確的。他在相互衝突的利益、信念與職責之間掙扎，當日本深陷中國泥潭時，近衛卻選擇拋棄自己的祖國。民眾仍然被告知，日本在中國所向披靡，因此許多日本人對近衛的辭職頗為不解。而對中國戰爭成就的懷疑也悄然蔓延開來。

近衛 1940 年 7 月復出前的三個短命內閣都沒能解決中日戰爭問題。與此同時，德國自 1939 年 9 月以來取得的軍事成功打亂了日本的戰略思維。當時，荷蘭以及法國的大部分地區都處於納粹德國的佔領之下，英法軍隊也由敦克爾克撤離歐洲大陸，所以東印度羣島、印度支那和馬來亞的殖民地似乎唾手可得。這誘使一些戰略家相信，日本應該從東南亞積聚足夠資源，以便在與中國的戰爭中佔優勢。他們認為，如果德國能夠取勝，那麼依仗西方國家支持的蔣介石政權將不得不求和，因此對日本來說，確保與德國的友好關係至關重要。

1940 年 7 月 22 日，近衛第二次就任首相，他的前任首相米內光政海軍上將不願與納粹結盟。身體虛弱的西園寺公爵拒絕支持近衛的任命，兩人的關係已無可補救，並維持在這種狀態，直到當年 11 月西園寺離世。

受到德國這個近衛本不屑一顧的國家鼓舞，近衛開始第二次擔任首相，正如我們所看到的，他希望結束與中國的戰爭，推行大規模政治改革。他想用強有力的中央集權政治體制取代議會政治，依靠右派和左派的支持者發起"新體制運動"，但他如何可以避免意識形態上的分歧還不得而知。最初，近衛的顧問、秘密共產黨員尾崎秀實建議創建全新的地方協會和議會制度，以確保中央政府的穩固。但政府官僚設法保住了現有的政府結構，避免了他們的權力基礎被破壞。近衛的人事選擇反映出他想取悅每個人的傾向，但他無法堅持特定的政治綱領。日本成立政治團體"大政翼贊會"，它的一些綱領遵循法西斯主義理念，對人們生活的方方面面（包括生育）加以控制。

這一新團體推行的一項匪夷所思的計劃是，"重新定義'大政翼贊會'式的美女"。該團體成立後不久便就這一議題召開了由內科醫生、舞蹈家、藝術家和人種學家共同參與的會議，最後得出結論稱，完美的女性應該強健而魁梧，同時具有寬大的臀部。與過去偏愛的苗條美女不同，這些臀部寬大的美女被認為更有可能生育大量強壯的小孩，所以她們值得讚美。[48]

1940 年秋強制建立的鄰組將在數年內改變日本的日常生活。內務省讓平均每 12 個家庭組成一個組，成為國家動員時最小、最基本的單元，這些團體將履行諸多愛國義務，例如組織消防分隊（以便在遭遇空襲時保護國家）、參與愛國集會以及分發配給物資等。

鄰組的代表輪流排長隊購買配給物資，然後他們將根據每個家庭的人口數量仔細對物資進行分配。一位婦女在日記中抱怨道，一旦接到分發中心的通知（隨機通知），相關負責人必須"停下手上的一切事務，丟下煮了一半的米飯或用寶貴供給燃料燒熱的寶貴洗澡水，衝向分發中心"。[49] 鄰里間相互警惕和嫉妒讓公平分配的任務成為一場噩夢。即使唯一可爭的只有萎蔫的萵苣葉，人們也要為此大打出手。

由於鄰居之間相互監督，所以這些所謂的鄰組大多與睦鄰友好等詞彙毫不沾邊。相互監視制度的基礎是相互猜疑與恐懼。因殘酷迫害政治犯而臭名昭著的"特別高等警察"在每個鄰組中都有眼線，這也成為公開的秘密。這一警察部門成立於 1911 年,其權力在 20 世紀 20 年代獲得加強,當時它的主要目標是馬克思主義者、共產主義者、和平主義者和無政府主義者,他們都被視為維持日本政體的威脅。中日間的戰爭導致全國進入緊急狀態,"特別高等警察"也迅速擴大了自己的打擊目標,致使社會關係的基礎發生根本性變化。

儘管社會發生這些變化,近衛在第二任期內的外交政策卻與其第一任期如出一轍:既優柔寡斷又魯莽衝動。他總是在需要當機立斷時猶豫不決,卻又在需要謹慎小心時行事衝動。他令人擔憂的一個傾向是喜歡迎合周遭最響亮的聲音。為應對美國對日本工業原料進口越來越多的限制,近衛內閣在 1940 年批准了日軍在東南亞確保更穩固根基的提案。作為這一政策變化的直接後果,日本自 9 月 23 日開始佔領印度支那北部,美日從此針鋒相對。

日本在 9 月 27 日與德國和意大利簽署的《三國同盟條約》不過是進一步加劇了業已存在的緊張局勢。近衛及其新任外相認為,日本加入法西斯聯盟將對美國形成遏制,並將開啟更加有利於日本的外交談判。前日本駐美大使石井菊次郎及樞密院其他成員對近衛與德意兩國結盟持懷疑態度。在《三國同盟條約》簽署的前一天會議上,石井當面向天皇及樞密院其他成員表達了他的嚴重關切。[50] 他談到俾斯麥對結盟的看法:"國際上的聯盟關係就像一頭驢與其騎手的關係,德國應永遠爭當那個騎手。"考慮到意大利畢竟是"馬基雅維利的故鄉",這個國家也不可信。但石井並沒能勸阻近衛,後者當天早些時候向樞密院顧問表示:"必須向美國發起挑戰,這樣美國才不會低估日本……即使發生最糟糕的情況,我的政府也決心要處理好一切。"[51]

近衛在 10 月 4 日召開的新聞發佈會上延續了他的傲慢姿態,他說:"我認為假如美國能試着理解日本的意圖,並試着積極參與世界新秩序的構建,這將對美國更有好處。假如美國有意誤解日、德、意三國的真正意圖……繼續其挑釁行徑,我們除了開戰別無選擇。"[52] 但他的虛張聲勢沒有奏效,在接下來的六個月裏,雙方沒有取得任何外交突破。近衛面臨他所謂的"最糟糕情況"——與美國發生正面碰撞。

近衛在 1941 年春天的鬱悶心情可想而知。日本政府面對的是美國與日俱增的經濟壓力和中日戰爭勝利的遙遙無期（日本甚至無法體面地撤出中國）。近衛後悔與法西斯結盟的決定，但仍對未來抱有一線希望。儘管軍方強硬派與極端民族主義分子竭力主張對美開戰，但近衛身邊的幕僚卻認識到，這樣一場戰爭是完全不切實際的。

對於許多軍方領導來説，一個未曾言明的問題是如何保全顏面，即在排除戰爭選項的同時又不損傷軍人的名譽。軍方不情願向蔣介石或美國做出讓步，也許一些焦躁的軍官需要得到安撫。帝國海軍和陸軍總是為了更多榮譽和撥款相互競爭，兩軍都不想看起來是較弱的一方（請記住，獲得更多預算是海軍最終同意簽署《三國同盟條約》的一個重要原因）。

軍方並不是唯一存在內部分歧的機構。外務省主要分裂為親德派與親英美派。1940 年夏，近衛內閣外相解除了許多親英美外交官的職務，任命親軸心國的前駐意大利大使白鳥敏夫擔任外務省特別顧問。這極大削弱了外務省內的自由派，並在不久的將來產生嚴重影響。

日本憲法對於天皇的模糊定位也讓形勢更加複雜。儘管裕仁天皇日益淪為一種象徵性角色，成為這個家族式國家的神聖族長，但他仍然是日本軍隊的最高統帥。在動盪時期，裕仁天皇在普通日本人眼中變得更加神聖（這也是掌權者想要努力確保的）。1940 年 11 月 10 日，幾乎有五萬人聚集在帝國皇宮前，參加近衛首相主持的慶典，慶祝日本皇室據信有 2,600 年的統治。慶典還通過廣播進行直播，日本各地也都舉行了類似的慶祝活動。民眾很早就接到通知，要放棄一切休假計劃，並被鼓勵前往各地著名的神社朝聖。許多人欣然前往，只求從日常生活的苦差事中解脱出來。而鋪張的娛樂活動被明令禁止，這是日子艱難的又一佐證。

慶典成功提升了天皇的地位，而對皇室作為神聖莊嚴的準宗教機構的強調也削弱了君主的世俗權力。這意味着近衛無法期待太多來自天皇的公開幫助，以引導日本駛離錯誤的軌道。近衛出身於日本最顯赫的家族，擁有足以比肩天皇的社會地位，他本可以坦率地與裕仁天皇討論政治問題。但自 1940 年 6 月起擔任內大臣的木戶幸一使得與天皇直接溝通變得困難。近衛政府需要有極大的耐心與技巧行事，所以他備感焦慮，常常禁不住要溜出辦公室，投入他喜愛藝妓的懷抱。1941 年 4 月 18 日，好消息終於從美國傳來。自 2 月中旬擔任駐美大使的野村吉三郎向外務省發回一封電報，概述了所謂的《日美諒解協定草案》。這份粗略的計劃包括日美同意承認（偽）"滿洲國"，同意蔣介石與汪精衛政府合併以結束中日戰爭，並實現貿易關係正常化。不管怎樣，該草案讓矛盾方攏到談判桌前成為可能。

美國的友好姿態足以讓副外相大橋忠一感到高興。他讀到這封電報後激動地大喊："假如這個計劃成真，世界的命運都將因此而好轉！"[53] 裕仁天皇也對這一消息表示歡迎。據木戶 4 月 21 日的記錄，裕仁天皇對近衛說："美國總統主動願意詳談，這真出人意料。我猜想所有這一切正是日本與德國和意大利結盟的結果。最終重要的還是保持耐心與堅持不懈，你覺得呢？"[54] 言辭間彷彿和平即將到來。在當晚核心決策人召開的聯絡會議上，包括陸軍大臣東條英機在內的軍方領導人也對此感到欣喜。日美試圖和解的前景來得正是時候，因為日本陸軍與海軍剛剛決定暫緩前一年制訂的向南擴張的計劃。兩軍的共同決議說，荷屬東印度的資源"原則上必須通過外交方式（獲得）"，[55] 日軍應避免向新加坡及東南亞其他地區挺進。

與裕仁天皇猜測羅斯福"願意詳談"相反，《日美諒解協定草案》事實上只是太平洋兩岸一些希望避免戰爭的"業餘外交家"的產物。1940 年 11 月 25 日，美國瑪利諾外方傳教會（總部位於紐約州北部的一個傳教會）的兩名天主教神父詹姆斯・愛德華・沃爾什主教 (Bishop James Edward Walsh) 和詹姆斯・M・德勞特神父 (Father James M. Drought) 抵達日本，開啟了兩國和解行動。在日本的一個月裏，他們憑藉一些華爾街重要人物的介紹信得以拜會日本政治、商業和軍事領域的重要人物，包括近衛內閣的外相松岡洋右。在這些會面中，兩位牧師闡明了改善美日關係的重要意義。當被問及他們與美國政府關係的本質時，兩人卻含糊其詞，不願透露更多。

兩人回到美國後聯繫了羅斯福總統的郵政部長弗蘭克・C・沃克 (Frank

C. Walker)。在虔誠的天主教徒沃克的安排下，兩人於 1941 年 1 月在白宮向羅斯福總統彙報，日本領導人渴望改善與美國的關係。羅斯福總統隨後繼續通過沃克及兩位牧師尋求與日本方面建立聯繫。兩位牧師最終拿出《日美諒解協定草案》，而他們的日本朋友（其身份後續再詳述）對草案進行了修改。

在 4 月 18 日的聯絡會議上，大多數日本高層官員希望立即對美國的友好姿態做出回應。然而副外相大橋忠一卻認為，必須等四天後他的上級松岡洋右外相從歐洲返回後，才能向美國發出肯定答覆。大橋的觀點最終得到認可，這也將成為一項具有重大影響的決定。

第二章　唐·吉訶德的歸來

　　1941 年早春的一個夜晚，俄羅斯草原上寒風凜冽，日本外相卻欣喜若狂。"紅矢號"行駛在橫跨西伯利亞的鐵路上，奢華的頭等車廂配備有會客廳和私人洗手間，車廂裏的松岡洋右正沉浸在他最大的外交成就中。1941 年 4 月 13 日，他剛剛與蘇聯簽訂了中立協議。出於好客，約瑟夫·斯大林沒少招待他伏特加和魚子醬。[56] 松岡喝了一杯又一杯，他的臉越來越紅。

　　當松岡 3 月 12 日啟程前往歐洲時，日本國內領導人心裏都沒底。此次行程的本來目的是慶祝《三國同盟條約》的簽署，但日本沒有撈到甚麼外交實惠。許多同僚抱怨，這位極度虛榮又浮誇的外相只在謀求自己的利益，而不顧國家利益。他們認為，松岡遠道而來既無必要，又無價值，日本外相的工作應該只是從東京總部指揮駐守全球各地的外交人員。

　　松岡在柏林見到了希特勒，受到了隆重接待。日爾曼嚴格刻板的接待方式給松岡的隨行人員留下深刻印象，隨他一起來訪的有外務省官員、軍官和記者。柏林火車站所有月台都裝點上了"卐"字旗和旭日旗。[57] 松岡的火車一抵達，迎接他的就是擊鼓聲和"希特勒萬歲！松岡萬歲！"的歡呼聲。松岡洋右打開車窗，向穿着整齊制服的希特勒青年團做出回應，他抬起右臂行納粹禮。這手勢似乎是本能做出的，就好像他是經過多年訓練、追求舞台效果的歌舞伎演員。只是，在這樣的納粹歡迎下，他泛紅的臉頰暴露了內心的狂喜。松岡在羅馬也受到墨索里尼和教皇的熱情接待，但意大利的接待與德國可不能比。

　　松岡認為，他與斯大林簽署的協議是給祖國帶去的最好紀念品。這將加強《三國同盟條約》，使之成為"四國諒解協議"（用他的話叫做"歐亞大陸同盟"），與自由主義的英美聯盟進行對峙。他早就構想過這一同盟關係。在動身前往歐洲前，他對秘書説："與德國握手就有了與蘇聯握手的暫時藉口，而與蘇聯握手也不過是與美國握手的藉口。"[58] 他堅持認為，這些國家聯合起來將向傲慢的美國人施壓，迫使其做出外交妥協。這樣，日本就能活在和平中，用松岡的話説，整個世界都不用動一發子彈。

松岡喜歡驚世駭俗，喜歡成為眾人關注的核心。如果説近衛是憂鬱的哈姆雷特，那麼松岡就是堂·吉訶德，患有嚴重的狂妄自大症。再次借用日本戲劇術語打個比方，松岡是歌舞伎演員，他誇大每個動作和每句台詞，為了刺激觀眾的感官；而近衛是能劇演員，沒有太多動作，把自己的情緒隱藏在沒有表情的面具後，留待他人來解讀。

松岡戴着眼鏡，留着鬍子，中等個子，外形上沒有甚麼特別之處，但他確是現代日本歷史上最具影響力的外務大臣之一。他對自己的極度信任讓他與眾不同。最讓他滿足的事情就是連續數小時高談自己的外交政策哲學，最好在一些酒精的刺激下。他珍惜每一次高談闊論的機會，只要對方願意（或出於禮貌）聆聽。一名德國翻譯説，松岡是少有的膽敢與希特勒進行類似同輩間閒聊的人。[59]

與許多日本人不同，松岡從不掩飾自己的不謙遜。1940 年夏，他不知疲倦地進行遊説，想要成為第二次近衛文麿內閣的外務大臣。令近衛印象深刻的是，松岡單靠自己的力量進行自我推銷，這種能力可以利用在謀求日本利益上。他認為，松岡是日本迫切需要的一種發言人。松岡以前所未有的方式大規模重組了外務省，這讓他在外務省不受待見，但他本人也不在乎。

日本政府官員不願意為一項政策的後果承擔個人責任，決策過程也往往淪為尋找最大共識點的過程，松岡的個性也有好處，意味着他能很快完成任務。但近衛很快認識到，松岡的過度神經質常常讓他的手下憂心忡忡。有人猜測，他過於活躍因為吸食了可卡因，據傳言，松岡在美國學習期間接觸了這種毒品。近衛文麿向來過着養尊處優的生活，一切都是安排好的，甚至連首相職務都是送到他手上的，但松岡前行的每一步都經過了奮鬥。松岡洋右生於 1880 年，比近衛還早 11 年，出生地在日本本州西南角的山口縣。他的家庭做海上貿易，曾一度很富有。由於父親投資失敗欠下債務，哥哥又揮霍無度，松岡家的財產迅速消耗殆盡。所以松岡 13 歲時前往美國西海岸投奔一位做生意的親戚。

在美國，松岡被美國家庭收養，先後住在俄勒岡州的波特蘭和加利福尼亞州的奧克蘭。他的英文名叫弗蘭克，是個有抱負的小孩。他一邊學習一邊做各種零工，包括在餐廳打工，在農場幫忙，做過樓管、鐵路工，甚至充當過牧師主持婚禮。不論多麼辛苦，美國都是松岡洋右逃避家庭貧困的避風港，是充滿機遇的土地。他漸漸愛上這裏，儘管他受到嚴重的種族和社會歧視，這些赤裸裸、無可否認的歧視已成為他每天生活的一部分。他也正是在美國第一次接觸到基督教，成為一名循道宗信徒（他在臨死前幾小時皈依了天主教）。他在俄勒岡大學以班上第二名的身份畢業，拿到法學學位，他還自學了日本法律。他不僅酷愛讀書，他的大學同學還驚歎於他的撲克牌技巧，這無疑對他的外交生涯有所幫助。[60]

由於母親病重，松岡洋右 1902 年回到日本。此時他已 22 歲，在美國度過了影響他一生的 9 年時光。雖然他擔任外相後對美國咄咄逼人，但他卻把美國當作第二故鄉。他 50 多歲時重返當年度過青少年歲月的故土時，在"美國母親"伊莎貝爾·鄧巴·貝弗理奇（Isabelle Dunbar Beveridge）的墓地立碑種樹，這位母親是虔誠的基督徒，曾引導他的循道宗信仰。[61]

1904 年，年輕的松岡以優異成績通過外務省考試（在進入考試的 130 人中只有七人通過），開始了他的外交生涯。這樣的職業選擇讓他剛好躲過日俄戰爭期間被徵入軍隊服役。他大部分時間在中國任職，在俄國也短暫工作過。他後來總愛吹噓自己在俄國被許多美女誘惑，但其實，相比玩弄女人，他似乎更愛喝酒。

松岡善於發表令人難忘的演講，這絕對是多邊會議上的寶貴技能，所以他在 1919 年作為日方發言人參加了巴黎和會。他正是在巴黎和會上首次見到近衛文麿，見識到世界權力頂峰的樣子。他不想只做一名官員，所以他在 1921 年 41 歲時離開外務省。他進入了"南'滿洲'鐵道株式會社"（"滿鐵"），這是一家半私營企業，擁有許多分支，涉及中國東北地區的開發。他的事業如火如荼，1927年成為"滿鐵"副總裁。1930年，他成功參選進入眾議院，成為保守黨立憲政友會的一員。

1931年9月的"滿洲事變"（九一八事變）對松岡洋右開始的政治生涯至關重要。雖然他本身沒有鼓吹軍事佔領"滿洲"，但他支持對"滿洲"的接管。他一直敦促日本對華強硬，這基於地區安全考慮，擔心蘇聯從北部挺進。作為一名"滿洲通"，他堅持認為中國東北是"日本的生命線"。他看到自己的事業開始騰飛。

"**滿洲事變**"（九一八事變）一年多後的1933年2月24日，在日內瓦湖西岸由豪華酒店改造的威爾遜宮，松岡成為眾人關注的焦點。威爾遜宮阿拉伯紋飾的天花板繪有金色樹葉，5個波西米亞大吊燈將大廳點亮。來自40多個國際聯盟成員國的代表在這裏靜靜地聆聽松岡洋右莊嚴宣讀一份準備好的聲明。他宣佈，作為《國際聯盟盟約》5大倡議國之一，日本打算退出國際聯盟。這是把日本推上國際孤立道路的重要一步。

國際聯盟剛剛以42票贊成、一票反對，通過了接受《李頓調查團報告書》的決議，日本是唯一投反對票的國家。由英國人李頓爵士領導的一個獨立調查團被派往遠東調查"滿洲事變"，調查團撰寫了報告書，並於1932年9月向國際聯盟提交。報告書建議日本撤走部隊，恢復中國行使主權。松岡拒絕接受這一結論。

松岡是反對日本退出國際聯盟的，他懷疑東京最後一刻做出的這一決定是否是一項共識，該決定基於日本不願失去對"滿洲國"的控制。東京的領導人認為，只要日本仍然在國際聯盟，日本就很可能成為懲罰性經濟制裁的受害者（正如意大利入侵埃塞俄比亞而受到的制裁）。他們認為這種制裁很不光彩，而日本政府通過離開這一國際組織可以避免遭受制裁。對於一向在乎國際輿論的現代日本來說，這是一個極端而短視的應對策略。

松岡所能做的就是最大限度減小離開國際聯盟的損失，他再次試圖解釋日本的處境。站在講台上的松岡拋棄準備好的講話稿，他大聲呼喊道："讀一讀歷史吧！我們從俄羅斯手中解放了"滿洲"，我們一手締造了"滿洲"的今天……日本從始至終一直都是遠東和平、秩序和進步的中流砥柱。"他反對國際社會對"滿洲"的接管，他說："美國人會放棄對巴拿馬運河區的控制嗎？英國會把主權交給埃及嗎？"[62]演講完畢，他向自己的代表團揮手，代表團成員全體離席。

這無疑是國際聯盟歷史上最具戲劇性的一次會議。合眾通訊社記者從日內瓦發出的報道稱："代表團由衣冠楚楚的松岡洋右率領……看起來沉重而堅決。"代表團離開時，"擁擠的過道裏混雜着噓聲和掌聲"。[63]

雖然《李頓調查團報告》對日本的軍事行動予以譴責，但報告承認日本在"滿洲"的既得利益，認可日本對該地區發展所作的貢獻。儘管世界主要大國滿口主權、自立、平等、和平，強調對世界所有國家的尊重，但畢竟這些國家仍佔有大片殖民地，單獨挑出日本進行指責會讓自己名譽受損。所以當松岡洋右的代表團以這種戲劇化方式離席時，國聯大會確實大感意外。

松岡能夠率領日本代表團參加此次國際聯盟特別會議的一個原因是他了解中國東北。他本要説服國際社會接受"滿洲國"的合法地位，宣稱這將促進亞洲種族和諧、現代化城市規劃、廣袤農田的開拓，讓國際輿論有利於日本。1932年12月8日，松岡一抵達日內瓦就即興做了一番奇怪的演講，他總是喜歡這樣做。他在演講中為"滿洲國"辯護説："當前，沒有人看到'滿洲國'的重要意義。但世界最終會承認，日本是正確的。"[64]他繼續以他典型的誇張口氣説："日本即將像耶穌一樣被釘上十字架。正如他後來在歐洲社會獲得救贖，日本也將獲得救贖。"松岡洋右的發言持續了將近90分鐘。他受到觀眾的起立鼓掌，但大家更可能是為了這一冗長演講的結束而鼓掌，而不是為了演講內容。

具有諷刺意味的是，日本向來是國際聯盟自1920年成立以來的模範成員，日本向國聯派出最能幹的官員，捐出大量款項，主要原因是日本認為，多邊主義和國際合作正迅速成為20世紀外交的慣例。讓日本失望的是，儘管做出最大努力，日本很快被稱為沉默的夥伴，因為日本代表往往不愛交談。許多人對松岡這位話多的全權代表感到驚訝，對松岡大加讚揚，説日本終於從"無聲默片"轉變成"有聲電影"。

《李頓調查團報告》的最後投票結果讓松岡非常失望，他此前兩個月所做的公關工作完全沒有奏效。他和他的團隊駐紮在日內瓦湖邊的大都會酒店夜以繼日地工作，進行各方遊説，包括放映關於"滿洲國"的宣傳紀錄片。松岡的助手回憶道，雖然他的上司很固執，又像一個任性的小孩一樣渴望得到關注，但在這些辛苦工作中，他仍然對手下體貴、關切。這名助手還透露，松岡洋右在酒店房間裏長時間地準備自己的"即興"演講。[65]

松岡宣佈日本決意退出國際聯盟時，對聽眾説：

> 日本政府現在不得不作出結論，日本和國際聯盟其他成員在實現遠東和平的方式上看法不同。日本政府認為，在中日分歧問題上，日本與國際聯盟合作的努力已經達到極限。但日本政府仍將盡最大努力確保遠東地區和平，保持並加強與其他大國的友好關係。[66]

松岡洋右從國際大會上貿然退場，成為日本最令人印象深刻的面孔之一。大肆鼓吹極端愛國主義來增加銷量的日本各大報紙率先將松岡塑造成不畏西方及其走狗欺凌的偉人。國內的狂熱反應確實讓他驚訝，但他很快開始享受這一英雄歸來的角色。他現在成了羽翼豐滿、受人愛戴的當紅政客。為了利用這一聲名，他在 1933 年 12 月辭去眾議院職務，離開立憲政友會。此後大約一年的時間裏，他走遍日本各地，進行了 184 場演講，聽眾共計七萬人，宣傳他所謂的政黨解消聯盟。[67] 他開始把巨幅旭日旗放置在講台後方，這逐漸成為展示愛國忠心的做法。

1933 年 12 月的一天，東京日本青年中心裏擠滿了聽眾，松岡談到資本主義和社會主義的罪惡，宣佈了日本議會體制的死亡，他説："我不認為政黨政治是實現憲政政府的唯一方式……政黨政治只是其中的一個方式。"[68]

　　至此，他的政治信條轉向法西斯主義。但與近衛一樣，他對法西斯主義的狂熱是有限度的，也是膚淺的。松岡當然對納粹德國的崛起感到驚歎，但他顯然無法接受帶有種族歧視的德國國家社會主義，因為亞洲人被列為次等地位。松岡沒能預見納粹大屠殺，但他其實也表現出對納粹政策的不滿。1935 年 8 月至 1939 年 2 月，他再次在"滿鐵"工作。他擔任"滿鐵"總裁時，駐紮在哈爾濱的樋口季一郎少將請他幫了一個忙。[69] 樋口季一郎在波蘭和德國見識並遭受過歧視，所以他關心猶太復國主義和歐洲猶太人的困境。1936 年日本與德國簽署《反共產國際協定》後，樋口季一郎公開表示，猶太人被趕出歐洲前應被給予一塊國土。1938 年 3 月，樋口季一郎聽說，一羣逃出德國的猶太人被阻擋在"滿洲國"外，所以他尋求松岡的幫助。松岡派他公司的火車將這些難民安全送往上海，他們因此逃脫迫害。

　　松岡渴望成為強大而具有感召力的領導人，有能力像法西斯獨裁者那樣攪動全國，這解釋了他對軸心國感到着迷的原因。但他認為，結盟的主要原因還是在與美國的外交談判中取得相對的力量優勢。而他對軸心國野心的膚淺理解也再次解釋了，為何他根本不理解英美對納粹，以及日本與納粹結盟而感到厭惡的極端程度。

　　1941 年 4 月 13 日，微醺的松岡洋右在穿行蘇聯的"紅矢號"列車上說："年輕人們，外交就是力量。與軸心國的外交就是獲取力量的方式。沒人告訴過我這些，我懂的就是多。"[70] 他其實只是對 30 多歲的外務省顧問西園寺公一重複之前說過的話。松岡借着酒勁教導西園寺公一說："《三國同盟條約》不是為了發動戰爭而結盟，而是為了維持和平！"

　　松岡強調，他受到力量的引導。他崇拜奧地利政治家梅特涅，後者利用自己的能力讓各大國長期保持均勢，並在維也納會議上成功對拿破崙戰爭做出了結。但時代變了。法西斯主義、自由主義、共產主義及其各自分支彼此對抗。西園寺公一認為，松岡洋右不認真對待政權間巨大的意識形態分歧將是十分危險的錯誤。

完全在英國接受高等教育的西園寺公一總是與養父西園寺公望關係緊密。他不相信美國總統羅斯福或國務卿赫爾會因為日本與蘇聯簽署中立條約而被迫與日本妥協。在一次酒席上，西園寺公一對松岡說，日本不應該與軸心國過於接近。西園寺公一知道，近衛後悔簽署了《三國同盟條約》，所以他希望松岡也能看清，該條約是一種外交負擔。"你必須支持近衛公爵。"[71]西園寺公一說。松岡洋右回答道："是的，是的，我在支持公爵大人。我甚至表示一旦他組建內閣，我願意當他的秘書……不過公一君，外交可需要專業知識啊，我比你更清楚下一步該怎麼做。"

隨着列車的行進，松岡越來越確信，日本首相的位置唾手可得。酒精的確讓他變得自大，但同樣迷惑他的還有對斯大林的記憶。幾小時前，松岡的火車即將離開車站時，斯大林帶着外長維亞切斯拉夫·莫洛托夫（Vyacheslav Molotov）冒着莫斯科的濃霧親自為松岡送行 —— 鑒於斯大林很少在公開場合露面，甚至很少會見外國政要，此舉實屬罕見。斯大林說："你看，我也是亞洲人，我來自格魯吉亞！我們是兄弟，所以我們必須共同合作！"[72]

斯大林沒有按照習慣考慮一下就同意與松岡洋右簽署協定。日本代表團從柏林返回的途中抵達莫斯科時，德國襲擊了南斯拉夫，這讓斯大林感到焦慮，或許也讓他高估了日本與納粹的關係。對於斯大林來說，與日本簽署中立協定很划算，協定確保了蘇聯東部邊境的安全，又不用向日本割讓土地。由於松岡訪問柏林時暗示與蘇聯簽訂中立條約，斯大林認為蘇聯西部邊境也不會受到德國襲擊，至少暫時不會。斯大林確實感到焦慮。在克里姆林宮莫洛托夫空曠的辦公室，日本和蘇聯代表相繼在外交文書上簽字，這時，穿着標誌性深灰立領大衣、沒有佩戴任何獎章的斯大林慢步走來，手裏拿着一根煙。他走向牆邊的餐桌，開始檢查並擺放玻璃杯和餐具，好像他是這棟莊嚴大樓裏的男管家。後來的一切都進展順利。[73]

斯大林和松岡在車站相擁道別時，兩人都喝多了，顯得很亢奮。酒勁過去許久後，松岡仍然感到自己不可一世。他與近衛日益緊張的關係也因此變得有些緩和。近衛聽到來自莫斯科的消息後説："松岡洋右是個能人！"[74]

日本民眾習慣於接受廣播和報紙所營造的基調，他們聽到這一消息後感到歡欣鼓舞。《朝日新聞》4月23日稱讚松岡"使《三國同盟條約》得以新生"，在日本與西方快要爆發戰爭時確保了日本的和平。美國和英國都不敢挑釁日本了，因為蘇聯已清楚地表示，不會被同盟國利用。在松岡最受歡迎的時候，他的肖像照甚至賣得比當紅影星都要好，包括"滿洲國"影星李香蘭（李香蘭其實是出生在中國的日本人，本名山口淑子，與松岡洋右的長子秘密約會）。

4月22日，松岡洋右英雄凱旋般回到日本，四天前，駐美大使野村吉三郎用電報傳回《日美諒解協定草案》的摘要。雖然來自美國的消息讓人意外，但松岡卻很得意，因為他錯誤地推斷自己促成了美國突然的外交談判意願，認為他拉攏蘇聯的均勢策略立即奏效了。

松岡洋右在莫斯科三次會見了美國駐俄大使勞倫斯·斯坦哈特（Laurence Steinhardt），想要試探羅斯福是否會鑒於"新形勢"而與他談判。一位隨行記者説，松岡握有吸引羅斯福的計劃：松岡將與蔣介石會談；之後兩人再飛往華盛頓會見羅斯福；羅斯福、蔣介石和松岡洋右屆時將同意長城以北地區實現中立、日本從中國撤軍、"滿洲國"的獨立地位獲得承認；然後簽署中日、美日互不侵犯條約。[75] 松岡在與近衛通電話時得知美方願意接觸的消息，當時他正在大連等待乘坐飛機回國，松岡興奮地對他的秘書説："接下來我們將飛往美國！"[76] 松岡的狂妄自大症可見一斑。他最後知曉《日美諒解協定草案》的真正起因後，感到自己被搶了風頭。他不允許日方任何人（包括野村大使）採取重大外交行動，這份草案建議近衛文麿與羅斯福在夏威夷會晤，而不是他與羅斯福進行會晤，這讓他怒不可遏。他認為這會威脅到他的權威，也會奪走他受關注的地位。

松岡回到東京的當天晚上，內閣、參謀本部和軍令部召開聯絡會議，商討日本對美國的回應。參加會議的主要有內閣大臣、陸軍參謀總長、海軍軍令部總長和首先得知該諒解草案的副外相大橋忠一。松岡決心要破壞這次會議。這本應是屬於他的時刻。他開場先吹噓了歐洲之行取得的成果,當討論到美方的草案時,松岡向與會者怒吼道,野村根本不知道自己在做些甚麼,他還說,作為德國的盟友,保持忠誠和坦誠很重要。鑒於此,他認為日本必須向德國彙報諒解草案的內容。他堅信,這份草案包含"70% 的險惡用心和 30% 的善意"。[77] 他沒有做出決定,以疲倦和身體不適為由離開了會場。

松岡洋右離開後,大橋忠一說,松岡在從機場回來的路上對他明確表示,他不會很快對美國做出答覆。但包括軍方在內的大多數與會人員更願意與美國儘早接觸。[78] 近衛總顯得既冷漠又遲疑,他以發燒為由離場返回住處。

由於等不到指示,在華盛頓的日方談判人員 4 月 29 日向松岡致電,但沒有結果。野村感到沮喪和失望;他本以為松岡會立即抓住這個機會開始談判,因為這份諒解草案尤其符合松岡的核心外交思想,即通過對話解決問題。野村頻繁出入美國國務卿所在的卡爾頓酒店,不斷為日方的延誤道歉。[79] 他讓赫爾不要"失去耐心",因為"日本國內在當前形勢下有一些政治摩擦"。

羅斯福和赫爾並不認為絕大多數日本領導人希望避免戰爭。華盛頓方面只想通過這一草案開啟與日本的官方交流,然而日本方面卻不太清楚這份文件與白宮沒有直接關係,它只是雙方業餘外交人員發起的。

日方最主要的調停者是 47 歲的銀行家井川忠雄,他曾與近衛文麿一同上學,幾年前為近衛公爵建立了一個智囊團。井川曾娶了一位美國妻子,他在 20 世紀 20 年代是日本駐紐約總領館的財務主管,在美國有許多關係。此前,他安排兩位美國牧師訪問東京時見到了日本領導人。在這兩位牧師訪日期間,他決定也參與到這項和平計劃中。

井川彬彬有禮、外形俊朗,他遊刃有餘的交際能力也讓他流露出輕浮傲慢的氣質,讓包括松岡在內的許多人信不過。他也精力充沛、野心勃勃。從牧師那裏一聽說羅斯福同意尋找外交解決方案,井川立即以私人身份前往紐約,表面上是為了解決與美國前妻的糾紛。他在 1941 年 2 月 27 日抵達紐約。

由於井川忠雄並不屬於外務省,日本駐華盛頓使館的工作人員對他很冷淡。但他還是設法取得了大使的信任。才上任不久還有點像個局外人的野村大使一開始不信任井川，松岡告誡過他要遠離此人，但這位銀行家 3 月 8 日安排了在國務卿住所的一次秘密會面，把野村大使介紹給了赫爾後，野村開始對他另眼相看。隨着 42 歲岩畔豪雄大佐的到來，美日"非正式會談"（美國人這麼叫）很快開始。

　　牧師最初擬定的草案在岩畔豪雄與野田大使、使館武官和一名專家的商議下進行了大幅修改。日方研究草案的小組在其他使館工作人員回家後聚集在使館地下室裏商議，討論出一份冗長的文件，其要點可以歸結為：

　　1　美國和日本承認，兩國是太平洋地區的強國，將共同致力於該地區的和平，達成友好諒解。

　　2　日本承認簽署《三國同盟條約》是為了防止歐洲戰事擴大。日軍只有在德國受到非戰爭協力廠商的主動攻擊時才履行其軍事義務。美國對歐洲戰爭做出回應的出發點只能是保護自己的利益和安全。

　　3　美國總統將勸告蔣介石政府與日本講和，為此，美國總統和日本政府同意：(a) 中國獨立；(b) 日軍基於中日條約撤軍；(c) 不吞併中國領土；(d) 沒有賠款；(e) 中國重啟門戶開放政策；(f) 蔣介石政府與日本支持的汪精衛政府實現合併；(g) 日本克制不向中國大規模移民；(h) 承認"滿洲國"。

　　4　美國和日本都停止以恐嚇目的向太平洋地區部署空軍和海軍力量。

　　5　兩國政府恢復《美日通商航海條約》。

　　6　日本在西南太平洋（包括東南亞）獲取利益不能依靠武力，只能通過和平方式。作為交換，美國將確保日本的資源獲得，包括石油、橡膠、錫和鎳。

　　7　為了太平洋政治穩定，美國和日本都不能接受歐洲對太平洋地區的侵入，雙方確保菲律賓的獨立，美國確保日本移民受到平等對待，沒有歧視。

4月16日，赫爾詢問野村日本是否願意基於這份日本修改的文件與美國談判，這份文件"包含的許多條款我國政府都願意同意"。[80] 赫爾還表示，文件的一些條款"需要修改、擴充或全部刪除"，另外還需要添加新的、單獨條款。野村在彙報與赫爾會面的電報中沒能闡明這份諒解草案不是美國政府的正式提議。岩畔豪雄後來承認，這是野村的助理、公使銜參贊若杉要故意選擇的措辭。若杉認為，強調美國的渴望而忽略日本對文件的修改將能取得更好的效果。野村向東京派發的電報清楚表明，美國政府希望進一步修改協議。收到電報後過於興奮的副外相大橋忠一可能沒能看到美方的這一條件，所以給日本領導人留下的印象是，美國拿出了一份滿足日本要求的提案，但美國其實沒有做出這麼多讓步。

松岡洋右認識到，他的同事慶祝得太早了。他丟掉野村發來的《日美諒解協定草案》，要求查看英文原文。5月初，他私下向一位外務省官員抱怨說，來自美國的諒解草案讓人大跌眼鏡，因為：

> 很顯然，這不是美國的文件，而是日本人寫的。所有人，包括近衛公爵，似乎都認為最艱難的時刻過去了，我們只需給美國一個肯定答覆。多麼愚蠢啊！我敢保證，一旦我們開始談判，一定會出現各種各樣的問題……由於中日戰爭還在繼續，我們（與美國）的談判將無法取得滿意結果……如果談判失敗，軍方將有理由發動戰爭。我知道我是對的。[81]

松岡洋右是對的，事情並不像開始看上去那麼樂觀。但他並沒有將草案本身看作展示日本談判意願的機會，而是出於褊狹和怨恨做出了過激反應。在5月3日政府與軍方的聯絡會議上，終於走出自我封閉的松岡拿出一份"5·12計劃"（野村吉三郎於5月12日將該計劃交給赫爾），這也可以稱為

"松岡計劃"，據説是對《日美諒解協定草案》的闡釋，但內容卻相差甚遠。其中最明顯的改動是關於歐洲戰爭的未來：

> 美國和日本政府將實現世界和平作為其共同目標；兩國因此應當共同努力，不但要防止歐洲戰爭的擴大，也要幫助歐洲迅速實現和平。[82]

松岡想要促成歐洲和平的理想（在他渴望成為"偉人"的推動下）看起來很高潔，但他完全誤讀了當時的形勢：羅斯福政府根本不願意與納粹政權談判。另外，一個深陷中國戰爭泥潭的國家如何幫助其他國家結束戰爭？日本的這一最新提案刪除了所有與中國和談的條件，大概松岡不想被具體條款所限制。他堅持認為，如果蔣介石不同意與日本講和，美國應該放棄對蔣介石政府的支持。日本既想不受牽制，又想獲得幫助。松岡答應確保菲律賓獨立的條件是，菲律賓要"永久保持中立"，並且"日本人移民美國應受到友好對待——與其他國民平等，不能歧視"。《日美諒解協定草案》説："日本在西南太平洋區域的活動應當以和平方式開展，不能訴諸武力。"這種表述受到"松岡計劃"的攻擊，因為它"既不合適，也很多餘"，因為"內閣總理大臣和外務大臣已在多個場合的各種發言中清楚表達了日本政府的和平政策"。刪除這些文字意味着日本不願放棄在東南亞的軍事選項。羅斯福政府對此感到震驚。

松岡不妥協的態度甚至讓日本軍方感到驚訝。松岡想要所有人知道，他只能以掌權者的身份（或者看起來像掌權者）參加談判。他一直堅信，強硬和自信是對付美國最有價值的質量。

雖然松岡和近衛的性格迥然不同，但兩人驚人的相似點是，他們都想看到一個強硬的日本。當年 22 歲的松岡剛從美國回到日本時，他對自己從前的老師説："記住最重要的一點是，永遠不要被美國人輕視。"[83] 然後他描述了日本人和美國人在狹窄過道相遇的假想情景：

> 美國人並不會因為你向他鞠躬並禮貌相讓而感謝你。他其實會鄙

視你，認為你太容易對付了。如果你朝他臉上來一拳，他才會尊敬你，認為你和他地位平等。日本外交官應該從現在起注意這一點（美國人的性格）。

"松岡計劃"讓赫爾更加討厭這位日本外相。赫爾和野村為此達成了奇特的默契。5 月 11 日赫爾收到"松岡計劃"的前一天，赫爾向野村抱怨信任日本外相"行動和大話"的難度，赫爾注意到，"（大使）不但沒有反駁我的話，我還覺得他其實贊同我對松岡的評論。"[84] 從野村處獲得日本最新方案後，赫爾發現"不訴諸武力"的段落被刪去了，他嘀咕道："所以這意味着他們不能保證不向南挺進。"赫爾指的是日本挺進東南亞，以取得戰略制高點。[85]

美國從一開始就建議，這一非官方的《美日諒解協定草案》應當成為推動兩國對話的起點。但松岡洋右認為，除非美國首先接受日本的一些要求，否則日本無法開始談判。他相信，日本因為強硬而贏得美國的尊重。實際上，日本正在浪費一個對該國極為有利的談判機會。

此時，美國仍然準備對日本做出一些讓步。比如，赫爾表示願意與日本談判，只要日本接受他的"四項原則"：[86]（1）尊重每個國家的主權及領土完整；（2）對不干涉別國內政的原則予以支持；（3）支持平等原則，包括通商機會平等；（4）繼續保持太平洋現狀，但這一現狀可以通過和平方式改變。但在與野村的私下交談中，赫爾表示，第四條原則不會影響"滿洲國"，而是適用於達成總體協定後的未來。[87] 對於美方的回應，松岡卻設定了無法撤回的前提條件。松岡非要堅持保留日本向南使用武力的權力，他在軍方自己都願意妥協的問題上小題大做，這是沒有必要的。日本陸軍尤其想要停止進一步軍事冒險，因此之前，1939 年 5 月至 9 月，日本陸軍與蘇聯軍隊為了"滿洲國"和蒙古國的邊界糾紛在諾門罕（Nomonhan）進行了慘烈的戰爭。現在，一個曾逃避服兵役的文官卻指揮軍隊採取更加強硬的態度。

近衛透露，他曾親自前往機場迎接松岡歐洲之行的歸來，以便討論《美日諒解協定草案》的有關事宜。他不想因為沒有通知這一最新進展而惹怒極度敏感的松岡洋右。但松岡拒絕與他一道回去，堅持認為外務大臣的首要任務是向皇宮鞠躬致意。近衛對松岡冷若冰霜的態度感到震驚，他放棄了兩人同乘一輛車的想法。近衛後來表示，這件事讓兩人之間的裂痕加深。

雖然對松岡越來越不滿意，但近衛仍然讓他主管日本的外交，即使冒着疏遠美國的危險。近衛只是不想與外務大臣起爭執。松岡不斷對其他官員說，關於大洋彼岸的這個不友好的大國，他比其他人懂得更多。沒人能夠反駁他。參謀本部一位陸軍軍官後來回憶道："松岡慣常的做法是直接把自己的提議拿到聯絡會議上，不論如何強迫該提議獲得通過。其實他的做法相當令人讚歎。"[88] 日本的政治文化完全不歡迎驚喜，提前打報告是通常的慣例，而松岡洋右是唯一的特例。日本有句老話叫"移植樹木前先將根部周圍挖開"，⑥ 但這句話不符合松岡的辦事風格。

與之相反，喜歡幕後秘密做事的近衛已經在為除掉他的外務大臣做着準備。松岡可不是普通對手，近衛公爵深知，在日本悠久的政治鬥爭傳統中，松岡的倒台必須經過精心策劃，這是近衛公爵天生就擅長的。但為了實現這一目標，近衛還需要一些時間，而日本其實等不起更長的時間了。

---

⑥ 譯者註：引申義為事前講明、打好鋪墊。

第三章　一切的開端

　　1882 年是日本軍事史上關鍵的一年，因為日本新生的現代政府頒佈了一份官方文件。

　　新年第四天，現代日本第一位天皇、29 歲的睦仁（明治天皇）在日本皇宮鋪着紅地毯的大廳裏，拿着這份文件。與這個新興國家的許多事物一樣，天皇和少數隨從棲身的宮殿只是暫時性的，因為從前的宮殿幾年前被燒毀了，現在仍在建設中。睦仁像普魯士軍官一樣穿着黑色制服，戴着白手套，站在只適合這種盛大場合的由金縷布鋪設的講台後面，筆直得就像一名訓練有素的體操運動員。這一西方式背景中凸顯出來的是一個傳統日式火盆，放置於他的身後，以溫暖天皇陛下的臀部。

　　以當時的標準，睦仁 1.68 米的身高算是高大的（在他的統治時期，包含肉類和奶類的西式飲食引入日本，從此日本人的身高迅速提高）。他總是一副嚴肅的表情，雙眼炯炯有神，還留着濃密的黑鬍子。講台的另一邊站着陸軍大臣大山岩。這個矮胖的男人比睦仁大 10 歲，他倆的共同弱點是對西方美食沒有抵抗力，尤其喜愛牛排和法國紅酒。大山岩被同輩人戲稱為“小蛤蟆”，他總是穿着深色普魯士制服（這種制服及其他制度安排都是模仿普魯士軍隊的）。他接受這一皇家文件的時刻到了，大山岩畢畢恭恭敬敬地伸出雙臂，向天皇深深鞠躬。天皇頒佈了對軍人的訓令《軍人敕諭》，文件按照禮儀從天皇手中遞給下屬手中。該儀式既是做給外界看，也是做給國內羣眾看的。它清楚地表明，日本在認真開啟現代化步伐，對西方強加給日本的不平等條約很不滿。

　　一些西方觀察家對日本開始邁向現代化的努力不屑一顧。最著名的就是曾做過水手的法國小說家皮埃爾・洛蒂（Pierre Loti），他在《菊子夫人》中對日本人進行了冷嘲熱諷，這部帶有自傳性質的小說描述了法國海軍軍官與一位日本女性一段短暫的權宜婚姻，後來激發普契尼創作了歌劇《蝴蝶夫人》。他的另一部不太有名的作品《江戶的舞會》描述的是鹿鳴館的一個夜晚，東京的鹿鳴館是可以舉辦舞會的兩層樓建築，1883 年年底落成，用於招待外國賓客。[89] 洛蒂這樣形容日本新興的紳士和他們不合體的西裝："帶尾巴的西裝，甚至我們穿上都很難看，他們穿上多麼奇怪啊！……不知道為甚麼，在我看來，他們都有點像猴子。"

作為容易討女性喜愛的男子，洛蒂對異性的描述稍微留了情面：

> 噢！還有這些女人！……年輕未婚的女孩坐在椅子上一動不動，她們的母親在牆邊一字站開，就像掛毯一樣。仔細觀察，她們真是令人驚訝。她們哪裏不對？無論我怎樣努力，都無法精確形容：也許她們戴的耳環要麼太多，要麼不夠；她們位置不是太高，就是太低；抑或是她們沒有穿束身內衣。但她們的外在並不粗俗，她們的手小小的，穿的衣服是從巴黎直接進口的……不，她們的確很奇怪，一切都很奇怪——她們是這樣不真實，細細的眼睛，扁平的鼻子，走路內八字。

頒佈《軍人敕諭》後，鹿鳴館盛大而不自然的舞會就開始了，這已經是日本國家工程的一部分，為了展現其現代化的一面。由年輕的英國建築師喬賽亞・康得（Josiah Conder）設計的鹿鳴館既不完全像西方建築，也不是東方建築，初衷就是用於召開盛大的宴會。但對這一奇特景象感到震驚的不光是盛氣凌人的洛蒂一人，日本人也覺得不自在。許多女性出於禮節或害羞不願意跳舞，所以在這些舞會上，男子的數量遠遠多於女子。但沒有甚麼可以阻止愛國人士為了現代日本而跳舞。性格古怪卻喜歡作樂的大倉喜八郎是帝國飯店和鹿鳴館的創辦人之一，他描述了一天晚上在舞場上的一對奇怪組合：

兩人均為男性，其中一人像相撲一樣壯碩，另一人極為瘦小。這兩人非常認真地跳着舞，但因為對比太明顯，他們在觀眾中引起了騷動，大家都想弄清楚兩人的身份。仔細一看，壯碩的男子原來是陸軍大臣大山岩，而瘦小的那位是東京府知事……在這個場合下，大山岩穿着正規的西式軍服，而他的舞伴穿着日本和服，他們都在認真地跳舞，儘管兩人並不擅長。[90]

對於日本來說，所謂的鹿鳴館時代就是發生深刻變革的時代。《軍人敕諭》是這一進程的重要開始，再加上 1890 年頒佈的《教育敕諭》，這些文件定義了現代日本民族性和明治政府的性質。《軍人敕諭》不只是軍隊的行為準則，也是天皇對軍人的命令，即使在一個快速變革的世界，軍人也要培養和保持日本核心精神。《軍人敕諭》開宗明義，強調了天皇對軍隊的絕對統治權，軍隊由職業軍人和強制服役三年的入伍士兵組成，強制服役制度從 1873 年開始實施。軍人必須將忠節、禮義、武勇、信義、質素這五德作為指導原則，其中最重要的是忠節，強調軍人對天皇（而不是對任何民選政府）的絕對忠誠。《軍人敕諭》開篇寫道：“朕既為汝輩軍人之大元帥，”[91] 接着：

故即倚汝輩為股肱，汝等亦當仰朕為元首，效其親愛。朕之能否保衛國家，上應天心，以報祖宗之殊恩，全視汝輩軍人之能否克盡其職……軍人當以盡忠盡節為本分……夫保衛國家，維持國權，既唯兵力是賴，則當明兵力之消長，既為國運盛衰之所繫，故當毋為世論所惑，不為政治所拘，唯以守己本分之忠節為主。須知義有重於泰山，死有輕於鴻毛。慎勿喪失節操，而徒受無恥之污名可也。

儘管這樣說，政府和武裝部隊之間的確切關係仍很難定義。

大約八年後開始實施的《明治憲法》也沒有說清楚，沒有規定軍隊要響應政府的號召。這給半個世紀後的右翼政客和極端主義官員留有餘地，他們可以通過向天皇提"建議"來執行不同的政策，利用天皇這位最高統帥的獨立性。因此，1882 年頒佈的皇家法令可以被視為日本 20 世紀 30 年代軍國主義傾向並最終發動對珍珠港襲擊的潛在因素之一。

一開始，《軍人敕諭》立即起到加強日本新軍的作用。法令由當時的軍隊領導和學者專家共同起草，最著名的人物包括"帝國陸軍之父"山縣有朋。法令首要目的是減輕一些人對"新興、開放"日本的不滿情緒。1882 年，一些被剝奪權力的武士仍然對 1868 年推翻德川幕府的新政權感到不滿。這些失去社會特權的武士對新國家懷恨在心，渴望恢復舊制度。

除了這些，新政府還有許多理由讓人不滿。受改革派思潮影響的人，尤其是武士階層受過良好教育、懷有理想主義的年輕人，他們認為明治維新並不徹底。19 世紀 70 年代，這種情緒演化為日本第一次大規模的自由民權運動，滲透至各個社會經濟階層。受到像約翰・斯圖爾特・密爾（John Stuart Mill）和讓 - 雅克・盧梭（Jean-Jacques Rousseau）等自由主義哲人著作的影響，民主人士抨擊新政權寡頭統治的傾向，要求制定憲法，成立民選的立法機構。他們還開拓進取，呼籲保障社會福利與人權，包括婦女和一些遭受社會歧視人羣的個人權利。

到 1880 年，民權運動變得更有威力，有時甚至具有顛覆性。與所有通過武力取得權力的政府一樣，日本新政權一開始也採取鎮壓手段，但作用有限。政府隨後展示出令人驚訝的靈活性，採取不同的策略，承認民權運動的成就，並在 1881 年承諾 10 年內開設國會。

不久《軍人敕諭》頒佈時，民主活動人士對天皇要求的絕對忠誠與服從並不高興。1882 年頒佈的這一法令其實是脆弱的，日本皇室可以說是世界上延續時間最久的皇室，但天皇幾百年來沒有甚麼實際權力。在現代日本誕生之前，德川幕府的大將軍顯然更像是日本領導人。

長期以來，日本政治上的中央集權統治一直是將軍的任務，天皇淪為配角，把權力下放給軍事統治者。1603 年，大將軍德川家康從血腥權力爭鬥中勝出，他的家族從此統治日本超過 250 年。一種複雜的等級制度體系得以建立，以防止內部叛亂。德川幕府的統治者謹防外國思想和影響力的滲透，他們認為最具威脅的是基督教。雖然中國人和朝鮮人仍然可以進入日本，但德川幕府只允許少數（所有西方人中傳教士最少的）荷蘭商人在長崎灣建立小型貿易站。

值得讚揚的是，日本皇室展現出對變革時代的適應力。在羣雄割據的時代，天皇僅僅保留了神道教守護者的地位，而德川幕府的統治者依靠天皇使自己的世俗權力合法化，所以皇室才經歷了某種復興。通過授權德川家族統治日本，天皇也恢復了擁有天賜的最高而不可侵犯的合法性。這種共生關係有點類似一些歐洲君主和梵蒂岡之間的關係。

明治維新時期的年輕改革派取代德川幕府後，他們也尋求天皇的庇佑，但他們走得更遠。他們把 15 歲的睦仁推上日本作為現代大國重生的核心位置。天皇 1868 年 1 月宣佈重新"直接"統治日本。一年後，皇室從一直所在的京都遷往東京江戶城，最後一任幕府將軍剛剛從這裏搬走。睦仁的前 15 年一直生活在幕後，但現在，不論是公共區域還是私人住宅，到處都有他的肖像。

統治初期，睦仁在全國到處巡遊（前 10 年巡遊了 271 次），為了建立他與臣民的聯繫，有的人甚至都不知道他們擁有皇帝。來日本傳授西方醫學的德國內科醫生埃爾溫・貝爾茲（Erwin von Bälz）在 1880 年的日記中寫道，讓人擔憂的是，"民眾對其統治者毫無興趣"。人們被強制要求慶祝睦仁的生日，"只有當警察要求時，各家各戶才會裝點旗幟，如果沒有要求，他們能不做就不做"。[92]

頒佈《軍人敕諭》的睦仁是一位現代皇帝，他的穿着、行為和言談都不再是那個京都穿着和服的少年。天皇的西式服裝和鬍子被讚譽為文明、現代和開化的標誌，受到普通男子的爭相模仿。為了證明對新事物的渴望，日本很快開始推行以肉食為主的飲食習慣，壽喜燒（日式牛肉鍋）很快成為受大眾歡迎的國菜。

雖然日本第一位現代皇帝要面臨各種矛盾，但睦仁從容不迫地適應着新角色的轉變。天皇本應代表古老與神聖，但他也體現出一位現代西化的君主特徵。1889 年的明治憲法讓神道教成為準國教，而睦仁成為其最高領袖。明治政府的創始人仔細研究了西方列強，他們發現基督教是這些國家的精神支柱，他們認為神道教也可以起到相同作用。他們也看到，世俗政府是議會制成功的重要因素，所以日本應該效仿現代歐洲理念，做到政教分離。因此，睦仁的地位必須是象徵性的。憲法規定，天皇的地位神聖而不可侵犯，凌駕於政治之上。但相互矛盾的是，天皇仍然是武裝部隊的最高統帥。把天皇神化為日本國家政治體的核心是推動現代日本民族認同的有效方式。到 20 世紀 30 年代，日本社會的每一個人都沉浸在對天皇的盲目崇拜中。但在 1882 年，明治新政府和天皇的地位還有許多不確定因素。這是一個沒有精神和現實根基的政府。明治維新帶來了需要撫慰的感情傷痕和需要填補的制度缺口。

明治維新始於 1866 年，日本南部兩個藩屬地薩摩藩和長州藩結成了軍事聯盟。這兩個藩屬地由於歷史上對抗過德川幕府而被貶為二線藩，它們向來對幕府不滿。19 世紀 60 年代，德川幕府的一系列政治失誤讓這兩個藩中有抱負的武士最終抓住了機會。由於與英國的關係，薩摩藩掌握了現代戰爭技術（雖然從 1867 年開始德川幕府也在法國軍隊的幫助下迅速實現軍隊現代化）。取得天皇的支持後，薩摩藩和長州藩的部隊逐漸北上，擊敗幕府軍。1868 ～ 1869 年的內戰——戊辰戰爭——進一步加強了這兩個藩的權力。

來自勝利一方的下級年輕武士開始統治新政府，後來被授予貴族爵位。權力來之不易，種種好處讓一些人開始腐敗，但更多的人奮發努力，發揮才幹，遵守紀律，並充滿創造力，他們渴望日本成為強大的民族國家。

陸軍大臣大山岩就是這樣的人。他來自薩摩藩，是所謂最後的武士西鄉隆盛的表親，西鄉隆盛是戊辰戰爭中的英雄人物，他體格健壯，性格簡單卻充滿魅力。大山岩就是這場戰爭以及日本尋求現代化過程中的一分子。他對 1863 年薩英戰爭（只是小規模戰爭）中英國展現的軍事技術印象深刻。因此，他開始潛心研究西方槍支（面向未來的薩摩藩決定與英國簽署協議）。

大山岩與天皇軍的發展緊密相連。他在明治政府初期幫助鎮壓叛亂，隨後前往歐洲加深對西方軍火技術的了解。19 世紀 70 年代初期，他見證了普法戰爭，並在日內瓦學習，進行戰略研究。由於在 1894 ～ 1895 年中日甲午戰爭和 1904 ～ 1905 年日俄戰爭中的出色指揮能力，大山岩先後擔任了陸軍大臣和內大臣，被授予公爵。

美國沒有參與日本明治時代的大小戰爭，但一些緊密、重要、常常屬於私人性質的聯繫讓兩國未來的對抗不可避免。新日本的先鋒理念其實非常美國化。

頒佈《軍人敕諭》的 1882 年夏，紐約州波基普西市一所大學的禮堂講台上站着一位高挑纖瘦的鵝蛋臉美女，她是少數幾個在畢業典禮上發表告別演說的學生。她叫山川捨松，是瓦薩學院（Vassar）學生中的佼佼者。她擔任班主席，以優異成績畢業，是幾個最有威望社團的成員。她就像一位完美的西方女性，但在她柔弱優雅的外表和完美無瑕的舉止下是一顆鋼鐵之心。她是第一位拿到文學士學位的日本女性。

明治政府成功進行社會改造，一些項目受到美國的友好幫助，而從 11 歲開始在美國生活的山川捨松就是社會改造項目的產物。她是政府資助送去美國培養的五名日本女性之一，培養目標是要成為現代日本女性的模範，這一想法最初由來自武士家庭的黑田清隆提出，他當時負責北海道的開發。1871 年訪問美國時，黑田對美國女性印象深刻，尤其令他刮目相看的是，這些吃苦耐勞的女性與男人一起開荒。黑田認為，美國西部開發是男女共同開荒拓土，而作為妻子、母親甚至苦勞力的日本女性也應在日本成為強國的道路上盡一份力。

山川家是古老有名望的武士家族，效力於會津藩藩主。在內戰中，會津藩與其他北方藩屬地一樣支持衰落的德川幕府，因而被貼上皇室敵人的標籤。1868 年 8 月，在最後最為慘烈的一場戰爭中，會津藩被敵人包圍，8 歲的山川捨松與會津藩的男男女女一起進行抵抗。她負責防止會津藩城堡被炸，給沒有引爆的炮彈蓋上牀墊。這些炮彈是薩摩藩的部隊發射的，其首領就是她未來的丈夫大山岩。

南方部隊受到英國的技術支持，在這些部隊的攻擊面前，北方叛軍無力抵抗。會津藩失陷後，山川家的命運急轉直下。他們必須做出重大改變才能再次取得社會地位。教育是最好的方式，通常也是恢復地位的唯一方式。當時，政府呼籲大家申請留學，敦促年輕人去西方學習知識。許多沒落家庭的年輕人接受了挑戰。雖然沒有多少家庭願意把女兒送去那麼遠的地方，期限又很漫長，但絕望的山川家決定把女兒送走。

山川捨松住在康涅狄格州紐黑文的一位牧師家裏，倫納德・培根牧師（Leonard Bacon）主張廢除奴隸制。山川捨松與牧師的 14 個小孩一同長大，先在當地學校上學，後來進入瓦薩學院。她最好的朋友是牧師最小的女兒愛麗絲・馬貝爾（Alice Mabel），許多年後，愛麗絲・馬貝爾還幫助日本建立了一所女子大學。與其他一些受到同化，甚至快要忘記母語的日本學生不同，山川捨松決心要維持自己的日語能力，她每天都堅持給家裏寫信。

1882 年初夏，山川捨松要感謝的人有很多：有允許她前往美國學習的日本新政府，有設法洗脫叛軍罪名的家人，有把她當親人一樣對待的培根一家，也有把她培養成獨立思考女性的瓦薩學院。她渴望在這個現實世界中發揮作用。

經過 11 年的國外生活，1882 年年底回到祖國的山川捨松感到失望，因為對於明治時代婦女能幹的工作來說，她學歷過高，資質過剩。之後她嫁給了明治政府裏最有權勢的一個人 —— 大山岩。大山岩的原配已經過世，他比山川捨松大 18 歲。大山岩就是擊敗山川家族藩屬地的將軍，這種聯姻是當初無法想像的。婚後，她開辦了一些慈善和教育機構。

大山公爵與留學生新娘的故事展示出，個人努力、勤勉、野心和創新能夠克服分裂日本的歷史傷痕。這種團結正是被日本未來的敵人美國所激發的。在世界即將發生深刻變革的年代，日本和美國都是依靠自己力量發展起來的新興大國。用一位歷史學家的話說，這是"一個由帝國組成的世界，每個帝國由軍事力量控制"，然而這也是一個"國際化的世界，世界越來越意識到自己的一體性"，推動一體化的因素有經濟相互依賴、和平運動及大眾傳媒（當時"全球化"這個詞還沒有被造出來）。[93] 在這個充滿競爭和不確定因素的世界裏，日本將美國視為導師。"趕超西方"是日本不斷強調的目標。通常，這裏的西方指的是美國，而不是舊歐洲。

在接下來的幾十年，大山岩謹記《軍人敕諭》，避免沾染太多政治權力，他只想做一名軍人。大山一家的公共和私人生活都很成功，成為明治時代權勢集團核心。他的兒子後來迎娶了近衛的妹妹，大山家與舊時代貴族家庭的關係更加緊密。明治創新精神逐漸消失在舊秩序的新版本中。

明治時代結束於 1912 年，那年睦仁天皇逝世，他在位 45 年（比英國女王伊莉莎白一世還多一年）。日本最早是位於亞洲邊緣一個孤立的封建國家，卻發展成為強大的工業國家。日本現在擁有高等教育機構、高效的鐵路系統和郵政系統。明治時代最大的驕傲是其現代化的陸軍和海軍，日軍先後在兩場戰爭中擊敗中國清政府和沙皇俄國。明治時代末期，新興的日本卻越來越像個老牌強國，或至少是老牌強國的驚人模仿者。而激發明治維新的美國先鋒理念和個人進取精神卻越來越像是日本帝國主義光輝前景的威脅，是日本成為亞太地區領頭羊的障礙。

在睦仁天皇的兒子嘉仁的統治下，日本充滿積極創造力。這一時期見證了日本缺陷與活力並存的議會制蓬勃發展。日本在海外也確立了新興大國的身份。大正民主這個充滿希望的時代開始了（大正時代即嘉仁天皇從 1912 年至 1926 年的統治時期）。

這一時期的特點不僅包括民主運動方興未艾，日本人的生活也在許多方面變得更加自由。尤其在城市，更多的人喜歡花一點錢去舞廳、咖啡館、百貨商場、劇院和電影院裏享受生活。正如一位詩人觀察到，文明的標誌體現在每個人都有能力在每天早上買一杯咖啡和一份報紙。

唉，可惜嘉仁並不適合這一時期的領導角色。他既缺乏個人魅力也沒有好的體力，在他強勢的父親眼裏，他是一個不稱職的皇位繼承人。他是自動成為天皇的，他所有的哥哥都過早夭折了。他小時候得過腦膜炎，身體虛弱，精神狀態越來越差。1921 年，他身邊的官員都認為，嘉仁的天皇角色過於被動，他的兒子裕仁應當儘快繼承王位。

鑒於未來要扮演更重要的角色，裕仁在 1921 年 3 月至 9 月期間訪問了歐洲，他走過英國、法國、比利時和意大利。他在"香取"號戰艦上學習西方餐桌禮儀，還練習打高爾夫球。此前沒有哪位日本皇太子訪問過歐洲。裕仁在旅途中度過了 20 歲生日，他回國後成了一名英國狂熱者。他在英國受到熱情接待，部分原因是兩國 1902 年以平等身份締結了同盟關係。日本一部紀錄片驕傲地宣稱，英國國王喬治五世對皇太子的照顧是"父親般的關懷"。戴着眼鏡的皇太子看起來有些內斂，但他內心其實很興奮，展現了少年天生的好奇心。

裕仁行程的亮點之一是前往珀思郡（Perthshire）阿索爾伯爵（Duke of Atholl）的布雷爾城堡。皇太子的確被這位蘇格蘭貴族的簡樸生活所打動。在一次以歡迎裕仁為名的舞會結尾，領地裏的普通下等人紛紛湧向舞池。據稱伯爵對這些人説："讓我來展示真正的蘇格蘭舞蹈。"於是他和妻子一起加入人羣，與佃農手拉手。裕仁的心情從震驚轉為欣賞，他意識到只要貴族和富人過着簡單的生活，就不用擔心階級鬥爭。除了養成每天吃傳統英式早餐的習慣外，裕仁似乎被英國王室"統而不治"的理念深深吸引，這對他的一生產生了重大影響。

回到日本後，由於他父親的身體每況愈下，裕仁開始攝政，代替天皇行使權力，成為實際君主。裕仁同時成為日本武裝部隊的最高統帥。在《軍人敕諭》頒佈 40 年後，日本的陸軍和海軍已成長為強大的軍事力量。

裕仁在軍事問題上具有強烈的個人觀點。歐洲之行加深了他對戰爭恐怖的認識。在蘇格蘭高地釣完三文魚後，他被帶到弗蘭德斯（Flanders）最著名的伊普爾（Ypres）戰場。一戰已經結束三年了，但這片荒涼的戰場上仍然散落着戰爭遺物，幾十萬青年人在伊普爾血戰中喪生。碎彈殼和子彈到處都是，這似乎是周圍景致中的永恆部分。英國詩人勞倫斯・比尼恩（Laurence

Binyon）在 1914 年的著名詩作《致倒下的戰士》中寫道："他們永遠不會變老，當我們活着的人們都已老朽。年華不能使他們厭倦，歲月也不會讓他們愧疚。"讓皇太子為之動容的不僅是年輕生命的逝去，還有無盡的緬懷。充當導遊的一名比利時軍官在給裕仁做講解時突然情緒失控，裕仁後來得知，這名軍官的兒子正是死在這片戰場，他也流下了眼淚。

　　裕仁對君主制的看法以及對戰爭的嫌惡很快受到挑戰。1923 年年底，一名年輕的非政府主義革命者試圖行刺他（1932 年又有一名韓國獨立主義者試圖行刺他）。裕仁本想通過親民來博得大眾喜愛，他的信心受到打擊。由於神聖最高統帥的身份與統而不治的想法充滿矛盾，裕仁的天皇身份與個人責任的界定也愈加複雜。他掌管政府和軍隊，可以選擇行使自己的絕對權力，但他一般不會這樣做。在一戰結束後的短暫平靜期，裕仁的表現與任何本質上孤獨而焦慮的人一樣。他小心翼翼地為登上王位做準備，他要捍衞從明治時代開始積累的成果，明治天皇是他崇拜的祖父。1926 年 12 月，47歲的嘉仁駕崩，裕仁正式成為日本天皇。

第四章　軍人的兩難境地

1921 年 10 月，裕仁剛從歐洲回到日本不久，日本陸軍的一場革命正在悄然進行。革命始於一個最令人意想不到的地點 —— 德國黑森林風景如畫的溫泉小城巴登—巴登，陸軍士官學校 1904 屆的 3 名同學永田鐵山、小畑敏四郎和岡村寧次秘密在這裏會合。此三人均 30 多歲，在陸軍仕途順利，因公務原因在歐洲停留，但他們看起來都不強壯。瘦小的體格和圓形眼鏡都透露出，他們更喜歡書本而非嚴格的戶外訓練，更別說打仗了。陸軍開始像是一個沒有人情味的官僚機構，這三人因其出色的學歷和政治素質被稱為"陸軍三羽鳥"。第二天，常駐德國的陸軍士官學校 1905 屆畢業生東條英機也加入了他們。

他們專門避開外界視線，秘密發誓要對帝國陸軍進行改革。四人同意剷除陸軍內部的地方派系，對人事和軍事體系進行大幅重組，並建立總動員體制。在未來 10 年，這四位軍官都在各自的道路上受到提拔，大範圍的改革也在穩步進行，一切都按照他們的意願發展。他們以各自的方式說明陸軍壯大和團結 —— 以便讓日本更加強大。

明治時代的內戰和快速發展所留下的傷疤仍然存在於許多地方，包括陸軍。1921 年，明治時代的權力結構仍然穩固。現代日本陸軍兩位奠基人之一的山縣有朋公爵現在已經 80 多歲，但仍然活躍在政壇。大家都相信，只要他還活着，任何長州藩派系以外的人就休想進入陸軍領導層。山縣有朋派系對陸軍的控制其實越來越弱，更多派系外的人進入了最高指揮層。但山縣有朋派系的影響力仍然讓在巴登—巴登密談的軍官感到憂慮，他們都不屬於長州藩。

東條英機的父親就是派系爭鬥的受害者，他來自 19 世紀 60 年代與長州藩—薩摩藩聯盟作戰的一個北方叛亂藩屬地。即使東條的父親以第一名身份從陸軍大學校畢業，他的仕途也未有任何起色。東條非常理解父親的不得志，決心要報復那些當權者，因為他們對自己所愛的人如此不公平。

1922 年年初，就在黑森林會面僅幾個月後，山縣公爵去世了，於是長州藩掌控陸軍的問題也解決了。但陸軍的風氣變得更加嚴格和刻板。在賢能主義推動下，學校成績受到空前重視，這對巴登—巴登會面的四位軍官非常有利，他們都成績突出，尤其是永田鐵山。隨着時間的推移，永田很快要領導陸軍的趨勢越發明顯。小畑敏四郎並不十分樂見永田的晉升。雖然兩人對陸軍需要改革的意見一致，但雙方對改革應以何種形式進行有很大分歧。小畑是"皇道派"的主要支持者之一，其創立者是誇誇其談的極端民主主義者荒木貞夫和他的盟友真崎甚三郎。該派系的追隨者往往會成為滿腹牢騷的極端民族主義者，贊同使用極端和恐怖主義方式。在他們看來，理想中的日本應該團結在天皇的神聖權威下，天皇在軍隊的幫助下履行引導日本的職責。他們認為，新日本必須擺脫政治腐敗和派系的影響。他們把日本自 20 世紀 20 年代以來的困境歸咎於當前政權。

永田代表另一個改良主義集團，通常被稱為"統制派"，該派系沒有正式的創始人，反對"皇道派"的人大多屬於這一派系。永田不喜歡加入任何派系政治，他所想像的未來日本是一個以陸軍為核心、具有高度國防效率的民族國家，一個重組為高效戰爭機器、為全面戰爭作好準備的國家。"統制派"非常務實、理智、不擇手段。在其他部門也有永田鐵山的支持者，他們也想在效率方面"重新包裝"日本。另外，這些所謂的"新官僚"在 1940 年近衛文麿再次擔任首相時都支持他的"新秩序運動"。

與之相反的是，"皇道派"傾向於感情用事，認可傳統主義價值觀，將軍隊看作日本武士精神的守衛者。他們認為日本社會過於腐敗，無法救贖，只能重建。但兩個派系均同意讓日本的政治生活軍事化，不論哪個派系勝出，日本都必將擁有一支渴望干涉政治的陸軍，完全不顧 1882 年的皇家敕諭。

到 20 世紀 30 年代中期，在另外兩個巴登—巴登盟友岡村寧次和東條英機的幫助下，永田依靠圓滑和結盟戰勝了許多挫折，他顯然已脫穎而出。

1934 年年初，永田被任命為陸軍省軍務局局長，他完全有權力進行一些重大改革，包括人事改革。他的夢想在 1935 年 8 月 12 日突然破滅了，一人突然闖入他在陸軍省裝飾華麗的辦公室，用一把武士刀對他砍去，毫無防備的永田頭部中了一刀，背部兩刀，最後是喉部，他倒在自己辦公室的地板上。

殺手是 40 多歲的相澤三郎中佐，永田的一些人事安排影響了"皇道派"高層領導，包括荒木貞夫，這讓相澤十分氣憤。永田終年 51 歲，正值事業高峰期。諷刺的是，相澤強行闖入時，永田正在開會，討論如何控制懷有極端思想的軍官尋釁滋事。在對相澤的審判過程中，他獲得許多人的支持與同情。他最後被判有罪，執行死刑，但這起刺殺事件以及兇手所獲得的聲援的確令人震驚。

暴力仍在持續，以 1936 年 2 月 26 日的軍事政變達到高潮。受"皇道派"影響的青年將校（他們自稱是獨立的派閥）信奉極端民族主義價值觀，他們發起這次政變。在大雪覆蓋的東京，他們帶着將近 1,500 名士兵殺害了數名政府重要人物，包括大藏大臣和內大臣。許多參加這次政變的士兵並沒有太多政治化傾向，他們只是在服從命令。相信革命能為改變現狀提供機會的是反叛軍官，而不是士兵。早在世界經濟大蕭條前，日本的農村就已變得一貧如洗，年輕女子和兒童被賣給做骯髒交易的中間商，隨後又被送往城裏的妓院，這已不是甚麼新鮮事。許多下層士兵正是貧困的不幸受害者，軍官可以輕易利用這些士兵的不滿情緒。

策劃政變的反叛軍官稱，他們不想自己取得政治控制權，而是要把天皇從民主和資本主義的腐敗影響中解救出來，認為自己的手段合理合法。其實，主要政變策劃人想要擁立裕仁的長弟秩父宮親王成為他們的新領導人。秩父宮親王也是軍人，在陸軍中受到廣泛擁戴。

裕仁天皇展現出以往不多見的魄力，他立即對這一政變予以譴責。這種夜間發動襲擊的懦弱行為讓他既震驚又憤怒，那些手無寸鐵的七八十歲老人被害時還穿着睡衣。奇怪的是，在天皇不同尋常地公開進行譴責後，民眾卻再次對兇手表示同情。與刺殺永田鐵山的兇手一樣，這些行兇者得到稱讚，因為他們據稱想要把天皇和日本從錯誤路線中拯救出來，其動機是純粹而無私的。主要策劃者雖被處決，卻被視為烈士。"皇道派"的思想仍然具有影響力，但該事件結束後，陸軍再也沒有製造更多的恐怖事件。

儘管發生這麼多流血衝突，但在派系爭鬥中沒有明顯的勝者。此外，陸軍領導層還將被迫背負一枚炸彈（對下屬可能造反的擔憂），它可能隨時爆炸。接替永田成為"統制派"領導人的東條英機需要控制青年將校的暴力急躁情緒。他的政治立場更加複雜，因為他願永遠做天皇忠實的僕人，不會因為他的對手"皇道派"信奉天皇崇拜就立即反對這一信念。他成長於軍人家庭，從小就被教育成為一名軍人，是《軍人敕諭》的極端產物。他總是喜歡說："軍人每天的 24 小時，包括吃飯在內，都是在為天皇效忠。"用東條自己話說："天皇不是人，是神。"

東條為自己的崇高原則感到驕傲。他很勤勞，知道如何堅持不懈。他小時候並不注重學習，但有一次被一羣比他大一點的孩子欺負後，他決定在考試成績上打敗他們，後來完全做到了。他追求平等主義，鄙視裙帶關係，他更喜歡與下屬吃一樣的飯菜。他對細節的過分關注幾乎要到神經過敏的程度。他有筆記強迫症，要同時在三個不同的筆記本上記錄瑣事，他還按照時間順序將這些筆記小心翼翼地歸類整理，不用任何助手幫忙，這已成為他每天生活的一部分。

雖然東條既不邪惡也不腐敗，但他小肚雞腸，敏感易怒。他對批評聲非常敏感，會嚴懲那些膽敢激怒他的人，並且睚眥必報。他在家對兒子十分嚴厲，但對女兒卻很溺愛。他不吸煙，很少喝酒，也沒傳出過甚麼緋聞。他顯然沒有甚麼個人魅力，但他非常能幹。他的一生可以概括為守紀律和效忠天皇，他也要求別人這樣做。

1940 年 7 月，自動代替永田成為"統制派"領導人的東條在第二次近衛內閣中擔任陸軍大臣。利用他的顯要地位，這位天皇永遠忠誠的僕人對他的官兵發佈了一份教育文件。1941 年 1 月 8 日，幾乎在明治天皇頒佈《軍人敕諭》的 60 年後，東條發佈了《戰陣訓》，詳述了士兵的理想品行，意在灌輸和激發他孜孜以求的自律質量。《戰陣訓》最受人詬病的一條就是"活着就不能接受被俘虜囚禁的侮辱"，這一條把被俘前自殺作為一種命令，即將造成慘痛的後果。儘管日本嚴重缺紙，但《戰陣訓》還是印刷成冊，發給每個士兵。普通民眾也可以買到東條英機背誦《戰陣訓》的留聲機唱片。

在東條發佈《戰陣訓》的兩天前，羅斯福總統發表了著名的"四個自由"國情諮文演講，諾曼·洛克威爾（Norman Rockwell）以此為題材創作的畫作刊登在《星期六晚郵報》，成為永恆的經典。羅斯福提倡世界任何角落的人民都應享有言論表達自由、宗教信仰自由、擺脫窮苦自由和免於驚恐的自由。他的演講是《世界人權宣言》的前身，闡明了美國政府的核心價值觀：國家的存在是為了確保其公民的安全，而不是去危害和犧牲自己的公民。另外羅斯福總統認為，個人自由，即便在美國國土之外，也不能受到威脅。

但在日本，這種個人主義（"自私自利"的象徵）思想完全被斥責為不愛國的表現。這種思想甚至影響到盛岡一所男子預備學校。[94] 盛岡是東條英機家族的藩屬地，過以高度創造力和自由文化著稱，誕生過多位文壇巨匠。據一位該校的成功申請者稱，1941 年 3 月，只有 12 歲的他參加了為三天的入學考試，考試題目包括"《教育敕語》何年頒佈"、"《教育敕語》中說'我臣民，克忠克孝'是甚麼意思"、"你能想出其他類似的口號嗎"，這些問題顯示，創造性思維只能限定在當下時局中。

考官的問題越來越深入，體現出對經濟困局和與西方爆發戰爭的擔憂，問題包括"距中國事變爆發已經多少年了"、"我們供奉戰爭烈士的神社叫甚麼名字"、"哪些國家在阻礙日本建立'東亞新秩序'"、"哪兩個歐洲國家是日本的朋友"、"日本想要從荷屬東印度購買甚麼資源"。

考試的另一個部分意在考察候選人的道德質量，問題包括"我們現在為甚麼要節儉"、"你在每天生活中如何做到節儉"、"使用燈罩如何能夠節約能源"、"你知道日本全國儲蓄目標的具體數字嗎"。

這個男孩通過了考試，但他很快就會失望，因為這所學校帶有某種榮譽感的特製校服不能再穿了，一項全國着裝規定要求所有人必須穿着沉悶的卡其布衣服，類似軍服的卡其布讓所有學生都看起來像個小士兵。在第二學年，預備學校曾經嚴格的課程設置也發生了大變化，由於越來越多的老師被迫去服兵役，學生們不再在教室學習，而是去種田和參加軍訓，等待未來某一天，他們也會為天皇走上戰場。

日本陸軍向來很自信，因為它扮演了明治維新主發動機的角色。海軍的發展相對較慢，但如果沒有海軍，日本發動對美國及其盟國的戰爭根本無法想像。海軍兵學校 1876 年建立時，日本還沒有一艘戰艦。1888 年，海軍建立了培養未來軍官的學校，而陸軍早在六年前就建立了培養精英的陸軍大學校。海軍大學校的學生規模也更小，但 1902 年日本與英國結盟後，日本海軍和陸軍的差距在縮小，日本海軍不但從英國獲得了戰艦，還學到了造船和戰略知識。

1905 年 5 月 28 日，日俄戰爭中的一場決定性戰役 —— 對馬海峽海戰（Battle of Tsushima）—— 以日本勝利告終，這奠定了日本的最終勝利，沙皇俄國當時正與日本爭奪在中國東北和朝鮮的勢力範圍。這是日本海軍渴望已久的光輝時刻。當時俄國波羅的海艦隊不同尋常的活動被日本駐上海領事館的一位機敏的外交官發現，他就是 25 歲的松岡洋右，松岡及時發出警告，造成俄軍喪失大量艦船（包括八艘戰艦）和 5,000 多條生命，迫使對方求和。

在希歐多爾·羅斯福的調停下，日俄雙方於 1905 年 9 月 5 日在緬因州樸茨茅斯（Maine, Portsmouth）附近的基特里（Kittery）簽署和約。羅斯福還因此獲得了諾貝爾和平獎。日本也需要這一和約，因為日本已欠下巨額戰爭貸款，沒有能力再打下去了。和約條款卻在日本國內激起強烈憤慨，尤其對日本放棄向俄國要求戰爭賠款感到不滿。許多人不太清楚日本政府到底在財政和軍事上的負擔有多重，他們走上街頭抗議領導人的這一外交舉措。在這樣令人失望的歷史背景下，我們就不難理解為甚麼後來的外相松岡洋右受到民眾歡迎，因為他在談判中展現的可靠和精明務實令人眼前一亮。日本後來不切實際地期待美國充當中日戰爭的調停人，其根源也可能在於美國總統的此次調停，但關於中日戰爭的解決方案卻成為日美兩國 1941 年和解談判的絆腳石。

雖然民眾對《樸茨茅斯和約》感到不滿，但日本勝利的消息卻讓許多人提振了信心。淵田美津雄是後來帶領帝國空軍偷襲珍珠港的轟炸機飛行員，他的飛機在偷襲成功時發出著名的電報"虎！虎！虎！"。[95] 1905 年，淵田只有三歲，但整個他這一代的年輕人都對勝利感到興奮，也渴望穿上海軍軍裝。打敗俄國給日本留下的豐厚遺產遠超過未來日本製造的戰機。這場戰爭被吹捧為有色人種在現代大型戰爭中第一次打敗白人。日本的勝利破壞了西方人天生的種族優越感，也在世界範圍殖民地內激發了反殖民抗爭的願望。這一事件影響到當時還是少年的印度開國總理賈瓦哈拉爾・尼赫魯（Jawaharlal Nehru），他回憶道："日本的勝利激發了我的熱情，我每天都盼望從報紙上獲得更多消息。我買了很多關於日本的書，讀了其中的一些……我滿腦都是民族主義思想，想像着印度以及亞洲擺脫歐洲的奴役。"[96]

日本的勝利似乎證明了該國的物質實力與文化進步。帝國海軍給士兵提供大量富有營養的大麥，可以防止折磨許多俄軍士兵的維生素 B 缺乏症。（大麥還常被認為是海軍比陸軍表現好的原因之一，陸軍士兵吃精加工的大米）。到日俄戰爭時，日本的識字率高達 75%，超過任何西方國家，極大促進了士兵的訓練。武裝部隊可以印發說明手冊來教士兵使用複雜的武器，而俄國士兵據說一半以上都不識字。日本堅持履行了 1889 年《海牙公約》的精神，確保以人道主義對待囚犯，在日本的大約七萬名俄國戰俘受到有尊嚴對待，關押條件也相對較好，這讓國際社會震驚。

從此，日本海軍開始全面升級與壯大，而海軍和陸軍的競爭也日益激烈，兩軍都要爭取更多資金和更多榮譽。陸軍擔心 1905 年以後的俄國會採取報復，認為日本北部受到最大威脅。而讓海軍愈加擔憂的是美國。美國似乎渴望擴大在太平洋上的勢力範圍，控制了關島，並在 1898 年美西戰爭後控制了菲律賓。不管怎樣，日俄戰爭都開始讓天皇的陸軍與海軍平起平坐。

"**日進**"（Nisshin）**號**巡洋艦上一位 21 歲的海軍少尉候補生為日本的海上勝利付出了沉重代價。在對馬海峽海戰中，他被派到這艘巡洋艦的船頭位置，不幸被流彈擊中，下半身着了火。他的右大腿被炸了個大洞，左手食指和中指也被炸掉。他在長崎海軍醫院休養了 160 天，傷口感染時，醫生建議他截掉左胳膊。他說："我拒絕截肢，因為我懷着成為海軍士兵上戰場的夢想進入海軍部隊，我要麼死於傷口感染，要麼恢復過來繼續當一名士兵。我有二分之一的機會，我要賭一次！"[97] 他賭對了，最後獲得了康復，也沒有失去胳膊。但這並不是山本五十六一生中最後一次賭博，他總有一天會成為日本偷襲珍珠港的主策劃人。

山本一生中都將戰爭傷疤視為榮譽勳章。他非常在意殘疾所帶來的不便，盡力不要落在後面，不要讓他人覺得他需要特殊照顧。當他第一次跟兒子玩拋接球遊戲時，他只有三隻手指的左手總是接不住球。但在他的堅持練習下，他很快能用左手從任何角度接住球。[98] 他保持了良好的狀態，能以輕盈靈巧的步伐爬上一艘戰艦。許多人認為，山本是帝國海軍歷史上最傑出的戰略家之一，從某種程度來看，他走在一條典型的精英晉升之路，就像東條一樣。此二人都生於 1884 年，進入只對少數人開放的高等軍校學習，並以優異成績畢業。兩人都來自過去北方"叛亂"藩屬地的武士家庭，他們一出生就活在家族沒落的不滿中，需要證明自己是新日本國有價值的一員。

作為勤勞工作的獎勵，他們二人均被派往國外常駐——山本前往美國，東條前往德國。他們與西方的直接接觸更讓他們確信，軍隊需要大刀闊斧的改革。20 世紀 20 年代，山本尤其意識到海軍空中能力的重要性。雖然山本從未接受過飛行員訓練，但他在發展海軍航空部隊方面發揮了重要作用，這也形成他日後太平洋戰略的支柱。

但兩人的性格卻大相徑庭。與東條不同的是，山本是一個開朗、風趣的人。即使 50 多歲，他仍然像一個充滿好奇心、愛問問題的小男孩，對他來說，世界仍然充滿新奇。山本不戴眼鏡也不留鬍子，他炯炯有神的眼睛和厚厚的嘴唇更讓他顯得年輕。唯一體現他年齡特徵的是額頭上越來越深的皺紋和越來越白的頭髮。許多人認為他所散發出來的特質與自信非常迷人。他身高只有約 1.57 米，但他勻稱的身材和自信的舉止彌補了身高上的不足。另外，與中規中矩的東條不同，山本喜歡賭博。眾所周知，他的娛樂活動就是打撲克和橋牌，即使在戰艦執行任務時也照打不誤（松岡洋右外相也以善於打撲克而聞名）。他曾開玩笑說，退休後要住在摩納哥，可以玩輪盤賭。據說他有一次在蒙特卡洛因為贏得太多而被賭場拒之門外。山本善於虛張聲勢，常常能巧妙隱藏自己最大的弱點。與其他賭場高手一樣，他在時機來臨時敢於冒險。他認為賭博是成人的標誌，據稱他曾表示：“不賭博的男人不是真男人。”

山本認為，生命最終就是一系列簡單選擇，而選項最終都能歸結為生與死。他隨時準備獻出生命，這樣才能活得完整。他要求下屬也隨時為死亡做準備。他年輕時受的重傷對他影響深遠，他認為士兵對這個世界的個人牽掛越少越好，尤其是在前線打仗的士兵。所以他建議年輕軍官晚婚（他 34 歲才結婚，40 歲才有了第一個兒子）。但山本並沒有視死亡如兒戲。在他總是隨身攜帶的黑皮記事本裏，他記錄了所有在他指揮下送命的人，以及他們的家人。每當恰巧訪問有陣亡士兵的社區，他都會走進陣亡士兵家中，在祭壇前祈禱，有時甚至控制不住地哭起來。[99]

山本崇拜美國。他於 1919 年至 1921 年在哈佛大學學習，1926 年至 1928 年任日本駐美國大使館海軍武官。他看到美國人跟他一樣充滿活力。在與國內的通信中，山本描述了在美國的生活，寄回了在美國各地旅遊時的照片，記錄了當地的人和風景。每當日本年輕人問他如何提高英語時，他就會建議他們去讀卡爾・桑德堡（Carl Sandburg）寫的《林肯傳》。[100] 他認為自己與林肯很像，都是靠自力更生的草民（山本家明治維新後一落千丈，家境貧寒）。他還崇仰林肯的勤勉、志向遠大和豐富的想像力。他或許也十分崇拜佛蘭克林・德拉諾・羅斯福，後者也是一位克服自身身體殘疾、意志力堅強的人。

山本充滿活力的美國生活正值兩次大戰之間自由國際主義的鼎盛時期。

如何與他國和平共處成為許多有識之士心中的重大問題。許多國際和政府間組織興起,比如威爾遜總統力主建立的國際聯盟。但一方面是打仗或者至少是準備開戰的軍人職責,另一方面是實現無硝煙世界的理想,一個人如何能把二者統一起來?穿軍裝的男人們必須面對這一兩難局面,比如山本就經常代表海軍出席國際裁軍大會。在締造熱愛和平的世界中,日本漸漸成為一名領導者。

山本作為海軍顧問參加了 1930 年 1 月 21 日至 4 月 22 日舉行的倫敦海軍會議,日本的國際主義受到挑戰,但獲得認可。當時的首相是來自立憲民政黨的濱口雄幸,他是一位深受歡迎的自由主義者,舉止高雅,頭髮長得像鬃毛,這讓他贏得一個綽號"獅子宰相"。他誓言要保衛日本的國際聲名,在許多國家深陷大蕭條困境而無力關心國際事務時,讓日本成為國際上具有正義和協作精神的一員。濱口決心簽署《倫敦海軍條約》,該條約概述了海軍交戰規則,詳細規定了各主要海上強國軍艦數量的限制。與會方進一步完善了華盛頓會議上達成的協議,提議將美英日三國主力艦噸位比從 5:5:3 調整為 10:10:7。

由於增加了日本的份額,日本海軍省支持簽署這一協定。但海軍軍令部清楚濱口的強硬領導風格,擔心他會削弱軍方權力,所以竭盡全力進行反對。在右翼、反對黨立憲政友會和樞密院保守派的支持下,軍令部斤斤計較地說,倫敦海軍會議提議的目標比預期少 0.4%(山本當時還沒有認同裁軍的信條,他也支持軍令部的觀點)。濱口知道軍隊最高統帥裕仁天皇支持他的政策,所以他堅持自己的立場:"樞密院反對我們也沒有關係。我打算請求天皇批准,我絕不會妥協。"[101] 9 月 19 日,樞密院做出讓步。10 月 27 日,英國首相、日本首相和美國總統共同通過廣播宣佈了正式決定。這是一種史無前例、非常成功的宣傳,在一個艱難時刻展現了國際合作與善意。

然而,濱口任內日本議會政治的強勢沒有持續多久。與強硬派結合的立憲政友會利用海軍軍令部的反對意見,指責濱口侵犯了"統帥權獨立"。對此抨擊最厲害的議員是來自政友會的鳩山一郎，他在戰後幫助建立了自由民主黨，並在 1954 年至 1956 年間出任首相。鳩山一郎 1930 年春天時表示，武裝限制不符合海軍省規定，他堅持認為，參謀本部和軍令部在這些問題上必須享有特殊政治權力。為了取得政治優勢，鳩山不但不限制軍隊以加強政黨政治基礎，反而幫助破壞議會政治。

此後，政黨政治迅速衰落。1930 年晚些時候，隨着不滿情緒加劇，首相濱口被一名極端民族主義者開槍打傷，槍手對《倫敦海軍條約》的簽署極為不滿。鳩山一郎利用這一有利時機要求受傷的首相參加即將召開的國會會議接受質詢。這是日本歷史上最黑暗的大會，是日本議會政治迄今為止的最低點。致力於推翻執政黨的政友會成員擾亂國會，在濱口沒能出席會議時對代理首相進行人身攻擊。濱口不顧醫生的反對，堅持參加了 1931 年 3 月的國會，他決心推動社會改革法案的通過。該法案涉及工會和農田租賃，提出降低稅收，將國家財政進行更合理的分配（軍費預算的削減讓這成為可能），將男性選民最低年齡限制從 25 歲降低為 20 歲，並在地方選舉中給予女性選舉權。

他穿着一雙看起來像普通鞋子的棉拖鞋（他無法忍受穿皮鞋的疼痛），曾經結實強壯的濱口現在卻異常消瘦，他跌跌撞撞地走上講台，以極其微弱的聲音回答着問題。反對黨大喊"大點聲"、"滾出去死吧"。參加了 10 次這樣的會議後，濱口終於在 4 月決定辭職，四個月後就與世長辭了，日本影響深遠的改革努力也無疾而終。

20 世紀 30 年代，社會不安與動盪在日本愈演愈烈，這些因素填補了民主改革失敗所留下的空白。作為盲目軍國主義的反對者，自由派和溫和派人士不斷遭到刺殺身亡。襲擊的目標甚至包括軍方人士，正如我們在前面看到的 1935 年夏天永田鐵山的被刺身亡。這些暴力事件造成大範圍恐慌。1931 年 9 月關東軍佔領中國東北後，關東軍指揮官宣稱，佔領行動雖然沒有經過批准，但是出於大公無私，而且沒有迴旋餘地。與議員鳩山一郎一樣，這些指揮官以"統帥權獨立"的不可侵犯性來為自己的行為辯護。

濱口的繼任者若槻禮次郎首相顯然沒有能力處理緊急事件。"滿洲事變"

（九一八事變）發生時，日本駐瀋陽總領事說："如果在危機發生幾天後內閣辭職……如果政府發佈抗議聲明並以同樣的精神處理事件，所有的一切，包括政府的尊嚴、日本的國際地位、經濟和政黨政治，都能得到挽救。"[102] 相反，日本政府猶豫不決了將近三個月，"即使他們非常清楚，中國東北的形勢每分每秒都在惡化"。

1936 年，永野修身成為海軍大臣（海軍省最高官員；山本五十六是他的次官）。永野正在謝頂，目光令人生畏，他很容易被人誤以為是黑幫老大。他的學習和晉升道路特別讓人羨慕，也比山本更快一步，他在哈佛留過學，也參加過各種國際大會。他以班裏第二名的成績從日本海軍兵學校畢業，這幾乎可以保證一個光明前程。但他是一位不討人喜歡的領導，缺少山本的號召力和個人魅力。他常常在辦公室打盹，被稱為"打瞌睡的將軍"。記者在他背後說，他之所以需要白天休息是因為他無法滿足比他小 30 歲的第四任妻子（前三個已經過世）。

海軍大將米內光政從 1937 年 4 月至 1939 年 8 月擔任海軍大臣，對於山本來說，米內是更容易相處的長官。1940 年年初，米內光政成為首相，《時代》雜誌這樣描述他的外貌：

> 他的外號"白象"聽着令人生畏……這指的是他的身材。他的膚色異常白皙，頗顯高貴，他的頭髮又黑又亮，就像膠片唱片，這更加映襯出皮膚的白皙。他看起來剛毅而睿智。

這比日本陸軍給他的評價要好聽得多，後者將他稱為"金魚大臣"——雖然好看，但根本不適合擔任政府重要角色。

陸軍低估了米內的政治能力。他在三屆不同的內閣中擔任過海軍大臣。政治上的誤判他也有份，尤其他一開始支持近衛對蔣介石實行強硬政策。但後來日本政府內大多數人越來越親德，米內卻成為日本與法西斯結盟的堅定反對者。在 1939 年 8 月召開的一次重要內閣會議上，大藏大臣問米內：如果日本因為與法西斯國家結盟而被迫與英國、法國、蘇聯和美國組成的聯合戰線作戰，結果會怎樣？這種戰爭勢必會在海上打，因此米內的回答至關重要。他說，日本沒有任何取勝的可能性，因為日本海軍無法對抗英美聯盟。米內極力阻止日本加入這一不合時宜的聯盟，至少能阻擋一時是一時，裕仁天皇也不禁對他說："多虧了海軍，我國才得以挽救。"[103] 但米內非常清楚，他的反對聲恐將威脅到他的性命。1941 年的日本領導層明顯缺乏勇氣和直言不諱。

儘管一些海軍官員反對《三國同盟條約》，但也不能說，海軍作為一個整體在判斷日本相對實力時比陸軍更為謹慎和理性。米內和他的堅定盟友山本五十六以及軍務局局長井上成美漸漸淪為少數派。作為米內光政的得力助手，自稱是極端自由主義者的井上很快意識到納粹意識形態的膚淺與危險。井上在德國讀過《我的奮鬥》，他知道這本書對日本的蔑視，但這一部分卻在日本翻譯版中被刪掉了。但米內及其同盟要對抗的不僅是陸軍，還有海軍內部的納粹崇拜者，隨着希特勒閃電戰的成功和對軸心國聯盟的推動，海軍中的納粹崇拜者越來越多。

海軍中將岡敬純後來成為海軍軍務局局長，並在 1940 年秋提拔主戰的石川信吾成為課長。石川相信，軸心國聯盟是一件好事，他認為日本可以通過威嚇英國來結束對華戰爭，通過與德國和意大利結盟，日本就能迫使英國為日本和中國進行調解。米內、山本和井上對這種一廂情願的想法嗤之以鼻。他們認為，與軸心國結盟肯定要招致與英國以及美國的戰爭。岡敬純強調說："美國歷來奉行孤立主義政策，不會站在日薄西山的英國這一邊，與強大的德意日聯盟抗衡。"[104]

隨後兩派的爭論日益激烈，米內越來越擔心他副手的安全。1939 年 8 月，在米內的強烈建議下，堅持想要留在海軍省的山本被任命為海軍聯合艦隊的總指揮官。諷刺的是，米內本想讓山本擔任軍職來保護他，但也讓他沒有機會反對政府的主戰政策，他後來不得不制訂偷襲珍珠港的計劃。井上也被調往遠離東京政壇的其他位置。1940 年 1 月開始擔任首相的米內仍然反對與軸心國結盟，據說裕仁天皇十分器重米內。然而，米內的地位很快下滑。1940 年 6 月，受納粹在歐洲勝利的鼓舞，近衛及其他親軸心國政策的支持者（多數來自陸軍）開始破壞米內內閣。陸軍大臣畑俊六從內閣辭職，而陸軍拒絕推薦新的陸軍大臣，陸軍的不合作意味着內閣必須解散。於是當年 7 月，近衛文麿第二次出任首相，隨他一同上台的還有與眾不同的外相松岡洋右。

海軍大臣吉田善吾一度追隨米內的腳步，反對加入軸心國。但他的身體越來越差，1940 年 9 月被及川古志郎取代。及川看起來很隨和，留着灰白色的寸頭和濃密的鬍鬚，但一雙又大又圓的眼睛讓他看起來茫然而不自信。雖然及川同情親英美的米內光政等人，但他總是保持沉默，這在關鍵性的政治討論中常常是無益的。他來自日本北方，沉默在那裏是受推崇的質量。外人常常開玩笑説，這是北方極度嚴寒把嘴凍住的結果。及川將這一家鄉的質量表現得淋漓盡致，人們甚至懷疑他是否有自己的思想。他不但不願發言，還認為政治不關海軍的事，許多海軍官兵都有這種想法。他個人不喜歡對抗，會盡一切可能避免爭論。及川認為，米內 1939 年以來對軸心國結盟的強烈反對是不可想像的舉動。所以及川在 1940 年秋並不反對《三國同盟條約》也不足為奇。他不會疏遠近衛文麿和松岡洋右，更不會疏遠海軍中支持這一條約的人，以及整個陸軍。

1941 年 4 月，海軍必須推選接替即將退役的伏見宮博恭王出任軍令部總長，並由裕仁天皇任命。對於海軍中不想日本與西方為敵的人，這是一個重新找回自己聲音的好機會。伏見宮博恭王曾在德國留學，參加過日俄戰爭，曾在海軍擁有至高權力。作為老派的軍人，他堅信一個國家的實力和威望與所擁有的戰艦數量直接成正比（因此軍令部 1930 年反對濱口雄幸簽署《倫敦海軍條約》）。這意味着伏見宮博恭王及其支持者[他們由於因循守舊的思想常被稱為“中隊集團”]完全不能贊同米內光政、山本五十六和井上成美，因為這三人在呼籲與其他大國和解（並同時發展新技術，比如空軍力量）。

讓人失望的是，儘管希望與美國和解的人極力為米內光政獲得提名進行遊説，但及川利用自己的身份向天皇推薦了“打瞌睡的將軍”來接替伏見宮博恭王。這也符合伏見宮博恭王的意見，他在海軍中的資歷加上皇族血統使他成為一位無法違抗的長者，至少及川這樣認為。當山本聽到他從前的上司永野修身被任命的消息後，遺憾地説："這個相信自己是戰略天才的人現在成了軍令部總長，而他其實差得遠呢……似乎戰爭已經打響了！"[105]

山本五十六不看好永野還説明，他似乎接受了一場他曾公開反對的戰爭，儘管他還繼續反對戰爭，但他同時想要進行策劃。誠然，山本有其冷靜謹慎的一面，他相信日本沒有可能打贏這場戰爭。但如果必須為之一戰，他認為只有他才有能力指揮戰爭。他可以儘量為戰爭做最好的準備，而他最好的努力最後換來了最好的戰略效果，這是一個沒有人想過的大膽計劃，完全是一個賭徒在沒有勝算時的選擇。山本知道，如果日本想要有一線獲勝希望，就必須在一開始佔據上風，這樣美國才"有可能"被騙上談判桌。

1941 年 1 月 27 日，在東京聽到"戰爭傳聞"的（美國駐日大使）格魯給赫爾寫了一封信，他表示使館工作人員"從多方渠道（包括一位日本消息人士）聽説，日本軍隊計劃對珍珠港進行大規模突襲"。格魯説，"這一計劃看起來很荒誕"，事實的確如此。[106] 但山本決心要讓這荒誕的一幕變為現實。從 1940 年下半年開始，尤其在《三國同盟條約》簽署後，山本就在專心研究日本的太平洋戰略。一般的戰略無法滿足他，而他不同尋常的戰略也將需要尋求不同尋常的支持。

1941 年 2 月初，第一航空部隊參謀、海軍少佐源田實正在一艘停靠在鹿兒島志布志灣附近的航母上，36 歲的源田實身手敏捷，是海軍中的明星飛行員。[107] 他曾帶領一支特技飛行隊，在全國各地為慶典活動進行表演，讓海軍航空隊受到熱捧。在這個特別的冬日裏，他被第十一航空部隊長官大西瀧治郎少將召喚，於是他在日本南部海軍基地鹿屋離艦上岸。兩人在大西辦公室的沙發落座，大西長官從他胸前口袋裏不經意地掏出一封信。大西對他説："你不妨看看這個。"源田實瞥了一眼信封背面，他驚訝地看到山本五十六的簽名，山本書法嫻熟人盡皆知。源田實回憶，山本在信中説：

　　基於國際形勢的變化，我們也許被迫要與美國開戰。如果日本與美國打仗，我們就要拿出最極端的戰術……依靠我們第一和第二航空部隊的全部力量，我們必須設法給美國在夏威夷的艦隊一記重擊，這樣美國才能在一段時間裏不敢向西太平洋進發（日本在該區域將面臨其他敵人，比如荷蘭和英國）。我們的目標將是一羣美國戰艦……這不容易實現，但我決心要不惜一切代價完成這項計劃，我將親自指揮航空部隊。我想讓你仔細研究該計劃的可行性。

　　自從美國 1908 年在夏威夷珍珠港建立海軍基地以來，日本海軍一直覺得自己有可能受到美國襲擊。1940 年 5 月，美國指定珍珠港為太平洋艦隊的主要基地，這更加深了日本的擔憂。當時的主流思想認為：日美戰爭將是一邊倒局面，美國佔據壓倒性優勢，日本海軍的戰略必須是純防禦性質，日本最大的希望就是通過空中打擊和潛艇來阻止美國海軍前進。山本五十六顯然不這麼認為。

　　讀完山本五十六的信後，源田實一時語塞，他僅蹦出一句："了不起的想法！"當他訝異地抬起頭時，大西對他說："那麼……我想讓你看看這一計劃是否可行。"雖然這讓源田實萬分驚訝，但也勾起了他的興趣。

　　該計劃最明顯的障礙就是如何對敵軍艦船發動魚雷襲擊。普通航空魚雷需要下沉 10 米才能重新調整深度。由於珍珠港水淺，只有 12 米深，估計許多魚雷將直接栽進水底，不會造成任何傷害。而讓航母在不被發現的情況下進入目的地區域也很困難。這樣的軍事行動並不容易。1941 年 4 月初，在源田實讀到山本五十六信件的兩個月後，大西瀧治郎遞交了進攻計劃。該計劃遠超山本的預想，它排除了航空魚雷的使用，轉而利用俯衝轟炸和水平轟炸（後者由橫向飛行的飛機發動，需要通過準確計算才能打擊到目的地區域，所以常常不夠精準）。山本回應說，如果現有的魚雷不能奏效，那就去改進魚雷和提高飛行員技能來使之奏效。而大西堅持認為他的方案可行。

第五章　擺脫麻煩還是保持友誼

　　由於松岡洋右所謂的"閃電外交"，日本與德國、意大利以及蘇聯締結的新聯盟關係本應能迅速而和平地解決日本在海外面臨的所有問題，包括中日戰爭和日美緊張的外交關係。但日本沒那種運氣。松岡5月12日給美方答覆後的幾週內，甚麼都沒有發生。儘管太平洋這邊沒甚麼動靜，但歐洲戰事正酣。

　　南斯拉夫淪陷後，雅典4月27日也在德軍的進攻下淪陷，在英聯邦部隊的幫助下，希臘政府和國王喬治二世逃往克里特島，但又遭到德國空軍的狂轟濫炸（儘管德國也損失慘重）。5月底，希臘領導人撤離到埃及，但埃及也不是長久之地。1941年2月開始，新成立的德國遠征軍"非洲軍團"在"沙漠之狐"埃爾溫·隆美爾（Erwin Rommel）的指揮下開赴利比亞，援助準備佔領北非的意大利。

　　與此同時，英倫三島繼續遭到轟炸；先是貝爾法斯特、赫爾，然後是利物浦，這座城市5月初曾連續七個夜晚遭遇空襲。但這將是德國猛烈轟炸英國的尾聲了，因為希特勒的注意力將轉向東方。

　　1941年6月22日，一個炎熱的週日，外務大臣松岡正在東京接待汪精衛，邀請他來銀座地區的"歌舞伎座"觀看下午場的傳統演出。這個劇場的建築是日本本土主義者對前一世紀"鹿鳴館"的顛覆，它故意保持傳統建築式樣，包括日式城堡使用的石板瓦房頂，這座混凝土建築於1925年才完工，據稱能容納2,700人，似乎是故意炫耀日本的現代化成就。

　　日本最近越來越沒甚麼可炫耀的了。1941年4月，根據《國家總動員法》的資源集中原則，鋼鐵工業被"整合"到鋼鐵控制協會。其他大型工業也開始合併，讓國家擁有更大權力進行資源配置和定價。因此，公民私自使用金屬是嚴厲禁止的，即使是校服上的金屬釦也要被沒收，並換成玻璃釦。在 5 月的男孩節，最受歡迎的玩具是飛機、坦克和頭盔，但這些玩具都是木頭、竹子和塑膠製成的。

"歌舞伎座"的週日下午場演出吸引了東京最具權勢的人物，他們穿着得體而華麗的衣服，慶祝日本支持的汪精衞南京政府的成立。整個演出過程中，松岡的秘書加瀨俊一坐立不安，他特別想搞清楚當天早些時候聽到的一則消息是否屬實。他從座位上溜出溜進，為了從地下換衣間打電話給外務省。最終，在第一幕結束時的掌聲中，他給松岡遞了一張字條，確定德國在當天上午對蘇聯發動了襲擊。[108]

松岡估計到德國某一時刻會進攻蘇聯，他甚至這樣表示過。日本駐德國大使大島浩不斷發回德國即將進攻蘇聯的消息，但松岡對這些報告表示懷疑，他相信自己會直接從德國人口中得到這一消息。所以松岡此時大吃一驚。

希特勒曾説過："整個世界都將屏住呼吸，不做評論。"納粹入侵蘇聯的"巴巴羅薩"行動讓希特勒的預言成真。的確，在這一決定命運的一天，世界大多數人都驚訝得説不出話，斯大林則完全震驚了。他再三忽視德國調兵的警告，相信 1939 年 8 月簽署的《莫洛托夫—里賓特洛甫條約》⑦ 將暫時讓他的國家安全。我們知道，斯大林認為德國在英國那邊的戰事還沒有了結，不會再發動戰爭形成兩線作戰。德國突襲蘇聯時，斯大林正在索契的黑海別墅附近釣魚。消息傳到他的船上時，他靜靜地收回魚竿，説了一句："誰能想到會是這樣啊？"[109]

陸軍大臣東條英機及日本其他領導人認為，日本是德國最忠誠的夥伴。現在他們面臨一個兩難局面。近衞首相派鈴木貞一前去打探東條對這一消息的看法。已退役的陸軍中將鈴木擔任國務大臣兼企劃院總裁，1937 年設立

---

⑦ 譯者註：蘇德互不侵犯條約。

的企劃院負責統一和監管資源調動的政策。隨着對華戰爭的深入，企劃院的重要性與日俱增，而鈴木將在評估日本與西方開戰可行性上扮演關鍵角色。他對比他年長幾歲的東條畢恭畢敬地說，近衛認為，德國進攻蘇聯為日本拋棄《三國同盟條約》提供了令人欣喜的機遇，採取更加中立的外交立場對日本與世界其他地區和平相處十分重要。聽到這番話，東條氣得大叫："你真覺得我們能違背人性不顧法律，做出這種不道德的事？"[110] 其實，德國已經違背了日本士兵奉為圭臬的忠誠原則。1882 年的《軍人敕諭》規定："軍人當以盡忠盡節為本分。"但東條就是不願放棄自己的想法。

　　生於普魯士的奧托·D·托利舒斯（Otto D Tolischus）在《紐約時報》工作，他曾獲得過普立茲獎。1940 年 3 月，他被納粹德國驅逐，後來在東京從事報道，1941 年 6 月 22 日他寫道："德國與蘇聯爆發戰爭……日本官方集體失聲，唯一的官方回應就是無可奉告。"

　　"巴巴羅薩"行動迫使松岡接受，他的四國外交勢必要崩潰，但早在這一天之前，松岡就已經在近衛內閣中失去了政治影響力。松岡和近衛由於《日美諒解協定草案》而產生的矛盾越深，松岡對日本首相位置的覬覦之心就越大，他對內閣的批評也越發公開，儘管此時他仍是內閣成員之一。他自以為獲得了天皇的支持，但這只不過是他自欺欺人的想法。松岡從歐洲回國後多次公開發表親德言論，對此裕仁天皇表示："松岡可能被希特勒收買了。"[111]

　　1941 年 5 月 3 日召開的聯絡會議是他歐洲之行結束後的首場重要會議。松岡極力鼓吹着他的新計劃——日本進攻新加坡，迴避了日方該如何就諒解草案答覆美國這一更加重要的議題。赫爾曼·戈林（Hermann Göring）曾在私人別墅卡琳宮用一場盛大宴會招待了松岡，戈林和希特勒都敦促日本進攻在新加坡的英軍，從而幫助德國這邊的戰爭。松岡對他們說："如果我是日本首相我就會這樣做。"[112] 回到日本後，松岡堅持強調新加坡必須立即拿下。聽到這一提議後，參謀總長杉山元十分震驚。歐洲之行前，杉山元就已告訴松岡進攻新加坡是不可能的。另外，他也不認可松岡對德國很快獨霸歐洲的信心。杉山指出："德國和意大利一直準備入侵英國,在北非建立了諸多基地(即使這樣),他們也沒能成功。"松岡説："德國説能在兩個月拿下蘇聯。"但他並不清楚德國的計劃。"新加坡也不會是甚麼問題。"他説。[113]

松岡對自己的提議遭到反對並不擔心,他在 5 月 8 日的聯絡會議上再次提出新加坡問題。他強調説,時機和速度至關重要。"羅斯福渴望(在歐洲)參戰。[114] 你看,他是個大賭棍。"松岡堅持認為,在新加坡戰勝英國將讓美國重新考慮是否與日本直接對抗,他説:"如果在美國參加歐戰前的一小時英國(向日本)投降,美國就會改變主意,不去參戰。(但)如果在美國參加歐戰後的一小時英國(向日本)投降,那麼美國就會繼續戰鬥到底(並與日本開戰)……一旦美國捲入這場戰爭,戰爭將被拖延,世界文明將遭受毀滅。"他對在場的內閣大臣和高級軍官説:"如果戰爭要持續 10 年……日本該怎麼辦?"

沒有人作聲。松岡相信,他能再次讓自己的提議強行獲得通過,自從前一年夏天開始擔任外相以來,他已屢試不爽。他當天前往皇宮,向天皇彙報自己的想法。松岡向來認為,日本可以不使用武力,而僅依靠嫻熟的外交就能變得更加強大,現在他卻開始鼓動直接軍事對抗。裕仁天皇對此大吃一驚,特地召見近衛詢問,後者向天皇保證,松岡並不代表政府其他人的觀點。

松岡對美國國家性格的誤解嚴重影響了自己的判斷力,他執着地認為,只有挑釁才能贏得美國尊重。他太過依賴邊緣政策,不知道該何時收手。而政府中沒人對他加以限制,這讓太平洋兩岸的外交僵局變得更糟。我們知道,赫爾 5 月 12 日收到了"松岡計劃",但此後一個月沒有任何回應。松岡 5 月 3 日曾給華盛頓傳達了一條大膽的口頭聲明(一種口頭外交聲明,但通常也以文字形式遞交),他以自己典型的戲劇化風格聲稱,美國加入歐戰將招致災禍。他表示,日本無意退出《三國同盟條約》。野村大使負責傳達這些信息,儘管赫爾已經從破解的情報信息中知曉此事。

松岡命令野村提出一個日美中立條約,赫爾當即予以否決("我沒有猶豫,立即把它拋在一邊"),[115] 他認為這並不實際,也與當前問題並不相關。

松岡的許多舉動都帶有這些特點。早在華盛頓決定以《日美諒解協定條約》與東京接觸的 4 月 16 日，赫爾對野村說，他對此前幾天簽署的《蘇日中立條約》並不十分擔心，因為：

> 我一向認為，蘇聯的政策是不與任何國家開戰，除非為了自衛。另外，我沒有看到日本有任何想要進攻蘇聯的打算。所以我覺得這份書面文件不過是把兩國政府之間已經存在的關係和政策寫在紙面而已。[116]

美國並不急於與日本達成中立條約。羅斯福政府的政策基於"1941 年年初獲得的消息，政府從可靠線人處得知，德國已決定進攻蘇聯"。[117] 美國甚至"私下把這一信息透露給蘇聯大使"。這將改變一切，包括美日關係。

美國之所以不着急回覆"松岡計劃"，正是因為美國料到，德蘇開戰後，日本將更有可能對美國做出讓步。6 月 21 日，美國對日本的回應幾乎與"巴巴羅薩"行動消息同時到來。與松岡的挑釁語氣一樣，美國也變得明顯強硬了。美方在 4 月諒解草案裏提到過承認"滿洲國"，這曾讓日本領導人感到欣喜，現在卻一字不提了。華盛頓現在強調，維持太平洋地區和平是其首要任務，美國和日本都不應覬覦該地區領土。美國因此斷然拒絕日本在東南亞動武的權力，而"松岡計劃"強調的正是動武權力。

總之，美國在回應中表示，亞太地區應基於貿易自由和機會平等原則。這一理想狀態也反映出赫爾的基本世界觀。他來自田納西州，靠自己的努力成為律師，自 1933 年起出任羅斯福政府的國務卿，他總是批評自大蕭條以來一直影響全球經濟健康狀態的保護主義和各種經濟集團。赫爾毫不讓步的表態澆滅了日本的希望。當然，協定草案本來也不是美國政府起草的。

赫爾的回覆還包括一條口頭聲明，儘管沒有指名道姓，但該聲明顯然是針對松岡洋右的。雖然聲明稱讚日本大使及其手下的敬業精神，但赫爾也抱怨道：[118]

　　一些位高權重的日本領導人堅持的路線竟然是尋求對納粹德國及其侵略政策的支持，而他們唯一願與美國達成的諒解是，如果美國因為自衛政策而捲入歐戰，那麼日本將站在希特勒這一邊……只要這種領導人堅持這種官方態度，並以此來影響日本民意，那我們就有理由認為，只有通過當下討論的這份協議才能奠定一種基礎，我們才能沿着想要的路線取得實質結果。

　　這是對松岡 5 月 3 日自負言論的強烈譴責，松岡當時說，無論如何日本都將堅持《三國同盟條約》。赫爾的聲明還說：“我國政府必須等待更加明確的信號，即日本政府整體上想要尋求和平路線，但現在還沒有收到這種信號。”這其實是要求換掉松岡。1933 年松岡從日內瓦回國前見過羅斯福和赫爾。據說他讓羅斯福立即感到厭煩。自我膨脹的松岡很可能無法體會大多數人的行為和感覺。雖然他思維很快，善於使用言語和姿勢來製造效果，但他不能理解他人，他的行為常常難以預測，所以他並不適合這樣一個需要耐心、斟酌和技巧的政治崗位。他極其缺乏自知和自我約束。1941 年 4 月他在梵蒂岡對教皇庇護十二世說：“在世界上所有政治家中，沒有人對基督教的理解和熱愛有我多，此前沒有，此後也不會有。”而在莫斯科，他竟教導斯大林甚麼是共產主義，這讓斯大林驚訝不已。

　　松岡曾經一度對日本外交政策的完全控制權突然不見了。但當德國進攻蘇聯的消息傳來時，他迅速試圖挽回自己的政治影響力。雖然他感到自己在政府中沒有支持者，但他並不在乎，他直接請求天皇立即下令攻打斯大林。裕仁天皇震驚了：不久前松岡還在宣導進攻新加坡，現在他又說，日本應該進攻北方的蘇聯（對此，松岡厚顏無恥的藉口是“英雄總能果斷改變主意。我之前同意南進，但現在我想轉向北方”[119]）。根據《三國同盟條約》，日本並沒有義務加入德國的軍事行動中，但松岡似乎認為這是絕對必要的事。後來松岡在與蘇聯駐日本大使康斯坦丁・斯梅塔寧（Constantin Smetanin）會見時宣佈，《三國同盟條約》優先於《蘇日中立條約》，這讓斯梅塔寧嚇得臉色發白。[120]

　　近衛發現松岡在直接呼籲對蘇開戰後，他感到無比尷尬。第二天他前往皇宮，為自己外相的所作所為做解釋。近衛再次向天皇保證，遠征蘇聯是松岡一廂情願的想像。"巴巴羅薩"行動讓松岡更加孤立。

　　作家永井荷風並不了解德國進攻蘇聯時日本國內的真正形勢和外交挑戰，但他清楚日本正在走向錯誤的方向。他能夠強烈感受到這一點，因為他的創作自由越來越被限制。他為巴黎陷落感到惋惜，並用紅色墨水在日記中為巴黎陷落一週年做了記號。第二天，1941 年 6 月 15 日，受風寒而臥牀休養的永井在家讀書，他讀到 18 世紀以批評社會而聞名的一位作家的話。⑧這位作家晚年時，曾有年輕人問他，為何他在自己的作品中無所畏懼。他嚴肅地說："在每日生活中表現得彬彬有禮、矜持一點也沒甚麼，但一旦拿起筆，你就不能再拘謹了。"[121] 他承認，家人和朋友多年來勸他不要這樣做，他們擔心他的寫作很容易被認為是攻擊當局，可能會因此入獄。他很高興自己最後堅持了信念，總是記錄下在周圍觀察到的事實。

　　以上是從永井在日記中摘錄的段落，這讓他對自己的行為"非常羞愧"。1941 年年初，有人從他已發表的一篇作品中發現，永井多年來都有記日記的習慣。由於擔心受到迫害，"一天晚上我熬夜從日記中剪掉了（對當局）批評和抱怨的話。我出門時將日記藏在鞋櫃裏以防萬一"。受到鼓舞的永井現在想要彌補自己的懦弱行為。他宣稱未來的歷史學家從他的日記中讀到的關於他對日本的政治觀點是真實、發自內心且毫無畏懼的想法（至少在他的日記中）。他寫道：

　　　　日軍一開始入侵中國國土時，日本宣稱是去"教訓不守規矩的中國"。但戰爭意外拖延後，（政府）完全不知道下一步該怎麼辦，決定

---

⑧　譯者註：原文只給出作家的名字叫 Kicho，具體人名不詳。

稱之為"聖戰"——完全空洞的詞語。現在日本政府想要向東南亞擴
張……試圖利用英國軍隊在歐洲的困境。無知的士兵和殘忍的策劃者
都負有責任,人們本質上並不會為這一發展感到愉悅。

　　永井認為,人們因為害怕迫害而不去抗議,但他知道,僅僅是害怕不足
以說明過去 10 年日本發生的一切。他指出,遺憾的是,總有"一些人試圖
宣揚忠心以及對國家的忠誠來獲得好處"。所以他做出結論:"日本人本質上
都是樂天派,最主要的追求就是過一天算一天,不想招惹太多麻煩,也沒甚
麼崇高理想。"對於這些冷漠的國民來說,"不論是當前(軍國主義)還是明
治維新時代的"政治變革都沒有甚麼意義。

　　6 月 20 日,宣泄完情緒的第五天(也是"巴巴羅薩"行動的兩天前),
永井又抱怨糟糕的政治形勢對人們讀寫方式的負面影響,讀書和寫作是他最
在乎的兩件事。新雜誌《意大利朋友》主動寄給他的一封推銷信激怒了他,
東京帝國大學校報的來信也讓他不滿,學生們用毫無禮貌甚至蠻橫的語氣要
求他做出貢獻。他說:"最近的人們啊……我覺得很遺憾,像我們這樣一個
傲慢的國家,竟然去統治我們的鄰國。噢,美國人,你們為甚麼現在不站起
來,教訓這個野蠻國家?"[122]

　　儘管日本對未來的方向搖擺不定,但"巴巴羅薩"行動過後,世界其他
地區的聯盟關係迅速發生重組。同盟國(尤其是英國)認為,蘇聯現在的命
運與這些國家息息相關。6 月 22 日晚,首相溫斯頓・邱吉爾來到廣播前,
發表了關於希特勒入侵蘇聯的演說,這次演說也在美國播出。"今晚,我要
藉此機會向大家發表演說,因為我們已經來到了戰爭的關鍵時刻。"[123] 他一
開場講道。他隨後列舉了此前三次重大轉捩點——法國的陷落、納粹試圖
對英國的入侵和 1941 年年初美國通過了《租借法案》以援助同盟國,而第四
個轉捩點就是希特勒對蘇聯開戰。邱吉爾誇張地描述着德國的突襲,他說:
"德國炸彈在俄國城市上空像雨點般地落下。"對英國的入侵只是暫時停歇,

襲擊蘇聯是希特勒的策略，以便他能夠 "更大規模地重施故技"，征服西半球。邱吉爾領導下的英國決定幫助蘇聯——儘管與美國相比，英國也做不了甚麼重大貢獻。

邱吉爾知道，羅斯福很難讓美國國內的反對者（孤立主義者和反共主義者）接受美國對蘇聯支持的必要性。雖然他也知道 "沒有權力指揮美國"，但邱吉爾仍然強調，"俄國的危險就是我國的危險，就是美國的危險；俄國人民為了保衛家園而戰的事業就是世界各地自由人民和自由民族的事業。"

羅斯福也有同樣想法，希望鼓勵和支持蘇聯抵抗，但他也清楚，他必須謹慎應對新形勢。[124] 他已經感覺到，美國勢必要前往歐洲參戰，但他知道眼下時機還未到。他完全清楚，請求國會批准開戰從某種意義上代表他這一屆政府的政治失敗。他身邊的軍方代表，包括戰爭部長亨利・史汀生（Henry Stimson）和海軍部長弗蘭克・諾克斯（Frank Knox），都催促他立即採取打擊德國的戰略行動，向大西洋派遣戰艦，他們預計，德國幾個月內就能擊敗蘇聯。羅斯福也想加強其打擊軸心國的政策，但不包括開戰。

作為一系列舉措的第一步（從斯大林角度來看，這一步微不足道），美國決定解除 1939 年年末蘇聯入侵芬蘭後，美國凍結蘇聯的 4,000 萬美元資金。羅斯福 6 月 24 日解凍了這筆資金。美國還成立專門負責蘇聯所需軍事裝備的工作組，軍備費用大約為 5,000 萬美元。羅斯福讓蘇聯購買這筆軍需品，不能賒賬，而政府各個部門又不情願處理這麼一大筆訂單，所以 1941 年夏天美國對蘇聯的實際援助並沒有很多，斯大林必須靠自己的力量再撐幾個月。

歐洲脆弱的形勢更讓羅斯福政府想極力避免太平洋戰爭。四國聯盟瓦解了，華盛頓估計東京將重新考慮其談判立場。德國進攻蘇聯當天，野村吉三郎拜訪了赫爾，赫爾問他："德國對蘇宣戰難道不會影響形勢，好讓日本政府更容易（撇清與希特勒和墨索里尼的關係）？"[125]

日本當然沒有法律上的障礙。在國際法中，如果出現不可預知的形勢驟變，各方達成的協議就沒有約束力。"巴巴羅薩" 行動符合這一條。如果日本當時與軸心國分道揚鑣，那麼美國（以及蘇聯）將會相信，日本與西方的談判意願是真誠的，德國沒有主導日本的擴張政策。近衛立即派信使鈴木貞一拜訪東條，這證明近衛首相渴望糾正錯誤路線，想與美國拉近關係（他後來還宣稱召集過個別大臣參加小規模會議，但沒有關於此次會議的任何記錄。而聯絡會議上也沒有討論這一話題）。

松岡和東條都阻擋了他，而本應親美的內大臣木戶幸一也不站在他這一邊。木戶完全不考慮《三國同盟條約》對美日關係造成的損害，他愚蠢地對裕仁天皇說，日本堅持做希特勒的朋友很重要，因為美國重視國際條約。實際上，木戶不想讓天皇站在任何一邊，希望天皇和皇室不要影響重大政策的轉變。最後，近衛只好選擇甚麼也不做，因為他不想與這些人對抗。前一年秋天他還是《三國同盟條約》的堅定支持者，所以他可能覺得，如果這麼快就拋棄這一盟約，他會喪失自己的政治信譽。

第六章　北進，還是南進？

1941 年 6 月 23 日，德國進攻蘇聯的第二天，德國駐東京記者理查·佐爾格（Richard Sorge）接到來自莫斯科的情報命令："彙報日本政府對德國入侵蘇聯的立場。"[126]40 多歲的佐爾格身材高大，面容棱角分明，很有魅力，他是蘇聯在日本安插的間諜。佐爾格 1895 年出生於巴庫，母親是俄國人，他大部分時間在柏林長大，一戰時加入德國部隊，但他在這場戰爭中負傷（讓他成為跛子），於是投入了共產主義的懷抱。接到命令幾天後，蘇聯政府又要求他"彙報（日本）陸軍向我邊界調遣的信息"。莫斯科現在急切盼望他的情報一定讓他覺得很可笑，因為此前他發回一系列關於德國入侵蘇聯的警報都被斯大林當作耳旁風。

1933 年秋，佐爾格抵達日本。他曾總結説，他的任務就是：[127]

> 密切關注日本對蘇聯的政策……確定日本是否計劃進攻蘇聯。這是給我以及我的團隊下達的最重要任務……毫不誇張地説，這就是我在日本的全部目的。

佐爾格似乎在日本很自在。他住在普通的兩層房屋裏，家裏堆滿歷史書籍以及他在各地旅行帶回來的紀念品，人們常能看到他穿着皮夾克，騎着摩托車。他很隨和，很快就成為東京德國人圈中受歡迎的人。他能夠贏得重要人物的信任，尤其是當時德國駐日本使館專員、1938 年晉升為德國駐日大使的歐根·奧特（Eugen Ott）。這就是為甚麼佐爾格能夠提前知道"巴巴羅薩"行動的準確日期。

奧特如此信任佐爾格，甚至允許這位記者在德國大使館擁有一間自己的辦公室。佐爾格在這間辦公室編輯每日新聞摘要（並與奧特太太發生關係）。佐爾格富有成效地招募新成員，組建他的間諜網路，團隊包括至少 13 名男性和 3 名女性，但這些人很少與佐爾格保持直接和長期聯繫。[128] 間諜網路成員有曾在莫斯科讀過書的普魯士無線電通信工程師馬克思・克勞森（Max Clausen），在克羅地亞長大的塞爾維亞猶太人、為法國和南斯拉夫報紙撰稿的布蘭科・德武凱利奇（Branko de Vukelic），來自沖繩、從小在加利福尼亞接受訓練的畫家宮城與德（Miyagi Yotoku），以及近衛文麿的顧問、十分了解中國的著名記者尾崎秀實。

尾崎胖乎乎的臉龐和善良的眼神能讓所有見到他的人放下防備。他是佐爾格網路中最重要的人物。生於 1901 年的尾崎主要在殖民地台灣長大，他的父親是派駐中國台灣的記者，後來他回到東京接受高等教育，最終成為《朝日新聞》的記者，1928 年至 1933 年間常駐上海工作。

尾崎在中國台灣和中國大陸的經歷對他意識形態的形成至關重要。他回憶說，他與台灣的中國人親密接觸，在“每天生活的每個細節中”認識到殖民帝國主義下由“統治者統治”的權力體系，這是他普通童年生活中唯一“不同尋常”的經歷。[129] 他看到即使像他父親這樣好脾氣的人，有時也會變成傲慢的殖民者，斥退想討要更多錢的人力車夫，這讓他很難過。在上海生活的日子更加強了他對民族主義運動的熱情，他尤其支持中國的民族解放。[130] 在他看來，共產主義為亞洲國家提供了一條擺脫西方和日本帝國主義壓迫的道路，並為日本和中國提供了和平共處、為相同目標進行合作的道路。

美國作家和記者安格尼斯・史沫特萊（Agnes Smedley）以印度獨立運動中的激進言論著稱（她也是佐爾格的眾多情人之一），在史沫特萊的介紹下，年輕的記者尾崎 1930 年年初在上海見到了佐爾格。佐爾格當時正為莫斯科調查中國國情及共產主義的發展，他向尾崎請教日本在華活動的實質。佐爾格描述，他們倆的關係“不論在私人層面還是工作方面都完美契合”[131]，尾崎 1932 年離開中國回到東京，這是佐爾格調查中國過程中的“巨大損失”。

尾崎說：“這些人（史沫特萊和佐爾格）的意識形態堅定，擁有崇高的準則，在工作中既投入又能幹。如果他們有絲毫自私的動機，或者存心想要利用我的話，我早就會拒絕他們，與之分道揚鑣了。”[132]

在這種相互欣賞的基礎上，1934 年尾崎秀實在日本見到佐爾格並同意與他合作就並不讓人意外了。尾崎有個條件，他不會收取任何金錢上的酬勞。他們兩人有許多共同點，都具有分析能力、學者氣質（佐爾格擁有政治學博士學位）和熱情、愛交際的性格，這讓兩人既能成為優秀的記者，又是嫻熟的特工人員。

在日本，佐爾格利用自己納粹黨的身份隱藏自己對共產主義的忠心，但偶爾他也會犯錯。1939 年 9 月 4 日，英法對德宣戰的第二天，他差一點露餡了。佐爾格從德國通訊社（DNB）的辦公室出來後，碰到法國哈瓦斯通訊社（Havas）東京分社的社長羅伯特·吉蘭（Robert Guillain）。吉蘭一看見這位“納粹”記者就開始數落：“我爺爺與德國人打過仗，但當時法國在 1870 年的普法戰爭中輸了。我爸爸 1914 年也與德國人打過仗，那是因為德國攻打我們。你似乎對這兩場與法國的戰爭不怎麼滿意。那麼好吧，我們將跟你打第三次仗，這一次我們將把你徹底擊敗。我們將把希特勒軋成粉末，把你們全都炸死。你等着瞧吧，德國將成為一片廢墟。”[133] 聽完這位比他年輕許多的同行發表的長篇大論後，佐爾格卻熱情邀請他共進午餐。兩人吃飯時，佐爾格對他說：“我跟你一樣厭惡這場戰爭……我也參加過一戰。我曾相信世界會迎來和平。希特勒出現後，我曾以為他會給德國帶來新秩序，給歐洲帶來和平，但我知道自己錯了。”猶豫了一下後，他又補充道：“我是個和平主義者，你看是吧？”

沒有尾崎的佐爾格發揮不了作用。他缺乏必要的語言能力，無法在日本有效開展活動，他的日語口語能力還停留在基礎階段。（他的俄語能力也很有限，他與莫斯科之間的交流大多靠英語和德語）尾崎作為政治分析家和時事評論家（尤其關於中日關係）常常很忙碌。他為《朝日新聞》報道的重點正是中日關係，他還在南“滿洲”鐵道株式會社的智庫進行研究工作。隨着中日間的戰爭升級，他也成了知名公眾人物，來自各行各業的人，包括軍方和警察，都想聽聽他的看法。他還是近衛首相政策顧問團"昭和研究會"的積極成員，單靠這一職位他就獲得了重要的信息來源。但更有意義的是，他加入了所謂的"早餐俱樂部"。

這一封閉式俱樂部每月舉辦兩次聚會，每次都在早上 8 點，會員們交流信息，討論時局。俱樂部會員的名字令人生畏。近衛並不是俱樂部聚會的常客，但其他成員都以自己成為近衛的心腹而感到自豪。大多數會員來自日本特權階層，他們有的 30 多歲，有的 40 歲出頭，傾向於自由主義和國際主義，在英美接受過精英教育。這些人包括近衛的秘書牛場友彥、西園寺公爵之孫（陪同松岡洋右乘坐"紅矢號"列車出訪歐洲的）西園寺公一、內閣書記官長風見章、國際問題記者松本重治、犬養毅首相的第三子——小說家犬養健、明治元老松方正義之子松方三郎。

也許因為出身高貴，俱樂部成員覺得沒有必要在近衛面前保留意見，也正因為如此，近衛也特別看重這一圈人。尾崎與西園寺公一關係密切，再加上他對中國的深刻見解，所以他也被納入該俱樂部。1936 年，尾崎與西園寺在前往美國的輪船上相識。西園寺對尾崎的激進主義思想絲毫不了解。實際上，尾崎甚至對他妻子也隱瞞這一面，但他在其他方面卻對她百依百順。

兩人從美國回來後幾乎每天都要小聚一下。他們很自然會討論一些政治話題，兩人都深知日本的政治正偏離正軌，中日戰爭應該馬上結束。尾崎後來表示，他"十分真誠"地結識這些人，並利用他們獲取信息，這是"出於對國家當前危機的共同關心"。[134]

"巴巴羅薩"行動後，共產主義間諜需要弄清楚日本是否有意進攻蘇聯。正如我們已經看到的，松岡認為日本應當進攻蘇聯，他甚至讓德國人相信日本即將加入德國的軍事行動，這讓蘇聯感到焦慮。由於松岡僅依靠日本駐德大使大島浩從柏林發回的片面報告，所以他深信德國最終會獲勝。攻打蘇聯既能讓日本擴張領土，又能向納粹方面表達忠心。他認為，日本所處形勢類似於 1940 年 6 月的意大利，當時墨索里尼正是在德國勝利在望時決定進攻法國。但松岡的新政策傾向具有嚴重問題：他的"北進"建議沒有伴隨任何實質性戰略規劃，除他以外的日本領導層也沒人願意與蘇聯開戰。

儘管日本陸軍向來提防北方，把蘇聯視為主要對手，但陸軍絲毫不願意支持松岡的理由很充分：日本陸軍沒有能在蒙古和西伯利亞作戰的重裝坦克，蘇聯對日本的優勢已在 1939 年諾門罕邊境戰爭中體現得淋漓盡致，日本也沒有足夠的部隊同時在中國和蘇聯打仗。1941 年 6 月，陸軍決定與海軍一道推動向法屬印度支那南部擴張的計劃。

軍方強調，在適當的"外交"壓力下，法屬印度支那當局很可能將以和平方式向日本轉交控制權，畢竟僅在過去 10 個月，日本就已控制法屬印度支那北部，日本還通過裹挾武力威脅的外交手段幫助解決了泰國與法屬印度支那的領土爭端（對前者有利）。通過佔領整個印度支那半島，日本不但能夠建立更靠近英屬馬來亞和荷屬東印度的戰略根據地，還能獲取更多大米、錫和橡膠，讓日本短期內有能力與中國作戰，長遠來看還能建立自給自足的經濟圈，以便在未來打一場更大規模的戰爭。另外，荷屬東印度還有可能被日本的存在所震懾，從而最終同意向日本提供更多石油。所以軍方認為，印度支那以南並不需要派兵攻打。

松岡對此堅決反對。他錯誤地相信，德國將迅速消滅蘇聯（包括一些英國人和美國人也這樣認為），他還認為，如果日本決定佔領更多法屬殖民地將可能遭到英美方面的嚴厲報復，這樣做將過分表露日本在東南亞地區的野心，讓美國警覺。他的擔心是對的。1941 年 6 月底，到底是攻打北方（蘇聯）還是向南挺近成為東京的決策重心。不同的派系和決策機制讓東京的決策過程充滿辯論，這將在未來幾個月對東京的政策制定產生持續影響。

大體上，日本的戰略構想都是陸海軍最高統帥機關大本營做出的。（陸軍）參謀本部和（海軍）軍令部提出戰略建議，作為內閣一部分的陸軍省和海軍省有時也會提出建議。在後兩個部門中，陸軍大臣和海軍大臣是最高級別的官員，其次是陸軍次官和海軍次官，然後是各個局長（軍務局、人事局、法務局、整備局、會計局等）和各個課長（局的下屬處室）。參謀本部和軍令部也有類似的層級結構，參謀總長和軍令部總長是最高指揮官，其次是參謀次長和軍令部次長，然後是各個部長（作戰部、情報部、動員部等）和各個課長。戰略設想很少是最高官員做出的，而是陸海軍下設的局級、課級部門做出的。由於這些團體都為自己利益着想，出台新政策是十分複雜的過程。

比如，如果參謀本部下的某個部門或某個課室提出一項建議，它首先需要獲得其他部級和課級領導的認可、修改和批准，然後才能拿到參謀本部和陸軍省的聯合會議上討論，參加會議的通常是參謀總長、參謀次長、陸軍大臣和陸軍次官。[135] 同時，陸軍省的局級和課級領導也會被徵詢意見，如果意見相合，他們會共同徵求海軍（軍令部和海軍省）和外務省同意，這些部門都有錯綜複雜的下屬分支。如果能夠確保獲得外務省和海軍方面的支持，參謀總長才會正式代表最高統帥部在聯絡會議上向內閣提交方案。

這種費勁的基礎工作由中級軍官完成，大部分人甚至都沒有參與過最高官員召開的聯絡會議。他們被貼切地稱為"幕僚"，字面意思是"簾幕後的官員"。在過去，"幕"在解釋權力時有兩層意思。其中一個指代政治，是政府的同義詞，比如"幕府"（幕後政權）；另一個指代戰略，暗指野戰營地中大本營使用的臨時簾幕，只有少數人才能在大本營討論戰略。在戰前的日本，幕僚既承擔與不同方面討論和聯絡等政治任務，也參加制定戰略這樣的實際工作。由於幕僚在主導日本政策上發揮的關鍵作用，這個名稱總是喚起一種戰爭發動者的形象，他們以對上級輔佐和建議之名秘密炮製黷武政策。

1941 年初夏，日本最具影響力的三位幕僚是參謀本部作戰部長田中新一、陸軍省軍務局局長武藤章和海軍省軍務局局長岡敬純，他們都在 50 歲左右。武藤章和岡敬純常常合作促成陸海軍之間達成共識，而田中新一獨立行動，他那充滿敵意的世界觀給整個參謀本部籠罩了末日氣息，他所領導的作戰部最為激進。

田中不斷宣導對華強硬。對他來說，在華取得完全勝利是唯一選項，而日本領導人近來展現出與美國談判的意願是一種恥辱。他認為不開戰與投降這種懦弱行為沒有區別，還不如打一場真正的戰爭後再失去一切。雖然他在參謀本部只是三把手，但由於他信念堅定和性格強勢，他即將比其他任何人都擁有更大的政策決斷權。

田中常常對他所認為的武藤章的妥協主義傾向感到惱火（但其實，武藤章很難算是一個溫和派）。田中看到武藤章在軍務局的下屬佐藤賢了更有培養前途，佐藤也是陸相東條的心腹之一，40 多歲，若干年前曾在國會上強烈支持《國家總動員法》而聞名全國，當時他被議員們的質問激怒了，大喊一聲"住嘴"，隨即奪門而出。民主進程顯然不合佐藤的口味。

海軍也有自己的鷹派中層官員。[136] 最典型的要數海軍省軍務局下一個 40 多歲的課長，名叫石川信吾。1931 年"滿洲事變"（九一八事變）前後，他以筆名寫了一本頗有爭議的書叫《日本的危機》（這沒有經過海軍同意，足以被海軍開除）。他在書中警告說，美國自 19 世紀中期以來就有意控制東方，他敦促日本在美國威脅迫近之際，開展"全國性運動以確保生存權"。他認為在華盛頓和倫敦召開的限制海軍軍備的會議是西方阻止日本崛起的一種陰謀活動。與製造"滿洲事變"（九一八事變）的石原莞爾一樣，石川利用這本有爭議的著作去影響年輕官兵，讓海軍中的許多親英派變成納粹同情者。他的狂熱向來讓高層警覺，他的外號叫"不規彈"，所以在其職業生涯的大部分時間裏，他總與關鍵職位無緣。而在 1940 年秋，強烈鼓吹日本軸心國聯盟的海軍軍務局局長岡敬純不顧人事局的反對，任命石川信吾為軍務局主管軍備的課長。

石川與其他志趣相投的同事組成了海軍國防政策第一委員會，正是這個"第一委員會"在珍珠港事件前夕推動了日本海軍的主戰立場。他與田中新一一樣，都相信不應迴避與美國的戰爭，而要勇敢面對。在他看來，日本軍事佔領法屬印度支那就意味着日本要為一場不可避免的戰爭做好準備。實際上，石川甚至希望戰爭打到印度支那邊界外，他想要征服英屬馬來亞。石川後來誇耀地說："我是把日本引向戰爭道路的人。"[137]

可以說這些幕僚只是盡了自己的職責，一方面為戰爭做準備，另一方面時刻關注擴大戰略優勢和領土的機會。但日本在 1941 年年中的問題在於，備戰成為唯一的重心，而日本缺少全面的國家政策來指導備戰。上層決策者任由下層軍官帶動，下層軍官的權力本應受到限制，但決策者現在卻不加分辨地接受他們煽動性的言論。軍令部總長永野修身毫不臉紅地解釋説："因為底下官員最了解情況，所以我接受他們的意見。"[138]

50 年後，當年在陸軍省成功起草多項提議的石井秋穗（Ishii Akiho）回憶，在珍珠港事件前關鍵的幾個月裏，他和他的同事曾經手握重權，他說："儘管我們很愚蠢，但只要積極主動，我們就能左右一項重大政策。當然，我們的政策建議在這一過程中也會被修改，但（我們的聲音）是重要的……所以我罪孽深重。"[139]他認為當時最本質的問題在於，決策層中沒有一個人對日本注定成為地區領導者有任何懷疑，所以日本需要不顧一切去擴張。於是，即使一項擴張計劃遭到否決，政策規劃者還會拿出另一項擴張計劃。他們會問："如果我們不能向那裏進發，那我們還能向哪裏挺進？"

但還有必要強調的是，1941 年 6 月，軍方高層領導人或政策制定部門的幕僚並不認為田中新一、石川信吾及其他好戰分子過於激進。這些決策人也支持向印度支那南部挺近，因為他們認為這是一個風險小回報高的機遇，在其他國家忙於應付歐洲戰事之際，東南亞的權力真空必須加以利用。雖然松岡洋右呼籲日本在德國戰勝蘇聯前應立即向北進發，但這些幕僚卻認為，日本在南邊的機遇轉瞬即逝。這就是日本關鍵時刻南北爭辯的背景，其結果將嚴重影響日本的國際地位。

6 月 24 日，海軍和陸軍取得共識，日本應當佔領法屬印度支那南部，而陸軍是否進攻蘇聯待定，取決於是否出現有利時機——比如蘇聯將部隊從遠東大規模調往歐洲前線。近衛很快對該計劃予以認可，這也是他想利用政策目標的轉變除掉松岡的權宜之計。不久前近衛還依靠松岡的強勢來引領政府，現在，失望的近衛開始依靠軍方來打壓松岡，而他以前正是通過松岡來制約和控制軍方的。隱含政治目的的南進計劃必須經過聯絡會議同意才能執行。

聯絡會議不是甚麼正式場合，各方領導人會直接而毫不客氣地拋出具體問題。提議總有遭到否決的可能性，所有人都認為松岡會提出反對意見，因此海軍和陸軍最高指揮官把參謀次長和軍令部次長也帶到會議上壯大聲勢，他們聲稱這些次長是專家，掌握具體細節。（對於陸軍參謀次長塚田攻來說，專家的稱號名不副實，據說他對一位手下說：“我看不懂資料，我把這些交給你了。”）松岡必須接受挑戰。近衛將這次聯絡會議定在 6 月 25 日舉行。

令人意想不到的是，松岡表現得格外順從。他沒做太多爭辯就同意了軍方佔領法屬印度支那南部的提議。他說：“該計劃需要迅速行動。既然決定了，我們就執行下去吧。”[140] 按照流程，當天下午將召開內閣會議（對聯合會議的決定加以認可，成為正式的政府決策），然後參謀總長和軍令部總長將覲見天皇，告知他這一計劃。聯絡會議的討論焦點轉到日本的蘇聯政策時，松岡再次要求進攻蘇聯。

參謀總長杉山元大吃一驚，他回應道：

> 外務大臣是在宣揚激進政策，但陸軍並沒有做好準備。只有當中國、北方和南方的形勢同時對我們有利時，我們才能進攻蘇聯……我們必須認識到，如果匆忙進攻蘇聯，美國可能會與蘇聯聯手。

杉山似乎想當然地認為，入侵印度支那不會受到美國干預。松岡卻極力要求對蘇聯保持“威懾力”，他無論如何要成為南進道路上的最大絆腳石。最後領導人不情願地宣佈將再次召開聯絡會議解決這一分歧。

第二天，6 月 26 日，松岡呼籲軍方對德國盟友拿出點誠意，他再次極力要求立即進攻北方。參謀次長塚田攻堅持自己的反對立場：“我不懂政治，但從軍事角度來看，德國想幹甚麼就幹甚麼，這更讓我們有理由不去（同德國）商量。”[141] 陸軍大臣東條英機同意塚田的觀點，但他不能輕易做出同意佔領印度支那的決定。6 月 23 日東條曾與陸軍燃料部門的一位官員談話，此人建議他説，日本獲取石油的唯一方式就是進入印度支那南部。東條英機勃然大怒，他反問：“你的意思是我們應該去偷？”[142] 他對陸軍研發人員拿着充足的經費卻沒能發明出人造石油感到憤怒。他説：“我無法向天皇陛下彙報説：‘恐怕我們不得不淪為小偷’。”

在他狹窄的視野裏，東條沒能認識到，政治決定能夠威脅到日本與西方的外交關係。他最終還是放棄了自以為是的道義原則，同意向印度支那進發。雖然 6 月 26 日的聯絡會議也無果而終，但這場內訌開始對松岡產生不良影響，在會議結束時他一反常態，變得語無倫次，他表示自己“大體上”同意軍方的計劃，但“從根本上”並不認可。[143] 他提出第二天再做解釋。

新的一天，新的會議。在 6 月 27 日的會議上，松岡試圖收回自己對入侵印度支那的草率同意，他説他總體上理解進攻印度支那的戰略邏輯，但他覺得這犯了根本性政治錯誤，因為此舉將刺激同盟國進行報復。[144] 只有當納粹確立在歐洲的統治地位後（他認為很快就會實現），入侵印度支那南部才更加可行。對於杉山元此前表示的美蘇可能聯手對付日本的擔憂，松岡也不屑一顧，他説，美國向來恨透了蘇聯。

的確，蘇聯向來不是國際社會中受歡迎的成員。希特勒在歐洲發動的戰爭既是他的總體方案，也是被斯大林對波蘭、波羅的海和巴爾干地區的領土野心所驅使。芬蘭拒絕向蘇聯割讓領土並因此在 1939 年遭到蘇聯進攻時，西方輿論支持芬蘭，於是蘇聯成為唯一一個被國際聯盟開除的成員國。這些都是事實，但聯絡會議上沒有一個人指出，美國與英國一樣，相比蘇聯更憎恨納粹德國。

松岡在 6 月 28 日、30 日和 7 月 1 日的會議上繼續做着不懈努力。他一度威脅：“我對未來的預言向來靈驗，我預計南進將帶來巨大災難。”[145] 武藤章並不同意。松岡眼看爭論不出甚麼結果，於是退讓一步：“為何不推遲六個月？如果最高統帥部和首相本人都決心要不顧一切地這麼做，那我也不能反對他們的意見，我本人對此已經表示贊同。”[146]

松岡少有的示軟似乎動搖了一些人的決心。海軍大臣及川古志郎建議參謀總長杉山元將計劃推遲六個月。軍令部次長近藤信竹也小聲建議參謀次長塚田攻考慮推遲計劃。但塚田不會輕易被說服。他公開對上司杉山元進行勸阻，敦促他堅持原計劃。杉山元照做了，於是近衛對南進計劃表示贊同。大藏大臣和商工大臣本來能夠幫助領導人以更加實際的角度看問題，但他們6月30日開始才參加聯絡會議，一切都太遲了。

在7月2日的御前會議上，日本佔領印度支那南部（或者用東條英機的話說，成為竊賊）獲得正式批准。御前會議很少召開，通常預示着戰爭的開始和結束。與會人員包括主要內閣大臣、內閣書記官長、企劃院總裁、樞密院議長、參謀總長和次長、軍令部總長和次長以及陸軍省和海軍省的軍務局局長（陸軍軍務局局長因身體原因缺席7月2日的會議）。所有人都着正裝，不是軍服就是燕尾服。

裕仁天皇曾經說："御前會議真是個奇怪的會議……天皇沒有決定權，無法左右會議的氣氛（除了會議名稱）。"[147] 天皇會默默聽着決議的宣佈，樞密院議長代表天皇提出問題。天皇的許可只是一種形式，沒有憲法約束權。但天皇許可帶有不可爭辯的權威性，歷史上還沒有天皇許可被推翻的先例。得到皇家批准後，政策決定就有了神聖色彩，突然少了政治味道，似乎政治領導人都對新批准的政策不負擔任何個人責任。

7月2日的會議是日本襲擊美國前召開的四次御前會議中的第一次。[148] 會議在建於1889年的明治皇宮裏舉行，這座宮殿體現了東西方審美的結合，天花板掛着水晶大吊燈，牆壁用繡滿日本傳統花紋的紫色絲綢裝飾。長方形的會議桌上鋪着格子圖案的絲布。這些顏色組合營造出一種低調的奢華，我們常在最好的和服設計中看到這一點。

這次會議從上午10點開始，一直持續到正午。樞密院議長原嘉道質疑向印度支那南部進發的決定。這些官員必須在天皇面前證明他們對其決定深思熟慮過，這一會議不是審視和重新考慮的場合。在7月2日的會議上，原嘉道對佔領印度支那政策的通過感到害怕，該政策綱要說："大日本帝國不會逃避與英國和美國的戰爭。"這句話最早出現在 6 月初的軍方草案中，隨後在政策制定的不同階段，這句話一度被刪除，後來又被加上。這句話完全是說給松岡聽的，他曾說過："前去（佔領）泰國或印度支那需要有與英美決一死戰的決心，由於缺少這份決心，我不願進一步討論這個問題。"[149] 為了強行通過佔領計劃，其宣導者需要向松岡展現他們的決心。

"不會逃避"的決心並沒有經過軍方的深思熟慮。陸軍的田中新一和海軍的石川信吾等強硬派戰略家願意與松岡針鋒相對，軍方絕大多數人卻對南進提議的通過感到擔憂，多數海軍官兵一想到要獨自與英國和美國在海上開戰就不寒而慄。海軍次官澤本賴雄事後回憶道：[150]

> 我對此很震驚，並詢問了海軍大臣及川古志郎的意見。他說他也反對戰爭，但考慮到陸軍向來對北方的興趣……我們必須充分表達意見，以免機遇從（向來想要南進的）海軍手中溜走。我還詢問了商工大臣豐田貞次郎海軍大將的意見，他安慰我說："別擔心，及川大臣不想要（戰爭）。"

對於海軍領導層來說，推動南進提議的通過不但意味着與外務大臣針鋒相對，也意味着與陸軍的競爭。打着備戰的旗號，海軍就有可能獲得更多軍費預算份額。

在 7 月 2 日的御前會議上，70 多歲的樞密院議長原嘉道敏銳感受到好戰言論中輕率的一面，他向與會者拋出一系列關於與西方開戰決心的問題。他戴着眼鏡，留着鬍子，具有法律背景，他的保守主義和反共思想人所共知，因此他贊同松岡進攻蘇聯而非法屬印度支那的看法。現在他根據常識判斷來提出質疑，他對與會者說：[151]

> 我們必須謹慎出兵……讓印度支那聽從我們號令的方式就是展示力量。但動用力量則是另一回事……我們不想看起來像是"入侵"……

你們説不會逃避與英美的戰鬥……但你們如何將這一決心與（沒有為此做準備的）現實保持一致？我傾向於認為，如果我們進駐法屬印度支那（南部），英國和美國會做出回應……如果（新政策）促使兩國聯手（對付）日本該怎麼辦？我想得到明確答案。

東條承認，這的確是值得考慮的重大問題。松岡也支持這一觀點。但其他官員向原嘉道保證，佔領過程將以和平方式進行，不會使用武力。松岡並不相信，那天他一度退讓説，動用武力的可能性"也不是完全沒有"。但既然已經到了這一莊嚴肅穆的正式場合，即使松岡也不願該計劃白白流產。談判桌遠端的裕仁天皇默默地聆聽着。

日本領導層反復強調其挺進計劃的本質是和平、非脅迫的。前一年日本佔領印度支那半島北部時，儘管東京也承諾進行和平過渡，但魯莽的日本士兵主動向不願離開的法國部隊射擊。日本與法國當局達成協議前已有幾百人死亡。這一事件加深了日本在西方人眼裏的無賴印象，這也正是原嘉道擔心的地方。

每次原嘉道談到與英國和美國的戰爭問題時，他總是得到模棱兩可的答案。軍方領導人不願意在御前會議上深度討論這一問題。杉山元對絕大多數人的意見進行了總結，他説：

我們十分有必要執行這一計劃，以對付英美（經濟孤立日本的）陰謀。如果德國（統治歐洲的）計劃遭遇挫敗，當然可以預見，美國會（與日本）開戰。但德國現在勝利在望。（有這麼一個強大的盟友），我想美國人不會在印度支那問題上與我們為敵。當然我們必須以和平方式完成佔領。我們想一直推進到泰國，但那樣就與（英屬）馬來亞靠得太近，會惹來大麻煩，所以這一次我們就到法屬印度支那邊界為止……我們要小心謹慎地開展這一計劃。

原嘉道這下放心了。他說儘管該計劃措辭大膽，但日本應當避免與英國和美國的戰爭，只要在座所有人都清楚這一點，那就達成了"基本共識"。所有人都自欺欺人地認為，只要軍事佔領印度支那南部過程中不發生任何暴力衝突並限定在印度支那半島範圍內，世界就不會說三道四，更不會與日本開戰。

裕仁天皇對佔領印度支那感到不安。他在 6 月 25 日拿到這份計劃時表示："鑒於國際法準則，這一計劃讓我疑惑。"[152] 但由於其他人的自信（並為了打壓天皇並不信任的松岡），裕仁心中的疑慮沒有大到想要阻止該計劃的程度。近衛首相則保持緘默。最後天皇召喚官員時，大家都不知道他去哪兒了。

7 月 2 日的御前會議決議是理查·佐爾格的轉捩點。儘管松岡的再三保證讓德國駐日使館相信，日本將參加對蘇戰爭，但佐爾格仍然表示懷疑。他後來回憶說：[153]

> 對於日本局勢，尾崎秀實在御前會議前觀察到，近衛首相和他的文職內閣成員不想與蘇聯開戰，海軍也不想發生戰爭。陸軍內部有強烈的參戰意願，但他們更傾向於暫時觀察形勢……只有外相松岡贊成日本撕毀他締結的《蘇日中立條約》。

松岡親自告知奧特大使御前會議的決定，這也是佐爾格獲得消息的來源。佐爾格注意到：[154]

> 松岡外相的信息包含御前會議決議的兩個要點，分別是：（1）在北方，日本將增加軍力，為進攻蘇聯做好一切準備。（2）在南方，日本將主動向前推進……奧特大使將理解的重心放在第一點，因此他認為日本將向北增加部隊……他認為這一調動意味着日本與蘇聯戰爭的開始。

尾崎"則把重心放在第二點"，他認為日本只會進攻法屬印度支那。佐爾格知道自己該相信誰，於是向莫斯科彙報說：[155]

> 各方在御前會議上決定，日本軍事入侵西貢（印度支那南部）的計劃不變。另外，只有紅軍被摧毀時，日本才會考慮軍事入侵蘇聯。

蘇聯紅軍總參謀部認真考慮了佐爾格的情報，並認可他的結論。但也不能保證日本不會改變主意，日本似乎是德國的堅定盟友。這種懷疑讓蘇聯與美國更加靠近。

御前會議結束幾天後，海軍大臣和軍令部總長將艦隊指揮官召集至東京。他們被告知日本的決定，包括不畏懼戰爭的決定，這些指揮官驚呆了。"我們真的為一場空中戰爭做好準備了嗎？"[156] 山本五十六問道。他比任何人都清楚問題的答案。第二艦隊指揮官古賀峰一大發雷霆，他說："你怎麼能不跟我們商量就同意這一重大決定？萬一戰爭真打起來怎麼辦？你不能只對我們說，'好吧，你們上陣打仗吧'，我們贏不了！"

支持進駐印度支那南部的軍令部總長永野修身表現得事不關己，他回應說："我能怎麼說？這是政府的決定。"

第七章　危機悄然臨近的七月

7月2日，日本通過了佔領印度支那南部的決議，這一過程的迅速和樂觀程度說明，大多數日本領導人沒有意識到危機正在逼近。近衛文麿的內閣書記官長在新聞發佈會上向全國宣佈："鑒於當前形勢，政府近來作出一項重大政策決定。"[157] 向日本駐華盛頓使館發送的供內部傳閱的佔領計劃已被美國在一週之內破解。羅斯福對日本不願進攻美國的新夥伴蘇聯感到寬慰，卻對日本願意冒着與英美開戰的風險向南挺近感到震驚。他7月1日對內政部長哈樂德・伊克斯（Harold Ickes）說，控制大西洋局勢對我們維持太平洋和平至關重要，"我沒有足夠的海軍力量來兩邊周旋 —— 太平洋上每出現一點狀況就意味着大西洋上少了幾艘軍艦"。[158]

日本領導人喜歡激進言論，似乎認為與美國搞外交都是次要的。7月10日，在收到美國對"松岡計劃"的回覆近三週後，近衛主持召開聯絡會議，商討日本的對美政策。所有人都覺得美國回覆日本的內容和語氣都強硬得有些離譜，美方提出的新要求顯得盛氣凌人，這觸碰到該國根深蒂固的敏感神經，日本向來因為自己起步較晚又不是傳統意義上的白人而感到自卑。松岡洋右認為，華盛頓的回應是一種挑釁，其對外政策近乎是一種種族主義。

可以想像，松岡對赫爾要求撤換他感到焦慮。他說：[159]

> 赫爾的聲明欺人太甚。野村吉三郎作為我的心腹竟敢將這一聲明傳給我。干涉他國內政，比方説要求重組內閣，這令人大跌眼鏡，尤其是竟敢這樣對待像日本這樣的世界大國。

松岡再三強調他對赫爾和野村的不滿，以及對美國整個交涉"方式"的不滿。他對所有相關者感到惱火——尤其是幾米開外默默坐着的近衛。

松岡在兩天後召開的聯絡會議上仍然宣泄着憤怒之情。他說："赫爾的口頭聲明應該一接到就立即扔回去。其內容太令人震驚了……這更加確定美國看不起日本，把日本當附庸國或其領土的一部分……只要我還是外務大臣就不能接受這一聲明。"[160] 他提議中止與美國的談判，這讓最保守、最反美的與會者都感到意外。

沉默了一會兒後，杉山元說話了，這位參謀總長客氣地表示："雖然我與外務大臣感同身受"，但軍方當前在南北面臨重大時刻，再經不起與美國為敵了。拋開個人感受，"談論與美國完全斷交並不合適，我們應當為談判留有餘地"。

內務大臣平沼騏一郎在杉山元之後開始發言。73 歲的平沼身材消瘦，戴着眼鏡，表情冷漠，儒雅且自信，這些特徵有點像伍德羅·威爾遜。他是一位沙文主義者，強調亞洲至上，認為日本注定要帶領亞洲走向一個更美好、更公平的世界。1939 年他曾短暫擔任過內閣總理大臣，他贊同近衛的一些右翼觀點。但他並不像近衛那樣欣賞法西斯主義，認為國家社會主義及其他形式的法西斯主義都是共產主義的變種。他反對近衛的法西斯政治傾向，包括 1940 年成立的"大政翼贊會"。

這一天，平沼不同尋常的健談說明他對與西方對抗的前景深感憂慮。他說：

> 當前，大日本帝國必須不惜一切代價避免與美國開戰，這是最重要的事……（如果爆發戰爭）戰事可能會持續 50 年甚至上百年。外務大臣也再三提及"八紘一宇"所代表的大日本精神。⑨ 根據這一精神，

---

⑨ 編註："八紘一宇"是大日本帝國時期的國家格言，曾作為建設東亞共榮圈的口號而在日本家喻戶曉。意為天下一家、世界大同。

我們最好避免戰爭。日本既不是極權主義國家，也不是自由主義國家。
但只要我們堅持理念，我們就能消滅這個世界上的一切戰爭。美國也
許不能理解，但避免戰爭是日本應當遵循的路線。所以我們的任務是
引導美國說明我們實現這一目標……外務大臣認為美國將不可避免
地挑起戰爭，如果真是這樣，那我也沒必要與你爭辯。就算外務大臣
堅持認為羅斯福在引領自己的人民朝戰爭方向走，而他的人民跟隨着
他，但這些人中也有反對戰爭的……正如外務大臣所說，抨擊一下（赫
爾的口頭聲明）也沒甚麼。但即使希望渺茫，我們也不能試一試（尋求
和平解決方案）嗎？

　　平沼誠摯的懇請讓松岡別無選擇，只好表示只要美國收回對他的批評，
他願意繼續談判。東條英機說："即使沒有希望，我們也應將和平堅持到底。
我知道這有多困難……但只要我們真誠交流，傳達我們日本人的看法，他們
一定能體會到我們的感受。"及川古志郎說："海軍內部認為，國務卿赫爾希
望避免太平洋戰爭。日本也不希望在太平洋開戰，所以這不正好有（達成和
平的）希望嗎？"

　　現在這些軍方領導人似乎又反對御前會議剛剛通過的不畏懼與英美開
戰的決定。顯然，這些人沒有開戰的決心，松岡也不例外，儘管這看起來很
荒誕。松岡只想通過威脅中止美日和談來展現強硬和決心，希望藉此恢復他
的威望，但他打錯算盤了。他對東條及其他軍官說："你們軍人怎麼這麼窩
囊？"[161] 據說，松岡甚至因為軍方對美國的妥協態度而罵他們是"傻瓜"。
他說，穿軍裝的人不懂外交，因此不要多管閒事，安守軍人本分管好作戰就
行。松岡的這番言論勢必激怒了軍方，引來他們的反感。

　　與自相矛盾相伴的是諷刺。沒有人意識到，日本決定進駐印度支那南部
後，其實距離與美國斷交已經更近了一步。當然，松岡看到了這層風險，他
比其他人都更了解美國，所以威脅要徹底拋棄和談。就連領導層中最保守的
平沼騏一郎和東條英機都忍不住敦促他不要魯莽。

的確，松岡此前強調過，日本有動用武力保衛東南亞利益的權利，他從歐洲回來後也呼籲立即進攻新加坡，協助德國的戰爭發展。其他領導人似乎很難理解，此前支持、現在又反對南進的兩種態度在松岡洋右心中其實有明顯區別。他認為日本進攻新加坡將是迅速而有針對性的威懾，但進駐印度支那將招致更大規模的戰爭。但矛盾的是，為了能夠打贏更大規模的戰爭，日本需要冒這個險。

在接下來的討論中，日本領導層繼續暴露着自己對外部世界的膚淺認識，他們討論的焦點是給美國答覆的時機，而不是內容。杉山元建議，日本應該推遲答覆，一直到軍事佔領印度支那南部完成後。日本將在兩天後的 7 月 14 日與維琪法國展開談判。[⑩] 杉山元説，給美國支持和介入法屬印度支那的機會將是一個錯誤，如果進駐進展順利，美國即使不喜歡日本的舉動，但也不會為了距離美國本土如此遙遠的"和平"過渡而大動干戈。當然，杉山元並不知道美國已經破譯了日本的計劃。

日本領導人目光短視，充滿一廂情願的想法，他們總是提到日本的崇高道德典範、日本精神的優越性、日本將亞洲從西方殖民者手中解放出來的偉大任務，希望以和平方式解決日本外交和經濟困局。在他們的想法裏，這些目標並不矛盾——只要目標保持抽象就行。這形成了一種錯覺，即日本領導層在意識形態上是一致的。

聯絡會議漸近結束時，永野修身對外務大臣説："松岡，如果你説不論我們怎麼回覆，美國人都不會改變他們的態度，那為甚麼不按你説的做呢？"他指的是松岡應該拒絕這一提議，拒絕赫爾的口頭聲明，並以此斷絕與美國的關係？還是日本不用等待佔領印度支那就給美國答覆？永野沒有説清楚。不論他的真實意圖是甚麼，他這一問招來了海軍省岡敬純的不滿。對於這位海軍首領剛剛的言論，岡敬純説："我知道不論希望多麼渺茫，我

---

⑩ 編註：維琪法國是是第二次世界大戰期間納粹德國佔領下的法國傀儡政府。

們都應該進一步努力。但是閣下，您現在是說，我們應該放棄所有努力。"永野於是承認，他的意見應當被忽視，他對這一重大問題的理解是錯誤的。

7月12日緊繃的聯絡會議在這種奇怪的不安氣氛中結束，唯一取得的共識是，日本佔領印度支那南部前不應給美國任何答覆。近衛繼續沉默地坐在一旁。

7月14日，儘管身體不適，但松岡還是起草了日本給美國的第二份答覆。基於軍方和政府的共識，答覆內容與7月12日討論的計劃沒甚麼改變。這份答覆聲稱，在日本、德國、意大利和蘇聯的聯盟瓦解後，日本不會示弱，日本不會拋棄《三國同盟條約》，美國要敦促蔣介石與日本和解，並且不能介入日中談判。

松岡想先拒絕接受赫爾的口頭聲明（用冗長篇幅指責赫爾的行為），幾天後再將日本對美國的完整答覆交給美國。近衛及其他人覺得，單單駁回口頭聲明太過挑釁，可能會導致兩國"非正式交流"的中斷，他們想將抗議和答覆同時送達。松岡還是將對赫爾的抗議發送給了野村吉三郎，但沒有那麼長篇大論的批評。7月15日，松岡又把答覆美國的草案發給德國批准。近衛氣得發狂，他終於做出了迅速決斷。他要結束松岡的個人表演。

7月16日，近衛重新擔任日本首相以及松岡開始擔任外相快要滿一年之際，第二次近衛內閣集體辭職。松岡並不願意辭職，而一個遭遇政治失敗的大臣（就像松岡7月2日所經歷的）通常想要辭職。根據《明治憲法》，近衛不能開除大臣，因此只能通過這一迂迴方式除掉松岡。由於身體原因，松岡沒有參加做出辭職決定的緊急內閣會議。近衛立即重新組閣，除了更換外務大臣外，其他人的職位不變。新內閣從7月18日起正式取代舊內閣。

許多人來探望這位聲名在外的國民英雄，雖然身體虛弱，但他還是象徵性地最後一次前往他的辦公室。有記者讓他評價此刻的心態，松岡創作了一首自我貶低的俳句，提到他標誌性的光頭。他一邊吸着煙斗，一邊咳嗽，他說："下雨天趕路的禿子摔倒在路旁。"

日本民眾不知道松岡被解職的具體原因，他們感到很困惑。松岡外交生涯中展現出來的自信和能幹讓許多民眾為之欽佩。他是一位公共關係領域的天才，天生就知道在公眾眼裏應當說甚麼和做甚麼，所以日本人民愛戴他。可以理解的是，一些人錯誤地猜測，松岡被撤掉說明日本與蘇聯即將開戰。小說家野上彌生子在她的日記中猜測，近衛很可能想要立即進攻蘇聯，但松岡無法接受，因為"松岡先生與斯大林那麼親密"。[162] 永井荷風則一如既往更具有洞察力，他的觀察是，這一變化是政府內部權力爭鬥的結果，不代表外交政策會有重大轉變。他在 7 月 18 日的日記中寫道："內閣重組感覺像一個圈套。"[163]

對於 7 月這樣的月份來說，7 月 18 日這一天太不尋常：氣溫過低，風太大了。永井看到田野裏的葉子被耙成堆在燃燒，他恍惚覺得已然是深秋了。他的思緒飄向一戰，他正在讀一本萊昂·布盧瓦（Leon Bloy）的戰爭日記《卑微者之門》（*The Gate of the Humble*）。他說，不用為家人和朋友的安危牽掛是多麼幸運啊。"儘管大米口感奇差，白糖也不足，但我們能靠這些活着。畢竟這比無緣無故被關監牢強。"在當前政治氣氛中，每天都有無罪的人被投入監獄。永井在日記中提到他越來越不自由了，但他決心要捍衛這最後一點自由。

松岡下台後不久，西園寺公一看望了他。這位曾經不可一世的外務大臣徹底成了泄了氣的皮球。可能由於他幼年患上的肺結核病復發，他從歐洲回來後體重減輕了近 30 磅。他的住所過去總是充滿各種諂媚者和政治掮客，現在卻突然冷清了，房子本身還曾經住過一位貴族。在差不多兩小時的會面中，西園寺公一用威士卡安慰着他。僅僅擔任外相 12 個月，松岡卻讓日本陷入與美國的危機中，而他顯然知道如何避免這場危機。由於推行邊緣政策，他對日本國際地位造成的損害比其他人更深。

走了一位性格古怪、脾氣暴躁的松岡洋右，來了一位海軍大將豐田貞次郎，但這位在牛津留過學的海軍軍官不是幹外交的料。雖然他的自信近乎自命不凡，但缺少外交經驗。他的確在軍方有一定的人脈，包括海軍老兵野村大使。他在第二次近衛內閣中擔任商工大臣，這讓他深知日本物質匱乏的劣勢，他本可以讓其他人相信，在太平洋開戰是不明智的。然而從豐田的過往表現來看，相比在日本政壇的未來發展，他對保住自己的地位更感興趣。1940 年秋，作為海軍次官的豐田積極推動《三國同盟條約》的簽署，主要原因是海軍將能獲得更多經費。

在華盛頓的野村感到樂觀。但他高估了近衛的政治意願，本以為松岡的離開將為外交政策的轉變鋪路，認為日本會退出軸心國聯盟，暫緩入侵印度支那南部。美國也感到樂觀。德國進攻蘇聯那天，《紐約時報》報道，"華盛頓高層希望，德蘇戰爭可能將導致日本出台新政策。他們希望日本不但將在近期與軸心國決裂，還將掉轉矛頭反對德國的戰爭。"這種希望很快破滅。到 7 月 18 日，美國已經成功推測出日本政策不會發生改變。而日本領導人似乎認為，單靠重組內閣就足以恢復日本在美國眼裏的可信度。日本新外相已經在脅迫維琪法國政府交出對印度支那南部的控制權。法國拒絕後，豐田威脅說，日本樂意動用武力來達到目的。法國最終在 7 月 22 日妥協，接受日本的"和平"佔領。這讓日本獲得了該地區的八個空軍基地和兩個海軍港口。

羅斯福政府很快獲知日本與法國的協定（再次感謝密碼破譯人員），代理國務卿（赫爾生病了）薩姆納・威爾斯（Sumner Welles）7 月 23 日向野村轉達了美日談判終結的決定。兩天後，美國凍結了日本在美國的資產，荷屬東印度、英國、加拿大、新西蘭和菲律賓也紛紛效仿。美國隨後建立了由道格拉斯・麥克亞瑟（Douglas MacArthur）指揮的遠東陸軍，以保衛菲律賓。還有人提議實行石油禁運。英國對新加坡岌岌可危的地位感到擔憂。英國大使羅伯特・克雷吉（Robert Craigie）在日本正式宣佈佔領印度支那南部前拜訪了豐田，他以反常的激動語氣對日本的佔領計劃大加反對，他說："你們總說我們在緬甸、馬來亞、中國等地方包圍日本。這根本不是事實！如果你們繼續這一佔領，我們則必須拿出對付你們的新方法。"[164]

日本雖然大感意外，但仍然保持自欺欺人的態度。在 7 月 24 日的聯絡會議（在皇宮而非首相官邸舉行，大概為了更加私密），豐田表示，如果美國實施全面石油禁運，這將是個"大麻煩"。[165] 陸軍參謀本部的會議記錄上寫道，野村在報告中"歇斯底里地"警告美國會報復，豐田的擔憂是對這些報告的過度反應。第二天的會議記錄的主旨依舊："我們確信只要軍事佔領法屬印度支那後不採取新的舉動，他們就不會實施（石油）禁運。"[166]

軍務局第一課課長高田利種與石川信吾一樣，在起草向南擴張的計劃中扮演了重要角色，他多年後回顧當時的形勢説：[167]

> 我們一點也沒有意識到美國會對我們進駐印度支那南部如此生氣。我們本以為擴張到印度支那南部不會有甚麼麻煩。這純屬無稽之談……我沒有聽取任何人的意見，比如外務省的意見。不知為甚麼，我們就是確信這一點……實在是無法原諒。

反復提醒日本政府警惕美國反應的野村現在必須將損害降到最低程度。7 月 24 日，羅斯福凍結日本資產的這一天，野村下午 5 點在橢圓形辦公室見到了這位美國總統。海軍上將哈樂德・斯塔克（Harold Stark）和副國務卿威爾斯也在場。威爾斯做了會議記錄。羅斯福對焦慮的日本大使説，美國政府猜測，日本的南進政策是希特勒主導的。這不是他第一次這麼説，野村對此堅決否認。羅斯福暗示，如果日本試圖用武力攫取荷屬東印度的石油，美國將進一步制裁，甚至發動戰爭。

野村回應説，他本人也反對日本最近在印度支那的行動。羅斯福提到，他很高興得知豐田曾是野村在海軍的老朋友。這也許讓羅斯福看到希望，也許日本向南擴張的計劃會被取消。據威爾斯的記錄，羅斯福做出了一項大膽提議：[168]

> 如果日本政府放棄軍事佔領印度支那，或者在佔領步驟已經實施

的前提下，日本政府如果願意撤軍，美國總統將向日本政府保證，他
將盡一切可能讓中國、英國、荷蘭和美國政府聯合發佈一項鄭重聲明，
宣佈印度支那成為像瑞士那樣的中立國，日本也要做出相同的承諾。

這是美國做出的最大讓步。凸顯了法屬印度支那的戰略重要性，該地區
能向美國提供錫、橡膠及其他重要原材料。另外，羅斯福想盡一切可能讓日
本與希特勒政權劃清界限。由於羅斯福的首要任務是向英國（現在又加上蘇
聯）提供最大幫助，他必須確保太平洋的和平，所以這需要一些變通。值得
注意的是，羅斯福很顯然沒有將日本在印度支那的行動與對華戰爭這一更大
的問題聯繫起來。這也說明羅斯福渴望他的提議能對日本具有吸引力。

這一提議打動了野村，在威爾斯眼裏，野村似乎並不看好該提議能夠獲
得通過。野村暗示，只有強勢的領導人才能扭轉日本對印度支那的政策。羅
斯福說，美國認為日本很顯然受到來自納粹政權的壓力，他很擔心日本政府
看不到希特勒一心要吞併世界的野心。但野村否認日本的執迷不悟是受德國
影響，他表示將立即將總統的提議傳達給日本政府。

美國駐日本大使約瑟夫・格魯儘管 60 歲了，但他仍然精神抖擻。1932
年來到東京前，他分別擔任過美國駐丹麥、瑞士和土耳其大使。他在日本的
職位對他意義重大，因為他娶了馬休・佩里（Matthew Perry）的姪孫女，佩
里正是當年強迫德川幕府結束閉關鎖國政策的美國海軍準將。已經在日本生
活八年的格魯對該國產生了特殊情感，他也是東京上流社會的常客。

格魯來自波士頓名門世家，擁有良好的社會關係。他與羅斯福和威爾斯
一樣都畢業於格羅頓中學，然後去哈佛深造。他們都彼此了解，格魯立即理
解總統提議讓法屬印度支那中立的意義。他樂觀地認為，這將帶來某種突破。

羅斯福與野村會面的兩天後，格魯收到相關報告。他立即在 7 月 27 日
上午拜訪了豐田，"以便不要遺漏任何可能促成日本接受美國總統提議的因
素"。[169] 美國大使積極主動，他敏銳地意識到速度很重要，確信雙方都不想

開戰。考慮到這一提議的實質，他相信日本領導人一看到其內容就會長出一口氣。他對此堅信不疑。

令格魯意外的是，日本外相絲毫不知道這位美國大使在說甚麼。豐田專門離開房間去核查是否從野村處收到這一信息。答案是沒有。有可能外務省親軸心國的成員故意扣下了這一信息，抑或是因為辦事不力。野村已向東京彙報過兩次他與羅斯福的會面：在 7 月 24 日當天以及 7 月 27 日。

格魯自然很震驚。沒有想到他反而需要向豐田解釋羅斯福提議的要點。豐田的第一反應至多只能用不熱情來形容。他說，很遺憾總統的建議來得太晚了，民意已經因為美國凍結日本資產而變得充滿敵意。他不認為日本政府會轉變自己的路線。

豐田對格魯說的話只對了一半。的確，日本媒體已經開始使用"ABCD包圍圈"這樣的詞語 —— 這些字母分別代表美國、英國、中國和荷蘭，並聳人聽聞地描述日本的經濟困境，不斷提高調門。在非民主社會，這種迎合當局、危言聳聽式的報道並不稀奇。但令人有點意外的是，在羅斯福的提議面前，豐田竟然不去研究讓印度支那中立的意義。但不管怎樣，他還是表示將把提議拿去與其他領導人進行討論，最終結果會通知美方。

格魯清楚，羅斯福做出的這種讓步對美國來說並不容易。他試圖讓豐田相信，扭轉日本政策將意味着更美好的未來。格魯私下以非官方的身份甚至暗示，倘若日本同意總統的提議，日本資產會獲得解凍。他對豐田說，他"完全理解'顏面'問題勢必會成為一種阻礙"。但他表示：[170]

> 豐田眼下面對着一個不受周遭因素影響的機會，他可以發揮高超的領導才能，做出正確選擇，該決定不但能讓他從當前緊張的局勢中鬆一口氣……還可能會讓他成為日本歷史上最偉大的政治家之一。

格魯對這位外務大臣的判斷失誤了。這種恭維或許對松岡有用，但豐田喜歡在他熟知的世界裏打安全牌。格魯還嚴重低估了日本錯綜複雜的領導關係所帶來的障礙。至少從現存的記錄來看，羅斯福的提議甚至從未拿到聯絡會議上討論。似乎近衛決定將這一異常敏感的提議限制在政府最高層內部流通。[171]

近衛後來宣稱，他不同意羅斯福的提議是因為時機不對，他無端批評野村沒有儘早及時彙報。如果非要說野村有甚麼失誤的話，那就是他沒能足夠強調該提議的重要性。從美方角度來看，野村在一開始也沒能強調赫爾"四項原則"的重要性。野村應該在美日談判伊始就對國內說清楚，如果日本政府對通過外交途徑解決日美問題懷有一絲誠意的話，日本就應該認真對待赫爾提出的這幾點原則。歷史學家認為，野村是談判的好手，卻是糟糕的傳話者。也許真是這樣吧。但人們也必須考慮到，當時通信手段（主要靠電報）的特點決定，迅速而有效地交流很困難。

近衛表示，收到羅斯福提議後，他已盡力尋找同意該提議的方法。他說自己考慮過"100 種不同的方向"。[172] 但關於這些努力的記錄已經不存在了。近衛肯定與外務大臣豐田、海軍大臣及川和陸軍大臣東條會晤過。不難想像，一開始反對"竊取"印度支那南部的東條依照自己的原則拒絕改變南進政策：因為進駐印度支那南部經過了天皇批准，是神聖而不可違背的。

羅斯福的建議來得確實有一點晚，但近衛也並不急於抓住機遇。近衛內閣沒有一位大臣能夠挺身而出，像格魯希望的那樣不受顏面問題和內部爭鬥的影響，強行解除阻擋兩國關係的障礙。

日本領導人坐視外交危機升級。與此同時，日本民眾對此卻毫不知情。在席捲全國的募捐宣傳活動中，人們被逼着購買國家人壽保險。到 7 月中旬，據稱 5,000 萬份保險已經賣出（日本人口大約 7,300 萬），籌集到 100 億日元（幾乎是該國 1941 年國內生產總值的 40%）。這筆錢大部分被用來購買政府債券，以資助日本在中國的戰爭。日本人其實並不知道，他們用血汗錢真心支持的政府卻把他們的生命看得如此廉價，甚至一文不值。

7 月 28 日，日本正式進駐印度支那南部，新加坡也處於日本的威脅範圍。不費吹灰之力的佔領讓一些軍人開始口出狂言，儘管他們此前宣稱，自己並不覬覦印度支那半島以外的地區。在 7 月最後一天，永野修身前往皇宮覲見裕仁天皇，他手裏拿着新的作戰計劃。這位軍令部總長對裕仁說，我們應當避免與美國開戰，他強烈反對《三國同盟條約》，認為該條約妨礙了日本與美國的外交關係。但他沒有建議日本撕毀《三國同盟條約》（也許他認為這是與他本人或最高統帥部無關的政治決定）。相反，永野警告說："如果我們的石油供應被切斷，我們兩年就能用完存量。如果戰爭爆發，我們將在 18 個月內用盡存量。"[173] 為了在有限時間內使日本的存活機會最大化，永野的結論竟然是，日本"別無選擇，只能進攻"。

"我們能打一場大勝仗嗎？就像我們在日本海（對俄國）的勝利？"裕仁問道。

永野回答說："我連獲勝都不能肯定，更別提在日本海取得的那種巨大勝利。"

裕仁驚呼："那將是多麼不計後果的戰爭啊！"

第八章 "朱諾見"

石井花子長着一雙又大又亮的眼睛和圓圓的臉蛋，在認識理查·佐爾格的 5 年裏，她從未見到她的男人這樣消沉。[174] 6 月末的一天晚上，花子走進他的書房（一間簡樸而舒適的房間，窗戶上暗紅色的窗簾將房間與外界隔開），看到他躺在長沙發上一動不動，一隻手搭在額頭上。花子坐到他身邊，驚訝地發現他的眼角掛着淚水。佐爾格將頭埋在花子的大腿上失控地哭起來。"你，你怎麼哭了？"花子問道。她抱着他，輕拍他的背，不知道還能怎樣安慰他。

花子身材嬌小，看起來比她 29 歲的實際年齡要小很多。雖然算不上絕代佳人，但她卻具有孩童般的無邪之美。就算濃妝豔抹，她也掩蓋不住自己的天真氣質。高大、藍眼睛的佐爾格比她大 15 歲，但他歷經滄桑的臉上佈滿皺紋，讓兩人的年齡差距更加明顯。佐爾格為德國入侵蘇聯的消息而痛哭。

佐爾格在銀座"金色萊茵"酒館認識了在那裏工作的花子。他們從 1936 年夏天開始就在一起了，但兩人分開住。花子知道佐爾格很累，她覺得這種累不是一般意義上的累。佐爾格失控的這一天在花子的記憶中停留了很久。

佐爾格的雙重身份讓他精疲力盡。作為德國人，他為蘇聯提供情報的出發點越來越站不住腳。他全身心投入的共產主義理想本應跨越"微不足道的"國家界限，但隨着他為蘇聯提供情報的深入，他越發覺得自己正是為這些他所鄙夷的界限區別所困。佐爾格相信的共產主義意識形態更接近於"共產國際"或理想的馬克思主義，這在斯大林蘇維埃化（或俄羅斯化）的莫斯科越來越顯得格格不入。佐爾格幾乎所有理想化、信奉列寧主義信條的密友都在過去幾年遭到斯大林的清洗。他對東京的同事布蘭科·德武凱利奇（Branko de Vukelic）説，他確信如果被召回莫斯科，自己將有去無回。

佐爾格開始酗酒。花子常常在佐爾格的書房裏一邊讀書，一邊耐心等待她的愛人回來，佐爾格總是很晚喝醉了才回家。德國對蘇聯開火的這一天，德國使館的一名工作人員看見佐爾格在帝國酒店裏喝得醉醺醺的。[175] 佐爾格想要吸引法國人、英國人、美國人及酒吧其他人的注意，但沒有人對這個東拉西扯的醉鬼感興趣。他用英語呼喊着，希特勒這個雜種違背了與斯大林的互不侵犯條約。這名德國使館的工作人員很有同情心，他在樓上幫佐爾格訂了間房間，並塞給他足夠過夜的錢。佐爾格沒被告發，這很走運。

納粹入侵蘇聯後，正如佐爾格和尾崎秀實猜到的那樣，日本將所有北進計劃無限期推遲了，而將南方視為其戰略重點。但一些觀察家對此仍有懷疑，因為日本皇家決議中有個附加條件："如果德蘇戰爭帶來的局勢變化給日本帝國創造了有利條件，我們將動用武力解決北方問題……秘密為對蘇戰爭做準備。"[176] 但這其實只是為陸軍挽回顏面的條款，陸軍對海軍吹噓與英美開戰而感到不快。

為了與海軍步調一致，也為了全面備戰，7 月 7 日陸軍開始進行重大軍事調動，準備在 8 月中旬將 85 萬士兵和大量裝備運往中國北方。日本陸軍夢寐以求的局面是蘇聯將部隊從遠東調往歐洲前線，這樣對日本的防備將減弱。陸軍的新計劃被稱為"特別展示"，但單從其規模看，這更像是一種戰前軍事部署。尾崎後來回憶到，這一變化讓他再次懷疑日本與蘇聯的戰爭還是要打。德國希望如此。當然斯大林一想到兩面夾攻的前景就驚恐萬分。隨着德國長驅直入，快要接近莫斯科時，蘇聯方面迫切想要知道日本的計劃。佐爾格和尾崎將會很忙碌。

由於陸軍的最新政策，1938 年 3 月從中國前線回到日本的大兵潮津在 7 月中旬又被派往中國增援，他現在已經 35 歲了。他聽到的解釋是，這次徵兵只是臨時性的（意思是即使已經服役多年回到老家的人也會再次入伍）。1937 年夏，潮津第一次派往中國前，國家為他們舉行了大型送別會，而這一次沒有甚麼慶祝活動。一想到再次離開家他就感到萬念俱灰，但他知道自己只能將店舖關門，與親友道別，去軍隊報到。他倒希望自己體檢不合格，但他出色地通過各項考核,很快在"滿洲"開始第二次毫無道理的服役。

由於東京對印度支那中立提議沒有作出回覆,美國從 8 月 1 日開始對日本實施石油禁運。嚴格意義上講,這還不能算是美國國會討論的"完全"禁運,而是與日本的石油貿易將需要更加嚴格的許可限制,但日本還是能夠購買不能用於飛機使用的低規格石油。像主管經濟事務的助理國務卿迪恩・艾奇遜(Dean Acheson)和財長小亨利・摩根索(Henry Morgenthau Jr.)這樣的鷹派人士充分利用許可程序的煩瑣,國務院、財政部和司法部通過合作,確保了與日本的石油交易無法達成。7 月底美國凍結日本財產時赫爾還在生病,他在 9 月初才完全了解到石油禁運的舉措。

在日本與美國的危機陡然加劇之際,近衛文麿的缺點更加凸顯。他有了更多不作為的藉口,尤其在他感到走投無路時。他現在受到資深外交官有田八郎的逼迫,有田曾在四個不同內閣擔任外相,包括第一次近衛內閣。他 8 月 1 日致信說,近衛不應該在日本與美國談判之際允許日軍對印度支那南部的佔領。有田很少對英美強國妥協,所以這是很嚴重的責備。

石油禁運開始後的 8 月 3 日,近衛答覆有田說:[177]

> 認為(佔領)法屬印度支那不會招致嚴重後果的想法是一個錯誤……(但除掉松岡洋右後的)新內閣組建時,(開往印度支那的)海軍艦船已經抵達海南島,這就好像是射出去的箭,沒有辦法讓它停下來。

他說,他所能做的只有"祈求奇跡和天神干預"。

此時扭轉日本的南進計劃真的太遲了嗎?從一般意義上講,阻礙撤銷戰爭決定(尤其是一場注定會輸的戰爭)的最大因素,就是為已經造成的傷亡和損失找個正當理由。例如,2006 年 6 月美國參議院就是否從伊拉克撤軍分歧嚴重,民主黨認為,這場戰爭已給美國造成巨大損失。但共和黨政府認為，任何形式的撤軍都相當於承認失敗，共和黨強調，擁有"信念的勇氣"繼續戰鬥至關重要，這樣"那2,500多名陣亡將士的血才不會白流"。[178]同樣的邏輯在20世紀30年代末建議日本從中國撤軍時也不絕於耳。

然而到8月初，從印度支那撤軍仍然是可能的，因為進駐印度支那南部時沒有發生流血衝突，與前一年佔領印度支那北部不同，南部的佔領過程沒有受到當地抵抗。既然日軍進入印度支那表面上是為了恢復這一地區的和平與秩序，那麼日本政府本可以宣佈撤軍，因為其確保沒有大國勢力（包括法國）可以染指中立印度支那的目標已經實現。近衛內閣本可以將幫助亞洲國家"去殖民化"作為一種政治勝利。但近衛可沒有這麼偉大。

由於日本領導人沒能抓住接受美國提議的機會，8月1日開始實施的石油禁運成為美日關係的轉捩點。現在，日本認為自己"和平"佔領卻受到如此嚴懲太不公平，感到既驚訝又憤怒，一些人真正開始考慮與美國打一仗。陸軍省軍務局工作的石井秋穗回憶道："'戰爭'這個詞出現在7月2日的政策文件中主要是為了提高士氣。"但僅僅一個月後，他說："這個詞（戰爭）成為一個現實問題，我們感到必須要作出非黑即白的選擇。"[179]

美國石油禁運的消息讓民眾看到，日美兩國的關係在迅速惡化。媒體繼續用"ABCD包圍圈"這樣的描述，不斷宣稱最大的惡霸美國決心要孤立日本。為了讓日本打造"東亞共榮圈"合理化，《讀賣新聞》8月中旬刊登了一系列介紹東南亞文化的文章，主要從殖民地歷史角度加以探討。

一位分析人士讀道："近來，日本被所謂ABCD陣營包圍的趨勢日益明顯。"

太平洋的和平再次被（西方）經濟壓迫、敲詐和惡意宣傳所威脅。這些無端的威懾手段不斷阻礙我們打造"大東亞共榮圈"的豐功偉績，還顯露出（西方的）極端貪婪。所有（西方在太平洋的）軍事基地形成一個馬蹄形，從緬甸到新加坡、荷屬東印度、菲律賓羣島、澳大利亞、薩摩亞、夏威夷和關島，都在東亞國家的勢力範圍。但這些地方都遭到白人蹂躪……我們現在必須正視五個世紀以來的白人入侵，勇於面對現實。

這種論調和分析人士的偏見比比皆是。馬來人和印尼人被描述為勤奮、乾淨、富有同情心和敏感。"他們同我們日本人非常像,但他們缺少經濟頭腦和政治抱負,經濟上被外來的中國人控制,政治上又無法擺脫英國和荷蘭的鐐銬。"菲律賓人由於吸收了西方(尤其是美國)文化,所以遭到貶低:

> 這個島上 88% 的居民是混種,是當地人與西班牙人或美國人的結合,他們信奉基督教。他們是一羣自負、美國化的人,就會跳舞和爵士樂。他們有一點白人血統就如此驕傲,認為自己比日本人地位高。但事實上,他們沒有自己的文化,他們一切照搬美國。

這些媒體報道並沒有將美國所謂的不公正對待日本與日本自身的傲慢和常常對鄰國的驚人之舉平衡看待。但關於中國發生的一切人們還是有相當的認識 —— 甚至感到內疚。作為小道消息的收集者,永井荷風有一天記錄了一位年輕人在中國的作戰經歷:[180]

> 在漢口,這位年輕人和戰友闖入一名醫生家裏,他家有兩個漂亮的女兒。醫生和他的妻子哀求日本士兵不要碰他們的女兒,願意奉上所有金銀財寶。但士兵拒絕他們的請求,當着他們的面強姦了兩個女孩,最後把所有人綁在一起,活活投入井裏。
>
> 這位年輕人後來回到日本的母親和妻子身邊。這兩個女人看起來有點兒奇怪,她們心煩意亂、悶悶不樂,但不願告訴他原因。
>
> 幾個月之後,在妻子出門後,母親向他坦白了一切:他不在家的一天夜裏,家裏闖進了盜賊,母親和妻子被盜賊綁起來並遭到強暴。
>
> 年輕人瘋了,開始到處講述他的故事,包括在漢口的罪行。他被軍警收押,很快被轉移到東京以外的精神病院,與其他三四千戰爭製造的"瘋子"關在一起。

羅斯福開始懷疑，日本是否真對太平洋達成和平方案感興趣。7 月 26 日，羅斯福給他最信任的顧問哈里・霍普金斯（Harry Hopkins）寫信，霍普金斯曾推動加強美國對同盟國援助的《租借法案》的通過，他此時正在倫敦，準備前往莫斯科去見斯大林。[181] 羅斯福說，關於印度支那的提議，他還沒有從日本 "收到答覆"。雖然他也預計，東京 "很可能會拒絕"，但他知道美國政府 "至少為避免日本向南太平洋擴張作出了進一步努力"。羅斯福想要給日本回應的機會，為了與此精神保持一致，美國對中國發生的一起嚴重外交事件進行了低調回應。7 月 30 日，日本差點兒誤將一艘美國炮艇炸沉，這艘停泊在重慶的 "圖圖伊拉" 號炮艇長期負責在長江上巡邏，當時它無法開赴下游。日軍不斷轟炸蔣介石的陪都重慶，希望迫使蔣介石投降。當時炸彈落到這艘炮艇上，炸毀了引擎，但沒有美國人在事件中傷亡。日本立即為此事道歉，單靠野村轉達的歉意就平復了美國的怒火。美國仍在等待日本對羅斯福提議讓法屬印度支那中立化的回應。

答覆拖了很久終於來了。日本直到 8 月 6 日才聲稱，只有中國戰事得以解決，日本才會從印度支那撤軍。與 1941 年春天起日本對美國的所有回應一樣，日本都要求美國幫助在中日之間調停，但日本強調其 "特殊地區地位" 不容妥協。日本不但拒絕了羅斯福的提議，還再次將中日戰爭這一長期問題與印度支那佔領這一緊迫問題相提並論，而這正是羅斯福想要極力避免的。日本雖然承諾不會向印度支那以外地區進發，但在慕尼黑綏靖政策破產後，羅斯福當然覺得日本的保證不可信。

兩天後，近衛要求與美國總統會面。這一元首會晤的提議來自近衛的最親密的助手和朋友，包括 "早餐俱樂部" 成員西園寺公一、松本重治和牛場友彥，他們希望與華盛頓和解。他們認為，一場遠離東京的國際會議將從物理上隔絕軍方強硬派，不論最高首腦之間達成甚麼樣的協議這些人都不容置喙。此舉還意在給軍國主義者留情面，因為峰會上的一切決定都與他們無關。這場會晤還將給近衛提供一個彌補一切過錯的機會。

日本嘗試過這一策略。1930 年，濱口雄幸首相批准《倫敦海軍條約》

時，該條約的威望及其帝國主義背景幫助了濱口。儘管近衛不論在行動還是思想上的連貫、膽識和原則都遠不及濱口，但他似乎也意識到，直接會見羅斯福這種極端策略對於挽救急速下落的趨勢很有必要。他認為局勢還有挽救的餘地，儘管他已經向有田八郎提出了辭職意願。

然而，近衛提議會見的時機和方式都毫不恰當，令人難以理解。8月4日，近衛政府拒絕羅斯福提議的前兩天，近衛向陸軍和海軍大臣告知想要與美方進行高層會晤的打算。儘管表面上強硬，但軍方內部現在越來越感覺到，南進計劃是形勢上的誤判。雖然這一錯誤不會怪罪到任何領導人身上，但如果外交上能夠安排妥帖的話，他們願意退讓一步。沒有準備好在太平洋上開戰的海軍當即同意近衛的提議。

陸相東條英機的支持份量更重。[182] 據近衛稱（近衛的個人記錄都是有選擇性的，通常是對他有利的好事），東條在一份署名文件中表示，他不會反對近衛會見羅斯福，"只要首相大人前去會見時心裏完全清楚，與美國開戰可能仍是最終結果"。東條還說，如果會晤沒有任何成果，近衛應當繼續領導政府進行備戰。東條給這位最喜歡打退堂鼓的首相將了一軍，確保在日本與西方開戰時，近衛能承擔自己的那一份責任。東條的霸道語氣驚嚇到近衛，大概因為如此，近衛才將此記錄在案，以作為他在自己的內閣裏被人逼迫的證據。而海軍和陸軍已經同意近衛進行高層會晤的提議，所以日本本來可以以後再拒絕美方的提議。但日本選擇先拒絕羅斯福的中立化提議，然後再要求高層接觸。從美方角度看，現在已經沒甚麼好談的了。美國人看到，他們超乎尋常的慷慨讓步已遭到日本的斷然拒絕，絲毫沒有引起日方的興趣。

8月8日，美方對近衛的提議作出答覆。赫爾對野村說，日本近來對美國的答覆葬送了首腦會議的機會。羅斯福政府認為，日本佔領印度支那南部的擴張主義野心已顯露無疑，尤其無法接受的是，當時美國還在等待東京的答覆。外相豐田沒有機會提及近衛所考慮的讓步細節，他指示野村向美方轉告，日本此前對印度支那問題的答覆其實並非"無法改變"，"着眼於世界和平的大局，近衛首相希望與美國總統交心"。[183] 野村無法立即傳達這一信息，因為羅斯福總統此刻正在加拿大紐芬蘭海岸線外與英國首相邱吉爾會晤。

這一年夏天，在加拿大取景的電影《北緯49度》（49th Parallel）正在最後的製作中。陣容強大的演員名單中包括勞伦斯・奧利維爾（Laurence Olivier）和萊斯利・霍華德（Leslie Howard），這部傑出的電影講述了一艘德國潛艇擱淺在加拿大海灣的故事。北緯49度劃分了美國和加拿大的邊界，對於德國船員來說，這是一個參戰國和一個準備參戰國的界限，他們從加拿大向美加邊界逃跑，想要逃到當時仍然中立的美國，這樣他們才不會被逮捕。絕望中的德國船員偷盜、殺人，讓加拿大人感到恐懼。通過提出德國人登陸北美海岸的可能性，這部電影想要說明，希特勒發動的戰爭不應只被視為歐洲的事。不論怎樣，戰爭都很可能通過北大西洋向美國國土蔓延。影片製作人包括英國人麥可・鮑爾（Michael Powell）和逃往英國的匈牙利裔猶太人埃默里克・普雷斯伯格（Emeric Pressburger），他們呼籲美國及時參戰。邱吉爾會見羅斯福也是為了同樣的目的。

8月9日至12日，美國巡洋艦"奧古斯塔"號和英國戰艦"威爾士王子"號並排停靠在普拉森舍灣（Placentia Bay），這裏成為歷史性的英美首腦會晤的地點。[184] 雖然羅斯福還沒準備好給邱吉爾一個具體承諾，但最近歐洲形勢的發展迫使他更加現實地考慮美國參加歐戰事宜。在國內，《選徵兵役與訓練法》修正案在國會引起激烈辯論，1940年8月通過的《選徵兵役與訓練法》讓美國陸軍最多可以徵募90萬士兵服役一年。如果新的修正案得以通過，這一徵兵限制將被取消，陸軍在國家緊急狀態下可以保留這些士兵，並派往西半球以外。參議院8月7日通過了這一修正案，但眾議院勢必會進行阻撓，其結果將極大影響美國的戰爭準備。

儘管羅斯福骨子裏不喜歡老牌歐洲帝國主義國家，但羅斯福和邱吉爾在會談期間建立了私人友誼。他們聯合起草的《大西洋憲章》詳細確定了同盟國戰鬥的目標以及戰後世界的安排。兩國領導人都保證要支持斯大林抗擊納粹進攻。他們被斯大林樂觀態度所感染。羅斯福此前派遣特使哈里・霍普金斯前往莫斯科與斯大林會面，霍普金斯返回途中，與邱吉爾首相一起前來參加兩國首腦會晤。[185] 這成為同盟國抵抗希特勒的關鍵節點。儘管華盛頓戰略專家一開始預測德國將迅速獲勝，但隨着時間的推移，蘇聯開始展現堅持不懈的韌勁。美國主流媒體開始出現蘇聯的正面形象，而《租借法案》也將從 1941 年 11 月開始擴大到蘇聯，這本是羅斯福一開始不情願看到的。

在紐芬蘭會談期間，羅斯福還作了一個重大決定，那就是批准美國武裝護送所有船隻，最遠到達冰島，從 9 月 16 日開始執行。蘇德戰爭剛爆發時，羅斯福的鷹派軍事顧問就曾極力要求美國在大西洋進行武裝護送。海軍作戰部部長哈樂德・斯塔克（Harold Stark）對此表示贊同，儘管他承認此舉"勢必將使我們捲入戰爭"。[186] 雖然邱吉爾沒有得到美國明確參戰的肯定答覆，但羅斯福表示，美國參加歐戰只是時間問題，這已經是謹慎的羅斯福所能承諾的極限。不過，兩國領導人仍然願意探尋與日本的外交解決途徑，甚至同意在印度支那問題上給日本一個挽回顏面的機會。

在會晤的最後一天中，羅斯福得知眾議院以一票的優勢通過了《選徵兵役與訓練法》修正案。這對於參戰動員是不可或缺的。

最終，野村在 8 月 17 日見到了羅斯福。剛從普拉森舍灣歸來的美國總統同意在一個週日接見這位焦慮的大使。赫爾透露説，野村從口袋裏拿出一份來自日本政府的指示，野村非常認真地強調説，日本"渴望保持兩國的和平關係"，並且：[187]

近衛公爵對待保持兩國和平關係的態度是非常嚴肅和認真的，他願意在我們兩國之間一個地理意義上的中間點會見總統閣下，雙方本着和平的精神坐下來協商解決問題。

羅斯福則以更加空泛的詞語進行回覆：[188]

如果日本政府繼續奉行其政策或計劃，即對鄰國通過武力或威脅使用武力進行軍事控制，美國政府將不得不立即採取一切我們認為必要的措施，保衛美國及美國人民的合法權益，並確保美國的安全。

儘管措辭嚴厲，但羅斯福並沒有拒絕與日本高層會晤的提議。他說，日本提議的會晤地點夏威夷對他來說太遠了，他建議設在阿拉斯加的朱諾。他向來不排斥一個觀點，即偉大的人物做偉大的決定，既能講究成效，又能風度翩翩。他已經在與邱吉爾的會晤中證明了這一點。這樣一來，近衛再次有理由相信，他仍有機會避免一場災難性戰爭。

佐爾格將日本陸軍向北部調兵的消息告訴了莫斯科。但陸軍的調動明顯放緩，在 8 月中旬的截止日期前並沒有按照計劃完成。實際上，參謀本部 8 月 9 日已經決定不準備攻打蘇聯，至少不在 1941 年進攻。德國對蘇聯還沒有出現必勝的前景，理智的戰略家都不會建議在西伯利亞冬天很快來臨前開戰。到 8 月的下半月時，連德國駐東京使館都認為日本攻打蘇聯的可能性非常低。

整個夏天，大兵潮津都在日本中部的基地等待調遣。8 月 24 日，一艘小型運輸船搭載他及其他士兵從大阪出發，經朝鮮抵達中國。他們於 9 月初抵達"滿洲"北部。他們大多是新兵，所以潮津作為老兵，開始負責監督他們的密集訓練，儘管他們還不知道敵人是誰。這些士兵忍受著飢餓，苛刻的體能訓練讓飢餓感更加強烈。絕望的士兵只好時不時去當地農田偷一些蔬菜。

日本國內的物資也不富餘，但當權者還是能勉強度日。尾崎秀實 8 月末的一天與他的好友西園寺公一會面，他們在尾崎工作的南滿鐵路大樓頂層的亞洲餐廳吃飯，這棟氣派的混凝土建築於 1936 年完工，似乎是要彰顯日本在"滿洲"項目的成就。席間尾崎問道："似乎他們決定了？"近衛的特別助手西園寺答道："是的，他們決定不打了。"[189]

尾崎向佐爾格彙報説，日軍正式放棄了北進計劃，佐爾格臉上露出喜悦和寬慰的神情。西園寺怎麼也不會想到，他無意間向蘇聯透露了一條重大信息。如果不是出於對佐爾格發自東京情報的信任，斯大林可能不會決定將部隊調往西線，他向來對日本向北方派兵（大兵潮津也在其中）感到多疑，當然這一點也無從求證了。如果不是堅信日本不會襲擊，蘇聯就不可能反攻，尤其當時美國並沒有立即予以援助。後來西園寺也發現自己的無心之語竟然幫助了間諜活動。

在這些天裏，西園寺一心幫助近衛安排與羅斯福的會見。西園寺與他的貴族朋友清楚，與西方開戰必輸無疑。耶魯畢業的記者松本重治也同意西園寺的看法，松本也是明治時代顯赫家族的直接後裔。近衛曾向他吐露心聲："在日本對華關係上，我犯了一個大錯。"近衛首相只對與他地位平等的人展現脆弱的一面，他遺憾地説道：[190]

> 我太慚愧了，沒臉面對我的祖輩。我不想重蹈覆轍，所以我要不惜一切代價避免與美國的戰爭。如果還有一絲可能的話，我還想改善日中關係。我想盡力而為，你願意幫我嗎？

在 1941 年 8 月 26 日的聯絡會議上，近衛準備向羅斯福傳達的信息獲得了批准，這條信息説：[191]

> 兩國一開始的非正式接觸在 7 月中斷之前，無論在精神還是內容上都符合當時形勢。但繼續這種對話，並且兩國政府首腦認可其結論，並不符合當前迅速變化形勢的需求，有可能會造成不可預知的緊急事件。因此，我認為兩國首腦急需先見一面，從廣泛角度討論日美之間以及整個太平洋地區的所有重要問題，探尋挽救形勢的可能性。如果需要的話，會見結束後，一些細節的調整可以留給兩國有能力的官員去協商。這就是我當前提議的目的。我真誠希望自己的觀點能被完全

理解，並得到閣下的積極回應。鑒於此次會晤的性質，我希望會談能
夠儘快舉行。

野村 8 月 28 日將這條信息轉達給羅斯福。他稱讚了該信息的"語氣和
精神"，並再次建議將會見地點設在朱諾。[192] 對野村來說，會見地點無關緊
要。這位日本大使感到歡欣鼓舞，因為羅斯福明確告訴他，近衛首相的提議
是"向前邁出的一步"，羅斯福說他"非常抱有希望"，"非常渴望與近衛首相
談上三四天"。[193]

野村當晚拜訪了赫爾，對他安排了自己與總統的會見表示感謝。他說朱
諾與其他任何地點都一樣合適，因為從日本角度看，最重要的是儘快會面。
他還描述了日方可能派出的代表團成員："大約 20 人，分別有五人來自外務
省、陸軍、海軍和日本駐華盛頓使館。"[194] 他表示，9 月 21 日至 25 日將是
合適的時間，近衛首相將比羅斯福總統提前五天出發，這樣兩國領導人將能
同時抵達。

野村的熱情很快就被澆滅。赫爾不是特別贊同兩國首腦會晤。他間接暗
示最近"在一些基本問題上遇到的困難，這些問題造成拖延，並以日本說一
套做一套而告終"。他當然是在說印度支那。他認為，舉行高層會晤前，他
必須要求日本在威脅兩國關係的最緊迫問題上作出明確承諾，包括日本的軸
心國聯盟問題、對中國北方和內蒙古地區的增兵問題，以及在國際經濟關係
中奉行不歧視原則。

努力保持冷靜的野村說，他覺得中國問題最難在會談前達成基本共識，
建議將該問題留待會談時討論。赫爾明確回應說，美國參加會談是因為日本
的積極姿態。"我們可以共同努力，把中國看作一個貿易國家，充分挖掘其
五億人口的潛力。"這也是羅斯福所贊同的。赫爾再次表示："雙方在舉行
會談前，應該對懸而未決的重要問題先達成原則性共識。會議的目的將是對
這些原則性共識予以正式批准。這難道不是更讓人安心嗎？"野村覺得幾分
鐘前近在咫尺的朱諾會議現在變得遙不可及。

　　近衛仍然相信會舉行首腦峰會。8 月 29 日，他和支持者聚集在富士山腳下的一處度假勝地，按照赫爾的要求起草會前協議。剛從美國回來的銀行家井川忠雄和開啟美日非正式接觸的德勞特神父也趕到現場給予精神支持。8 月的最後三天，這些人聚集在以銀質茶具和法國菜聞名的高檔酒店富士屋，夜以繼日地忙着起草協議，他們偶爾打一兩杆高爾夫球作為高強度工作的調劑。

　　在協議起草過程中，有兩個問題變得最為棘手。一個是日本應當"原則上"同意從中國撤軍。這將成為日本第一次明確承諾撤軍。另一個是如果美國與德國爆發戰爭，日本的判斷不應基於在《三國同盟條約》中的義務。這意味着向美國保證，日本不會自動參戰。起草者必須在吸引美國和不傷害日軍領導人面子之間小心拿捏，近衛也積極參與文件的修改。最終，起草者認為他們找到了合適的平衡點。

　　這份草案必須經過 9 月 3 日的聯絡會議批准後，近衛才能正式交給美方。西園寺做了必要的鋪墊工作，將建議轉達給海軍和陸軍方面領導人，他們最終表示同意。現在該輪到近衛做他最不擅長的事了，那就是直面爭議，堅持己見。他必須清楚，歸根到底，與羅斯福在朱諾會見才是最重要的。

第九章　毫無勝算又非打不可

　　1941 年 8 月 27 日上午，"總力戰研究所"的一羣研究生聚集在日本首相的官邸。當時的氣氛有些壓抑，甚至令人沮喪，夏末的陣陣細雨更凸顯了這一感受。在大吊燈照亮的大廳裏，研究人員（平均年齡只有 33 歲）與內閣面對面交流，從早上九點一直持續到晚上六點，第二天依然如此。他們拿出一份冗長的報告。經過過去六週對一系列資料的仔細研究並類比各種外交和戰略形勢後，該研究小組作出結論：如果日本與美國開戰，日本必敗無疑。如果爆發戰爭，日本很可能在初期幾場戰役中佔據上風，但隨後將拖入僵持戰，日本將看到自己的資源不斷消耗並最終用光。

　　這些作出預測的研究者在進入"總力戰研究所"前已有約 10 年的專業經驗。該研究所於 1941 年 4 月成立，有點兒模仿英國的帝國國防大學，為軍官和政府領導人提供一年密集訓練。[195] 這一精英教育機構意在培養日本未來在軍方和政界的領袖。

　　該研究所創立者的崇高志向並沒有實現。每個部門都將最優秀的候選人送進來，所以學員都是在職公務員中的精英。儘管研究院位於東京市中心的最佳地段，但建築本身足以讓新來的學員心裏一涼。這座兩層棚屋與周圍政府典雅的紅磚建築格格不入，許多新人以為他們遭到了貶低。

　　學員們都喜歡第一任院長飯村穰中將。他為人和藹，語言能力很強，會講流利的法語和俄語。他曾在土耳其的一所陸軍學院講課，並將許多戰略文件翻譯成日語。他親和的性格吸引到許多有趣的人來學院做講座，其中包括佐爾格的間諜同夥尾崎秀實。儘管如此，大多數學生仍然對突然強加給他們的生活感到不滿。他們本想做一些高端研究，結果卻在進行基礎體能鍛煉，上一些陳詞濫調、毫無新意的課程。

因此，1941 年 6 月 20 日開始的日本中部之旅讓學員們得以透透氣。他們訪問了山本五十六所在的伊勢灣，登上了海軍旗艦"長門"號和另一艘軍艦"日向"號，兩艘軍艦都裝備有海軍最先進的技術，學員們還獲准觀摩了演習。一切都進展順利，最讓人印象深刻的是這些軍艦的性能，其類比發射的魚雷在完全黑暗的環境能精準襲擊目標，這着實令人驚訝。

演習過後，山本想聽聽這些來賓的意見。他詢問了來自朝鮮總督府辦公室的日笠博雄，他謙恭地回答説："長官，我對反潛能力印象深刻，您的轟炸戰略也很出色，但我覺得空中打擊能力有些弱。"[196]

日笠説得很對。其他軍官可能會被這位年輕文職官員的無禮所激怒，但山本獎勵了他一瓶威士卡，那時威士卡在日本是個不錯的獎品。山本對日笠的直言不諱感到高興，他認為日本精英普遍缺乏這種能力。的確，這些巨大海軍艦船並非看上去那麼堅不可摧，山本對此非常認可。

學員們隨着艦隊一直開到日本南部的志布志灣（附近還有錦江灣，其形狀酷似珍珠港）。這時，廣播傳來德國突然進攻蘇聯的消息。這一變化再加上隨後日本進駐印度支那南部的決定突然讓研究人員的工作緊迫起來。

他們返回後開始進行模擬演習。每個學員都扮演一個假想國家（以日本為模型）的一名內閣成員，並且要參加一場假想戰爭（假想敵是美國）。演習從 7 月 12 日開始，距離松岡外相參加他最後一次聯絡會議並不遙遠。

對於這場全面戰爭，內閣需要制定各種政策，包括軍事戰略、外交、意識形態和經濟。指導他們的教官指出，這些政策需要適應國內外局勢預計未來兩年內的變化，政策步驟必須細化到月份。[197]學員們必須盡可能準確地去模擬實際情況，他們使用日本各個政府部門的真實資料。最後，這場戰爭不再像是假想的，而是會真實發生的。

模擬演習一開始，日本差點兒要與美國宣戰，由於美國和英國政府對日本的全面禁運，日本經濟被完全孤立，不得不進一步挺進東南亞，用武力獲取資源。

學員們對教官提供的這一假設前提感到不安，他們認為深入東南亞（最有可能的國家就是荷屬東印度）將讓日本必然與西方開戰，連通過外交阻止戰爭的機會都沒有。大多數人預計，日本能夠佔有印尼的油田，但敵軍在菲律賓駐紮的艦隊將很快對日本船隻發動全面進攻，讓石油無法被運走，獲取印尼石油的目標無法實現。其結果是，日本將被迫挑起與美國更大規模的戰爭，這是日本負擔不起的。許多學員甚至在這次模擬演習前就堅定地認為，這場戰爭毫無勝算，不應該發動。

這些研究員將模擬演習的報告呈獻給近衛內閣後，東條英機不停地做着筆記，他以前一定是非常認真的學生。報告最後毫不含糊地得出結論：這場戰爭贏不了。東條的臉煞白，似乎是他最不祥的預感得到了應證。但他不應對報告的結論感到意外。陸軍省自己的戰爭經濟研究辦公室綜合參謀本部駐紐約情報人員發回的報告稱，日本的工業力量僅為美國的二十分之一。[198]只要看看東京市中心的建築你就能感受到日本的物質狀況是多麼貧乏。自 4 月以來，所有明治時代的鑄鐵裝飾欄杆和大門都被拆掉了。東京府廳的大門也在 6 月 23 日被拆掉了，這一公共權威的象徵化作 1,900 磅廢鐵用於製造武器。

當然，那些紅磚樓還在，但其木質圍欄讓人擔憂。在東京這樣的街景下，"總力戰研究所"的棚屋並不顯得很寒酸。很難想像，僅僅幾年前，這座同樣的城市還成功贏得 1940 年奧運會的舉辦權。

為期兩天的會議結束時，東條不願接受這一悲觀情緒，他評價說，研究小組做了細緻的工作，但該研究有個致命缺陷，"那就是，它畢竟是紙上談兵。真正的戰爭並不是像你們想像的那樣，我們當年打俄國時也沒有想過會贏，但我們的確贏了。"[199]他極力粉飾着剛剛呈獻給他的殘酷事實，他說："你們的研究並沒有將不可預測的因素考慮在內，但我也不是說這是一份空洞的理論。"他最後堅決要求研究小組不能將這一結論傳出去。

東條是寄希望於日本突然發現油田嗎？他難道忘了日本此前 90% 的石油來自美國嗎？他指望合成石油會突然取得突破性進展嗎？他預計天災會

再次幫助日本，就像 13 世紀的颱風阻止了蒙古人的入侵？抑或是他指望戰士能展現出過人的鬥志和抵抗力，堅信自己繼續作戰的能力？來自陸軍的堀場一雄教官對學員們說："美國所缺乏的是大和精神，這是我國最偉大的財富。"[200] 他指的是一種據稱是天生的特性，讓日本人成為獨特、有抵抗力、守紀律和勤勞的民族。這種玄乎其玄的獨特性論調幾乎是民族主義者的老生常談。

模擬演習時，自始至終都強烈反對戰爭的是海軍省的志村少佐，他以優異成績從海軍大學校畢業，畢業論文論述全面戰爭。他曾對教官說："就算日本人發揮大和精神，但美國人也有他們的精神，只看到自己忽視對方是不對的。"

大和精神當然有其短板。8 月中旬，東京的污水系統出現嚴重問題，缺少燃油是其直接原因。據估計，東京 100 多萬家庭平均每天產生 31.5 萬加侖排泄物。沖水馬桶還沒有普及，大多數排泄物需要運往農村地區用於堆肥。平時都靠機動車輛運輸，現在燃油短缺，這些 300 多名挑糞工必須藉助人力車和船。很顯然，這種服務的供應遠遠滿足不了需求。東京的公共福利部門被各種投訴淹沒，對官僚不作為而怨聲載道的市民開始直接呼籲市長夫人出面。8 月 16 日，一篇題為《如何處置糞便》的文章出現在《國民新聞》報紙上，解釋了市政府為此召集了緊急會議，但沒有拿出確切解決方案。

另外，市長夫人並不是這些不幸的市民可以尋求幫助的最佳人選，因為市長大久保留次郎根本不擔心東京的污水問題。他曾是內務省的官僚，擔任過臭名昭著的特別高等警察課課長，在 20 世紀 20 年代帶領內務省對共產主義者（或有共產主義嫌疑的人）進行大規模迫害。永井荷風說，據傳言大久保曾敲詐文學雜誌《中央公論》，聲稱可以起訴該雜誌誹謗，並勒索了 5,000 日元（作為對比，東京郊區一所公立小學管理員每月收入 145 日元）。[201]

9 月 3 日，野村大使收到美方關於近衛要求會晤的官方答覆。羅斯福與赫爾的口氣一樣，他說如果沒有事先談好，沒有在需要解決的問題上達成諒解的話，他不同意會晤，儘管他仍然對會晤持積極態度。[202] 這也可能是一個緩兵之計（有人從羅斯福在普拉森舍灣對邱吉爾說的話中推斷，他想再"哄"日本三個月），但這一點無法確定。但近衛也得到安慰，因為羅斯福說："我十分渴望與您合作，努力讓這些原則性問題在現實中得到實踐。"[203]

雖然兩人領導的國家有本質不同，但近衛和羅斯福卻有相當多的性格相似點。[204] 兩人都不喜歡當面起爭執，也討厭被意見完全不合的顧問所包圍。近衛身邊既有馬克思主義者，又有極端民族主義者；羅斯福身邊既有干涉主義者，又有歐洲恐懼者。這兩位出身高貴的領導人都將自己內心深處的想法藏起來，即使在內閣會議上也不表露，別人很難理解他們這樣做的原因。與此同時，他們最基本的世界觀卻驚人的相似。

然而，羅斯福之所以成為偉大的政治家，是因為即使在爭論面前，即使在統一看似自相矛盾的政策思想時（他不得不反復修改），他堅持了自己出色的直覺判斷，清楚甚麼具有政治可行性，並小心而堅決地貫徹它。近衛要對付的國內形勢很敏感，但羅斯福也一樣，他必須說服國會，考慮民意，遊走於各種限制之間。很可惜，近衛缺乏羅斯福的堅持力和對事物輕重緩急的判斷力，出身貴族更讓他願意把自己的責任歸咎於他人。《紐約時報》記者奧托·托利舒斯準確抓住了近衛缺乏堅持力卻具有獨特魅力的根本原因，他在 1941 年 8 月 3 日在這位日本首相的新聞人物介紹中寫道："作為日本第二顯赫家族的首長，近衛不屑於追求個人野心，擔任首相對他來說不是一種升遷，而是一種貶職。"儘管他總是讓支持者失望，但他仍能受到愛戴，因為他散發出的氣質讓人們必須保護、幫助和支持他——他就像日本的另一位天皇。

近衛認為，他必須聽從於國內的強硬派，這是他與軍方達成的一種默契。軍方仍然制訂作戰計劃，口氣強硬，但也允許首相出國會見羅斯福。近衛相信，他將能在會晤中永久性阻止戰爭趨勢。軍方幕僚也認可他，期待他與羅斯福直接會面時能達成某種全面協議，以避免戰爭。參謀本部戰爭指導辦公室的一位軍官在 8 月 29 日的記錄中很好地表達了這一矛盾心理：[205]

一位駐美武官告訴我們，美國總統以極高的熱情對待近衛首相的提議。似乎在夏威夷的會面真要發生了。一旦實現，我們認為與美國的對話就不會中斷……這意味着我們在第一步（心理上）正向美國屈服……我們的帝國未來還要退讓好幾步，但儘管如此，我們也不想要打一場持久戰。

即使那些鼓吹開戰的軍人也知道，僅靠逞能無法讓日本獲勝。陸軍省軍務局的一位課長佐藤賢了説："在華盛頓的這幫蠢貨！如果美國人同意不帶任何條件會見近衛，那一切都將對他們有利。" [206]

佐藤的手下石井秋穗被秘密任命為陪同近衛前往朱諾的代表團成員，此時美方甚至都沒有確定邀請他們見面。石井推測未來可能發生的事件順序是：近衛會見羅斯福、近衛表達日本軍方已經認可的條件、羅斯福拒絕接受這些條件、近衛將美方的意見傳回國內、軍方動怒、天皇介入並批評陸軍的強硬、兩國最後達成和平協定（包括日軍從中國和印度支那撤出）。[207]

8月末和9月初的這段時間裏，戰爭和峰會的準備並行不悖地進行着。這一天然的矛盾性似乎並沒有讓人覺得不妥。相反，這種雙管齊下才被視為全面的準備。

在9月3日的聯絡會議上（羅斯福告訴野村無法安排會見的這一天），日本領導層對8月底開始制訂的一份聯合軍事計劃取得共識，該計劃對7月2日御前會議通過的《適應形勢變化的帝國國策要綱》進行了充實。修改後的計劃叫作《帝國國策實行要領》，該計劃雖然同意日本與美國繼續談判，但如果談判在10月初這一最後期限前沒有成果，日本就將開戰。

參謀本部的開戰支持者認為，戰爭必須在年內打響，這樣才能趕在敵軍積蓄力量前先發制人，此時南部的季風季節尚未來臨，而北部嚴寒的冬季也讓蘇聯無法發動進攻。軍令部總長永野説："帝國的每一種物資都在不斷消耗。" [208] 最好在帝國仍有能力發起有效進攻時開戰，因此留給外交解決問題的時間很緊迫。

這一通過的決議從字面上看是強烈主戰的，但仔細研讀後會發現，決議只是軍國主義者的強硬外衣。他們完全意識到要作出讓步，包括撤軍，但制訂並通過這一針對美國的逐步作戰計劃，最高軍方指揮官才能挽回顏面，在作出巨大的外交妥協時仍能不失士氣。

但也不是所有軍方領導人都認可這一計劃，尤其是在確定最後期限方面。該計劃的措辭甚至都在討論範圍之列，說明軍方感到不安。海軍大臣及川古志郎不想嚴格界定外交失敗，他想以後再討論。參謀總長杉山元說，近衛與羅斯福會面時要停止一切軍事行動，包括向泰國調兵。他說他對阻止陸軍向印度支那運送物資一事無能為力。這讓東條感到驚訝，他說："但這樣做將暴露我們的（備戰）意圖。"杉山說："那也沒有辦法。"無論怎樣，大多數人相信，很快就能通過外交途徑解決問題。這次聯絡會議也討論了外交途徑。

近衛本來要在 8 月底的會議上拿出他在富士屋酒店的朋友所起草的計劃，該計劃強調了日本從中國撤軍的大體意願，以便討好美國。但近衛從未公佈這份計劃。外務省在會議上拿出了自己的計劃，於是近衛就放棄了他的計劃。制訂近衛計劃的背後推動者西園寺公一要求他作出解釋。近衛咕噥道："內閣書記官長富田健治應當先與他們（外務省）協調好。"[209] 然後就躲到自己辦公室去了。近衛覺得，外務省的計劃中已經包含足夠吸引羅斯福來談判的讓步條件，所以為何要小題大做呢？

近衛再一次讓他的支持者感到失望，他甚至在自己召集的聯絡會議上都無法堅持自己的計劃，太平洋的和平竟要繫於這個男人身上！與此同時，備戰仍在繼續。

第二天，外務省的計劃用電報發給華盛頓的野村。該計劃提議和平解決南太平洋的緊張局勢、推行不歧視的貿易政策、日本與美國在獲取地區資源方面保持合作以及解凍日本資產。計劃還說，一旦中日達成協議，日本將立即從中國撤出。這一點與近衛的計劃不同，近衛的計劃承諾，日本從中國撤出，不附加任何條件。羅斯福政府 9 月 6 日收到日本外務省的這份提議。

在外交陷入困境時，東京的軍事調動嚴格按照計劃執行。9 月 5 日下午，近衛前往皇宮拜訪了裕仁天皇，向他解釋了 9 月 3 日達成共識的《帝國國策實行要領》，提到了外交努力將從 10 月初停止，他還表示第二天將召開御前會議，讓天皇批准這一計劃。裕仁對他的話大吃一驚。這份"要領"更像是作戰計劃，實際上也確實如此。裕仁很快理解。這份計劃可以被歸結為 3 點，按照重要程度排列分別是：

1　日本帝國不會避免與美國、英國和荷蘭開戰，並將進行備戰。

2　備戰的同時，日本帝國將在一份附屬文件（見下文）的指導下，盡力通過外交努力與美國和英國和解。

3　如果外交努力在 10 月初仍沒有結果，日本帝國將在 10 月底發動與美國、英國和荷蘭的戰爭。

第二點提到的附屬文件包含日本的外交要求以及作出讓步的底線，與會前協議是獨立的。日本的條件包括美國不干涉日本與中國的戰爭解決方案，要求重新關閉西方向蔣介石運輸重要物資的滇緬公路。作為回報，日本承諾不會利用法屬印度支那作為向南軍事挺進的基地。只要蘇聯保持中立，日本就不會對其動武。另外，日本不會從法屬印度支那撤軍或放棄《三國同盟條約》。日本擁有的外交影響力越小，其頑固的一面就越凸顯。儘管如此，許多人仍然相信，近衛將對羅斯福作出更多妥協來避免戰爭。

裕仁一直感到不安。他確切地感受到這一指導談判的方針更多強調的是戰爭，他對此提出異議。他要求近衛修改條款，把外交努力列為日本的頭等大事。近衛說這不可能，大概他覺得為了與羅斯福會見他只能妥協這麼多。[210]近衛是在違抗充滿疑慮的天皇，他在同意簽署《三國同盟條約》時也違抗過天皇，總是儘量避免過多干政的裕仁當時並沒有充分反對近衛。但這一次，天皇的態度更加堅決。他說自己一直被蒙在鼓裏，不清楚日本的備戰已經進行到如此地步。他問為甚麼要瞞着他？近衛沒有直接回答，但他建議裕仁召見參謀總長、軍令部總長和戰略人員來更好地解釋具體形勢。他似乎是說，政治在這一重大抉擇中不起任何作用，而這一抉擇恰是近衛自己的政府所作出的。

永野和杉山被立即召喚入宮。7 月底，永野曾拿着一份戰爭計劃進入皇宮，儘管他當時表示不確定日本會贏。裕仁當時對這份計劃感到很不安，他與海軍大臣及川商量更換永野一事，但後來沒有了下文。現在，僅僅 5 週後，永野帶着一份升級版的計劃又回到皇宮。

裕仁受到壓力時會展現他果敢的一面（但很少發生），他向軍方拋出尖銳的問題，近衛在一旁聽着。[211] 他對軍方說，戰爭和外交不能同時進行，外交必須優先。他詢問日本在南部的戰爭預計要持續多久。

　　　杉山：陛下，我們準備在三個月內完成在東南亞的任務。

　　　裕仁：中國事變發生時，你擔任陸軍大臣。我記得你當時告訴我，戰爭將在大約一個月內結束。但漫長的四年過去了，戰爭還沒有結束！

　　　杉山：中國有廣闊的偏遠地區。所以我們無法按照最初設想完成計劃。

　　　裕仁：如果你說中國有廣闊的腹地，那太平洋豈不更廣闊。你基於甚麼得出三個月的結論？

感到極其尷尬的杉山無言以對，他低着頭掩飾自己的臉紅。

無法忍受這一幕的永野出來解圍。儘管陸海軍總是相互競爭，但這兩位總長關係不錯，因為永野顯然地位更高。代表最高統帥部的永野說：[212]

　　　如果把今日的日美關係比作一個病人，那這位病人急需手術治療。如果不動手術坐視不管，病人將逐漸衰弱。並不是說病人沒有康復的希望，而是我們必須在仍有 70% 至 80%（手術成功）的希望時作

> 出決定。統帥部期待外交談判能取得成果，但一旦失敗，恐怕我們必
> 須要拿出足夠勇氣來實施手術。

裕仁天皇試圖接受戰爭，但他很難將永野預計的獲勝概率與他之前承認沒有勝利希望的表述結合起來。他向永野拋出了不久前剛剛問過的同一個問題："我們能獲勝嗎？你能説我們一定會贏嗎？"[213] 對此，永野回答道："我不能保證'一定'，因為這既基於人力，也基於神力。"他強調，戰爭不是統帥部的首選，但鑒於當前面臨的危機，日本不得不為戰爭做準備。"如果（通過戰爭）能有解決問題的一線希望的話，我們就必須一試。"他説。

於是裕仁最後問道："那麼我再問你：最高統帥部想要從今天起將更多重心放在外交上，我這樣理解對嗎？"陸海軍兩位總長予以肯定。

40 歲的天皇憑直覺感受到，主戰言論站不住腳，比他年長的兩位主戰軍官極其不負責任，他的皇家批准可能會帶來災難性後果。裕仁能夠覺察出該計劃的魯莽性正是因為他身處東京奇怪的決策過程之外。作為日本愛好和平的大家長，他想要避免戰爭的本能與他作為武裝部隊最高統帥的責任相衝突，作為最高軍事統帥，他必須保證日本通過軍事準備來確保生存，於是，這一點最終佔了上風，他默許了戰爭計劃。

近衛在天皇發問時一直保持沉默，現在他才意識到所做決定的重大程度。第二天再次來到皇宮參加御前會議時，他的恐慌越來越深。近衛希望天皇能把御前會議的方向引向和平，他請求天皇最親近的顧問木戶幸一幫忙。

御前會議上午 10 點整準時開始。與往常一樣，與會人員包括內閣總理大臣、外務大臣、內務大臣、大藏大臣、陸軍大臣和海軍大臣，另外還有陸海軍總長、次長、軍務局局長、內閣書記官長和企劃院總裁。代表天皇發問的又是樞密院議長原嘉道。

原嘉道問兩位總長，日本對外政策的重點到底是軍事戰略還是外交，這似乎是裕仁論調的翻版。兩人都沒有作答，出現令人尷尬的沉默。坐在長桌遠端金色屏風前的裕仁本應保持緘默，但此時，令所有人驚訝的是，他開口

說話了："原嘉道議長剛才的問題提得很合適。很遺憾兩位總長沒有能力回答。"他隨後從胸部口袋裏掏出一張字條,上面是他已故祖父明治天皇寫的一首詩。由於他對兩位總長的問話不能令人滿意,而近衛當天早上又要求天皇進行干預,裕仁於是帶來這首詩。他開始朗誦:[214]

四海之內皆兄弟,緣何風雨亂人間。

這首和平主義者的輓歌僅有 31 個日語音節,創作於日俄戰爭伊始。裕仁通過大聲誦讀這首詩來表達他對新計劃的嚴重不安,以及對日本避免戰爭的渴望。至少,這是他想間接向聽眾表達的意思。但朗誦詩歌卻創造出一種古怪的氛圍和被動抵抗的無奈。天皇就是日本的象徵,由於某種無法控制的外力,日本被迫採取極端措施,但該國更想得到和平。這一和平主義詩歌並沒有讓裕仁擺脫自己的責任,他仍然批准了這一計劃。

我們不禁設想,如果裕仁的反戰態度更明確一些或拒絕批准這一計劃將會怎樣。與其朗讀詩歌引來諸多猜疑,他為何不乾脆堅持不開戰?有可能謹慎的木戶當天上午在轉達近衛想要天皇干預的願望時,建議裕仁不要確切表露政治態度,他擔心天皇會為將來的後果承擔責任。木戶和裕仁都認為皇室不應過多干政,這是讓裕仁沒有明確表示反對的一個原因。另一個原因是天皇的性格:他過於溫順,無法阻擋走向戰爭的洪流,歷史上也沒有天皇否決的先例。(明治憲法沒有明確規定天皇不能否決,所以他理論上可以否決 —— 關鍵要看裕仁自己。)在神聖與世俗角色之間如履薄冰的天皇只好念了這首詩。

當天晚上,天皇批准 10 月初為最後期限後,近衛秘密邀請格魯大使來到一位朋友家做客,陪伴近衛參加晚宴的有"早餐俱樂部"成員牛場友彥,他英語流利。在場的還有生於大阪的美國使館官員尤金·杜曼。近衛的藝妓情人負責端茶倒水。

之所以安排秘密會面,是因為 8 月 15 日,近衛內閣中的資深政治家平沼騏一郎在家遭到極右翼刺客襲擊。儘管身中六槍，包括頭部中槍，平沼奇蹟般倖存下來，即將完全康復。他因為與格魯關係過近，希望避免與美國開戰而成為目標。這件事讓近衛心驚膽戰。

在三小時的會面中，近衛試圖向格魯表達想見羅斯福的願望。之後，格魯向美國總統發回一份長篇報告，總結了這次會面並轉達了近衛的希望，即"他想親自向總統閣下作出説明，他認為自己的説明將是對野村大將通過外交途徑所轉達信息的補充與澄清"。[215] 理論上講，近衛仍有與美國達成外交共識的機會，但時間緊迫，因為主戰派剛剛跨越了一道障礙，贏得了天皇的同意。

雖然軍方的意見也有分歧，對倉促應戰的可行性沒有把握，但軍方已受困於自己的好戰言論中。既然具體期限已經確定，日本的倉促備戰就有了內在動力。

相比之下，"總力戰研究所"模擬內閣所作出的選擇更多基於對相對實力的分析。的確，研究人員並不清楚日本仍有多少石油，但在其他方面的評估中，日本都無法贏得與美國的戰爭。近衛及其內閣大臣不可能對這一結論視而不見。1941 年夏末，模擬政府認為毫無勝算的戰爭在現實政府眼中卻幾乎是非打不可的。

第十章　最後一次機會

陸軍大臣東條英機日益叫囂備戰的必要性。為了延緩戰爭趨勢，近衛安排東條與東久邇宮稔彥王會面。東久邇是一位自由主義親王，他年少的大部分時間在歐洲度過，尤其是在法國。他是當時為數不多的公開反對日本與西方開戰的人。由於他也是一位陸軍大將，他對東條的勸導可能會得到認真考慮。東久邇還是裕仁天皇的叔叔，屬於皇族，這加強了他的説服力。東條對皇家的態度近乎奴顏婢膝，似乎是想為祖上曾與皇家對抗來贖罪。

近衛對時機的把握又很拙劣。兩人的會見安排在御前會議後的第二天，前一天天皇剛剛批准 10 月初作為外交努力的最後期限，不然就在 10 月末開戰，所以，沒有甚麼能夠阻擋東條堅持開戰的決定，除非天皇收回成命。據説東條向下屬描述裕仁誦讀和平詩時流下了眼淚，但他不認為天皇是在反對戰爭。對他來説，這首詩代表皇家對軍方戰勝困難的鼓勵。

東條決心要走在為他鋪好的道路上，如果必要的話，他要拖着整個國家跟他一起走。他對東久邇説："美國最終想要日本退出《三國同盟條約》，加入英美陣營。"[216] 但即使日本放棄法西斯道路，加入同盟國，"英美一旦打完德國後，一定會襲擊日本"。

雖然東條的西方威脅論純屬猜測，但他的恐慌是確實存在的，且一直縈繞不散。他相信自由主義的西方只有對日本有企圖，並且想要支配亞洲時才會對調停日中戰爭感興趣。國務卿赫爾喜歡宣揚自由貿易和機會均等，但他認為鑒於美國擁有更大的野心，赫爾的話不可信。東條還強調説，考慮到"所有為國捐軀的英靈"，日本不可能從中國撤軍。東條是在重複軍方內普遍存在的看法。但他不是普通軍人，他是陸軍大臣，直接對內閣負責。他一味沉浸在軍人的效忠職責中，拒絕相信戰爭是可以避免的，失去了理智。東條最大的特質就是極其專注於他所認為正確和正直的目標上。東久邇能否像近衛希望的那樣改變他的頑固態度？

東久邇身材纖瘦，氣質陰柔，他的小下巴是日本貴族的特徵。他相貌較好，與其他陸軍官僚不同的是，他不蓄鬍子。這位有國際視野的 53 歲親王擁有具有穿透力的聲音，他一開口就足以吸引人們的注意力。他對東條説，日本的形勢讓他想起法國政治家馬歇爾・貝當（Marshal Pétain）和喬治・克列孟梭曾對他説過的話。兩人都表示美國最終想要挑起與日本的戰爭，他們很容易判斷出，開戰是地緣政治的必然結果，目的是爭奪對亞洲的控制權。但同樣不可避免的是，日本由於物質相對匱乏將敗於美國。日本所能做的就是保持耐心，儘量減少損失。然後，東久邇嚴正表示：既然天皇和首相都想與羅斯福達成協議，作為陸軍大臣的東條應當順從上級意思。如果他無法執行非抵抗政策，他就應當辭職。

東條對東久邇的話完全不感到驚訝，這一定是近衛的意思，近衛認為東條愛惹是生非，但又不想直接與東條起爭執。東條回應説，如果"ABCD 包圍圈"仍然存在，日本注定要滅亡。如果日本現在冒險一搏，日本還有二分之一的獲勝概率。（如果從戰爭非勝即敗的角度看才是二分之一的概率。）當然，冒險一搏比不抵抗滅亡的選項更好。東條的衝動顯然戰勝了理智，他對東久邇説，他無意停止備戰。

9 月 8 日和 9 日，參謀總長杉山元來到皇宮，向裕仁介紹陸軍的戰術細節。天皇想知道，日本與西方開戰後，蘇聯與"滿洲國"邊界發生軍事衝突怎麼辦。杉山向他保證，冬天發生衝突的可能性很小，就算發生衝突，陸軍總是可以將在中國的部隊派向北方。但冬天不會永遠持續，日本也承受不起將中國的部隊派去攻打蘇聯。（杉山這一不負責任的言論説完不到 10 天，日本陸軍就發動了長沙戰役，以控制中國的中南地區，但日軍受到中國的猛烈抵抗。）再發起一場戰爭難以想像，裕仁本可以提出異議，但他反而對杉山説，他理解這一決定背後的邏輯，似乎裕仁認為這是理論上的演習，與政治現實無關。[217] 或許他仍在指望近衛與羅斯福的會面。

陸軍先後六次（五次在 9 月，一次在 10 月 3 日）宣佈成立臨時部隊以及向南調動的計劃。日本傘兵部隊開始加緊訓練，該部隊是征服印尼蘇門答臘島的關鍵。日本傘兵部隊一年前才剛剛組建，組建過程依靠對美國陸軍空降部隊照片的模仿。傘兵部隊在遊樂場的自由落體塔接受訓練，別人以為他們是享受娛樂活動的大學生。這些傘兵 2 月底首次實現空降。

海軍也在加緊備戰。[218] 9 月 11 日至 20 日，一場模擬向南侵略的演習在海軍大學校展開。9 月 16 日還進行了襲擊夏威夷的桌面演練，但軍令部認為該計劃過於危險，不切實際，最終放棄了計劃。

日本武裝部隊大肆宣揚戰略家和領導人的好戰言論時，美國差點兒在冰島開戰。德國於 1940 年 4 月入侵丹麥，根據《聯合條款》，位於大西洋重要航線上的冰島屬於丹麥附屬國。[219] 英國在 1940 年 5 月向冰島派兵，加拿大也派出援助部隊。邱吉爾希望，美國將能接管冰島的國防。1941 年春，羅斯福同意如果美國加入歐戰就承擔保衛冰島的責任。德國入侵蘇聯後，雖然羅斯福的強硬派顧問呼籲立即向歐洲地區派兵，但羅斯福一直很謹慎。1941 年 7 月 7 日，在冰島政府的請求下，羅斯福同意派出 4,400 名海軍陸戰隊隊員。他小心地繞開《選徵兵役與訓練法》，派遣職業士兵而非應徵入伍者——後者不允許在西半球以外的地區服役。[220] 這樣他就避免了與公眾作對，履行了他此前的承諾，即這些"孩子"不會參與外國戰爭。後來，正如我們前面看到的，羅斯福同意美國軍事護送所有船隻，最遠到達冰島。這一系列舉動與日本息息相關。由於美國關注於西大西洋，所以在 1941 年春，美國開始願意與東京達成某種和平，這將確保日本不會妨礙美國即將與納粹的戰爭。當然，日本浪費了這一機會。

1941 年 9 月 4 日，冰島海岸線外的水域成為德國與美國上演不宣而戰的舞台。載有軍方人員及郵件的美國驅逐艦"格里爾"號（Greer）於上午 8 點 40 分抵達冰島時，一架英國轟炸機發出警告說，有德國潛艇在附近潛伏。[221] 英國飛機發射了四枚深水炸彈，但沒有擊中目標，由於燃油快要耗盡，英國飛機決定返航。沒有接到任何出擊命令的"格里爾"號決定追趕德國潛艇，而不是回基地待命。德國潛艇已暴露了三小時，它的電池可能耗盡了，所以急着要浮出水面。它此時距離美國軍艦不足 330 英尺，並發射一枚魚雷，但也沒有擊中目標。"格里爾"號發射了八枚深水炸彈，但沒能給潛艇帶來太大傷害。德國潛艇又向美國軍艦發射第二枚魚雷，但也打偏了。雙方於是停止了這次近距離接觸，經過約 10 小時的追逐，兩艘艦艇均安然無恙。

"格里爾"號事件是美國第一次與德國發生交鋒。在 9 月 11 日的廣播講話中，羅斯福總統利用這一插曲調動民意反對希特勒，強力推銷他決心要打的戰爭。他並沒有指出，首先發射深水炸彈的是一架英國飛機，讓美國的行為成為對德國發射魚雷的自衛。他也沒有提到"格里爾"號在沒有上級批准的情況下堅持復仇。（這些細節直到一個月後一參議院委員會進行調查時才得以明確。）但羅斯福在講話中明確表達了他對納粹政權的憎惡。他以誇張的語調對美國民眾說："這純屬海盜行為 —— 法律和道德上的海盜行為。這不是納粹德國對美國的第一次海盜行為，也不會是最後一次，因為襲擊總會招來更多襲擊。" [222]

羅斯福還講述了此前幾個月美國船隻和巴拿馬船隻疑似遭受德國襲擊的事例，他因此警告說，這些不是單獨個案，而是"大計劃中的一部分"。他說，這些都是藐視國際法律的行為，證明納粹故意要阻礙航海自由，想要獨自控制和支配這些海域。他還說：

納粹控制海洋的企圖只是納粹現在對西半球密謀的一部分 —— 這些計劃都朝着相同的目的。希特勒的前哨 —— 既包括公開身份的特工也包括安插在我們周圍的奸細 —— 已經努力幫他在"新世界"建立根據地和橋頭堡，他一旦控制了海洋就能利用這些基地。但他對"新世界"的陰謀詭計和蓄意破壞都逃不過美國政府的法眼。陰謀後面還是陰謀……襲擊"格里爾"號絕不是北大西洋的局部軍事行動，也不僅是兩國鬥爭中的個體事件。德國想要永久建立一個基於武力、恐怖和殺戮的世界體系，"格里爾"號事件就是朝這一目標邁出的堅定一步。

羅斯福對美國人民説，發照會及其他"一般外交慣例"不再對德國有用。為了維護提供戰爭物資以擊敗希特勒的方針，為了確保美國在公海航運的自由，美國必須毫不遲疑地襲擊納粹潛艇及入侵者。他們是"大西洋的響尾蛇"，"當你看到隨時準備進攻的響尾蛇，你不能等牠先襲擊你"。"積極防禦"的時代已經到來。這意味着美國艦船可以在對美國自衛至關重要的水域襲擊德國潛艇。另外，至關重要的水域由美國政府界定。羅斯福還藉這一機會介紹了允許美國在大西洋對同盟國船隻護航的新計劃，這是他在普拉森舍灣批准的，將於五天後開始生效。

羅斯福再次展現了他的演講天賦。這次"爐邊談話"後，民調顯示 62% 的美國人支持他在大西洋針對德國的政策。[223] 然而，正如英國駐美大使哈利法克斯勳爵敏鋭地向邱吉爾彙報的那樣，絕大多數美國人希望不要插手歐洲戰爭，儘管他們認可總統的大西洋新政和擊敗希特勒的願望。

對美國一些戰略家來説，戰爭的前景已成為一個緊迫問題。在陸軍參謀長喬治・馬歇爾上將的要求下，由阿爾波特・魏德邁少校領導的中層軍官 1941 年 7 月開始制訂大範圍戰爭計劃，也就是"勝利計劃"，完成於 9 月 25 日。該計劃對作戰所必需的軍事和工業生產規模進行了評估，並對擊敗軸心國提出戰術指導方針。很快該計劃就被證明是不可或缺的，但當時在這羣計劃制訂者眼中，德國仍然是美國的主要敵人，他們敦促美國領導人儘量控制日本。

日本政府應當考慮到，是否有一天美國會認為日美之間也不再需要"發照會"，這一天是否會很快降臨，該如何防止這一惡化趨勢。與其相反的是，日本卻在為自己的"積極防禦"計劃做準備。

從佐爾格處得知日本不會進攻蘇聯後，斯大林在整個 9 月從遠東向莫斯科調集了 20 個師。[224] 斯大林現在可以集中精力對付德國了。他最終將遠東的部隊砍了一半，蘇聯西線的形勢將逐步好轉。

這更應該讓日本重新審視自己對待美國的態度。日本留在法西斯陣營完全是因為德國的優勢，日本的戰略計劃仍然基於這一理念，但參謀本部的許多人已經注意到，蘇聯的抵抗能力出奇的強。另外，日本雖然並不認可真正的法西斯意識形態，但日本領導人也不願擺脫軸心國同盟關係。這也許是因為沒人敢於承認自己曾盲目堅信德國堅不可摧的錯誤。因此，從聯盟角度看，日本仍然屬於法西斯政權，與美國達成外交和解的機會越來越小。

9 月 10 日，野村在著名的華德曼公園酒店的新住處會見了赫爾，這座酒店是為了紀念一戰結束而建，共有 1,000 間客房，戒備森嚴。他詢問赫爾如何看待日本的最新提議（外務省的計劃）。赫爾表示，這一提議"縮小了此前諒解的精神與範圍"，而雙方此前的談話中"對整個太平洋地區達成了更廣泛、更開明的諒解"。[225] 簡言之，該提議是一步倒退。

這一明顯倒退更加劇了赫爾對近衛的懷疑，他認為近衛的政權地位不穩，無法作出重大讓步。這次會面讓野村更堅定地認為，東京必須在任何高層會見前作出切實的讓步。他尤其警告日本政府，從中國撤軍的問題對美國很重要。但東京的領導人對此很難接受。

日美談判伊始，日本部隊在中國的存在就注定是個問題，但其重要性後來才在美國人眼中變得越發明顯。要是在 5 月，赫爾肯定會對日本軍事佔領中國更加縱容（至少私下裏更加縱容）。銀行家兼業餘外交家井川忠雄曾經表示，赫爾甚至建議過將日本軍事佔領中國的表面目的從"反共產主義"改為"維和"。[226] 這種更改將讓日本能夠繼續佔領不受共產主義威脅的海南島。

1941 年夏天的一系列變化 —— 德國進攻蘇聯、日本不顧羅斯福提議進駐印度支那南部、日本堅持留在法西斯陣營以及美國民眾反日情緒高漲 —— 似乎打消了美國想在中國問題上的妥協。與捷克斯洛伐克不同，中國不能被犧牲掉。日美談判中能否不涉及中國問題就像（用薩姆納·威爾斯的話說）"詢問《哈姆雷特》搬上舞台時能否不要哈姆雷特角色一樣"。[227] 如果近衛遞交他的密友所起草的提議，承諾"日本'原則上'同意從中國所有地區撤軍”，事情的結果將有很大不同。這件事只能歸咎於近衛自己。[228]

赫爾拒絕日本的提議後，9 月 20 日的聯絡會議又通過了一份準備遞交美國的提議。這份修改提議的基本輪廓與 9 月 6 日的版本一模一樣，強調了美國需要在日本和蔣介石政府之間調停，但又不能干涉日本解決中日戰爭的計劃；解凍日本資產和恢復貿易；而日本不會涉足印度支那以外的地區。

新提議對中國實現和平開出更多條件，語氣上也更加強硬，說明參謀本部的影響力日益蓋過外務省。野村認為這份新提議沒有任何一點有助於他的談判。這件事說明他對東京的影響力有限，也證明近衛的勇氣有限。

野村尤其對日本開出的其中一個條件表示擔憂。東京方面繼續堅持讓蔣介石政府與日本支持的汪精衛傀儡政府合併。美國根本不可能同意這一條。野村覺得，任何為日本在亞洲利益的申辯只會起反作用，讓美國更加警惕。他向東京發回一條電報說：“我不認為這一提議能被接受。”[229] 但他的警告再次遭到忽視。

對於幕僚過分干預這份外交文件的起草，軍方至少有一人感到震驚。[230]
陸軍省軍務局的石井秋穗後來抱怨說：“參謀本部應該是只負責國家的防禦和軍事動員的機構，為何要對一份外交文件吹毛求疵？我不理解。”

即使祖護軍方的外相豐田貞次郎也承認，9 月 20 日的新提議對美國沒有吸引力。但他仍然將這一提議轉交給美國大使格魯作為參考，這份材料於9 月 27 日傳到了美國國務院。

近衛和羅斯福會晤的準備工作沒有甚麼進展，西園寺公一也不知所措。近衛首相任命他做顧問，大概是因為對他無條件地信賴。作為回報，西園寺為近衛非常賣命，幫助近衛起草了他沒能拿出來的提議。幾週前西園寺還對這一提議感到興奮，現在興奮感早已散去。西園寺感受到近衛的脾氣反復無常，常常優柔寡斷，但他仍然相信近衛由衷希望與羅斯福會面。

9 月下旬，西園寺接到好友尾崎秀實的電話，尾崎剛剛從“滿洲國”巡講兩週後歸來。對這位記者兼間諜來說，過去的這個夏天十分忙碌。當晚，西園寺與尾崎共進晚餐，交換了對日本與美國談判的看法。[231] 尾崎對前景完全不看好，認為美國並不信任當前的日本領導層。他說，美國不可能認真考慮日本的提議，包括高層會晤的提議。西園寺告訴他，在近衛的要求下，他參與了一份新提議的起草工作，希望仍能挽回局面。

9 月 24 日，尾崎又邀請西園寺在上次用餐的地方喝一杯。夏季還遲遲沒有過去，兩人點了啤酒。（與日本大多數人不同，他們倆仍能享受啤酒。根據東京的配給制，從 1941 年 4 月開始，每戶人家每六個月只能購買兩至四瓶啤酒。[232]）他們選擇在私人隔間見面，儘管兩人並不搞甚麼秘密活動。西園寺帶來了他們在富士山腳下起草的提議，也就是近衛沒能拿出的提議。尾崎並沒有要求查看，但西園寺與他最好的朋友分享這些似乎是自然而然的事。尾崎從頭讀到尾卻一言不發。他隨後推掉了西園寺安排的與其他朋友一起用餐的活動，並先行告辭了，很可能是去找佐爾格彙報情況。這次會面也讓西園寺日後受到間諜指控時多加了一道罪名。

第二天開始是晴天，溫暖舒適，氣溫一直是 20 多攝氏度，但一到下午就下起雨來，氣溫驟降。這一天的聯絡會議更增添了近衛心中的愁雲。參謀總長杉山元和軍令部總長永野修身共同提出，拋棄 10 月初這一模糊的最後期限，設定中止外交的具體日期。他們說：

> 開戰時機很大程度上取決於我們的戰術需要。因此，最後認定日美外交談判的成敗之前，我們一天都浪費不起。我們必須最遲在 10 月 15 日前選擇外交還是戰爭。[233]

由於兩位總長提出更加確切的要求，近衛開始感到恐慌，儘管他沒有表現出來。他謝絕繼續加入軍方安排的午餐會，而是帶着主要內閣成員回到了首相官邸。他向外務、陸軍和海軍大臣詢問："10 月 15 日的期限會不會太苛刻？"這一問題其實是針對陸軍大臣東條的，在立即備戰方面，東條與陸海軍總長看法一致。東條輕蔑地對他說，御前會議已對這一問題早有定論——10 月初是野村在華盛頓任務的中止。

善於隱藏內心想法的近衛不容易讓人讀懂。但這次聯絡會議後，他的變化很明顯。負責記錄的戰爭指導辦公室的官員第二天表示："表面上看，昨天軍部的要求沒有掀起太大波瀾，但實際不然。近衛首相的心中似乎發生了巨大變化。" [234] 近衛不想傷害表面和氣的做法讓他無法提出反對意見，這帶來了後果。他最終認識到，美國不會與他會談。恐慌之際，他立即出於本能作出反應：自保。

他第二天私下與木戶幸一會面時談到自己準備引退。兩人是學習院（Peers Academy）的同學，可以說他們從小就形影不離，關係密切。近衛抱怨道："如果軍方堅持 10 月 15 日是開戰的最後期限，我沒有任何信心，我只能考慮辭職。" [235] 木戶說：

> 是你召集 9 月 6 日的御前會議。你不能將問題擱置，一走了之。
> 這是不負責任的表現。為何不提議重新考慮這一決議？在與軍方交鋒
> 前你不能這樣說。以這種方式留下爛攤子是不負責任的。[236]

木戶的勸誡讓近衛沒有選擇辭職。但他逃往古都鐮倉的一處別墅裏，這裏雖然距離首都僅 30 英里，但卻被羣山和海洋隔絕開，他在這裏一直待到了 10 月 2 日。

由於首相離開東京，外相豐田只好獨自遊說，爭取促成近衛和羅斯福的會面。但他沒能聽取野村的建議，沒有從根本上改變日本的政策，並拿出更誘人的方案，相反，豐田交給美國大使格魯一份我們之前看到過的修改提議。他想當然地認為，格魯大使與羅斯福是老朋友，所以更有影響力。豐田希望格魯能做一些幕後幫助。豐田打開新的外交渠道，並認為通過這種方式與白宮的交流更有效果，但這樣做實際上讓野村顏面掃地。

豐田 9 月 27 日請求格魯向華盛頓方面解釋東京決策層的複雜體系，為

近衛及其懦弱尋找藉口。他暗示，東京拿出的"官方"提議並不代表近衛在朱諾不會作出更多妥協。

9月29日，格魯向羅斯福發回一份冗長的11點報告，他強調説："日本政府不可能對未來作出確切保證，無法作出更多承諾。"[237] 其中一個原因是：

> 前外相松岡在7月下台後，向德國駐日大使詳細講述了美日談判在7月以前的發展狀況。由於松岡的許多支持者仍在外務省，這些人有可能無所顧忌地向德國和日本極端分子透露任何有損於內閣的信息。雖然一些基本原則已暫時被日本政府接受，但日本未來的目標及政策走向……太虛太模糊，可以理解為他們更願意模棱兩可而不是澄清日本政府願意作出的承諾。

因此，格魯建議美國應該相信近衛的誠意並同意會談。他謹慎地推測説：[238]

> 我認為相比前期的交流，近衛可能會直接給羅斯福總統更多明確而滿意的答覆。

格魯進一步強調，美國應當奉行漸進主義方式。豐田曾表示，"唯一的選擇……是通過建設性妥協，儘量去改變日本的想法和觀點，這與美國當前的努力保持一致"。格魯對此表示贊同。

外交政策制定者很可能會把當前的危機作為決定下一步棋的參考。美國政府裏有人認為，格魯所鼓勵的"建設性妥協"就是某種綏靖政策。不論日本的形勢與1938年秋天的希特勒第三帝國有多麼大的不同，慕尼黑會議的慘痛教訓仍然歷歷在目。雖然豐田成功地將近衛內閣的處境進行粉飾，説日本政府被親松岡和親德派人士所支配，但他也只能責怪他的前任。不管有沒有松岡洋右，日本都無法避免對納粹政權的認同，它畢竟也是軸心國的一員。格魯認識到了這一點，所以他堅持認為自己所主張的 "不是所謂的綏靖政策"。[239]

可惜的是，近衛沒有良好的業績來讓華盛頓相信他值得信任。雖然近衛和豐田不斷表示，近衛如果能去朱諾，就一定會帶來令人滿意，甚至令人驚訝的妥協方案，但美國政府仍然表示懷疑。

1919 年年初，近衛聲討巴黎和會英美獨裁的愛國主義文章讓他首次引起西方關注。1937 年日本侵華戰爭全面爆發時他擔任首相，對戰事升級負有責任，包括對日本在中國大城市和工業基地的暴行（尤其在南京）負責。他擔任首相期間，日本正式支持汪精衛傀儡政權。他還推動了日本與德國和意大利結盟。他在《三國同盟條約》簽署後的新聞發佈會上說："如果美國繼續故意誤解日本、德國和意大利的真正意圖，我們沒有別的選擇，只有戰爭。"[240] 近衛卻認為，這些說過的話和做過的事都不會影響他的可信性，他畢竟是一位公爵。他這是自欺欺人的想法。

讓近衛感到失望的 9 月 25 日聯絡會議還讓海軍大臣及川古志郎極其擔憂。的確，為了推翻松岡洋右，向來十分謹慎、不輕易發言的及川竟然鼓吹："海軍有信心與英國和美國開戰。"松岡回應說："如果你連打英國和美國都不怕，再加上一個蘇聯又有何難？"及川沒有體會到松岡的挖苦語氣，他只能老實地回答："你難道看不見蘇聯的加入意味着我們多了一個敵人嗎？"[241] 就在他倆這次交鋒的整整三個月後，及川真的要面對同時對抗這三個國家的可能性。

值得讚揚的是，在 9 月 25 日的聯絡會議上，當陸海軍總長想要將 10 月 15 日定為外交努力的截止日期時，及川公開表示反對，這一點近衛都做不到。雖然他無法阻擋戰爭趨勢，但他也希望讓趨勢變緩。自爭論日本南進還是北進時就態度強硬的陸軍參謀次長塚田攻顯然對及川的阻撓很不滿。他狂熱地相信日本天生的偉大，堅信日本必打不可的戰爭不需要基於理性的戰略思想，而是基於 "我們神聖大地的正義精神"。[242] 雖然許多日本人（既包括軍官也包括文職官員) 都或多或少地接受"日本命中注定"這類偽宗教命題，但塚田的狂熱令人驚訝。聯絡會議後，塚田對下屬抱怨説，東條應當敦促及川不要胡鬧，這樣他們才能繼續備戰 —— 似乎及川是唯一沒有理智的人。但塚田也承認，如果海軍不願意，日本就無法與美國開戰。

陸軍中不是所有人都像塚田一樣，一心想要戰爭。陸軍中越來越多的人對戰爭感到遲疑，尤其是陸軍省軍務局的人。由於軍務局負責陸軍內的資源調配，與參謀本部一起制定陸軍政策的總體基調，所以軍務局局長是陸軍省的三把手 (僅次於陸軍大臣和陸軍次官)。9 月 29 日，軍務局成員聚集在局長武藤章的辦公室裏，他們將詳細討論未來可能發展的局面。他們的口吻差不多。陸軍無法公開向華盛頓低頭 —— 尤其是從中國撤軍，但在武藤的心裏，戰爭是更糟糕的選項。他説："最可能的結果恐怕還是要開戰。但你看，一旦擦槍起火就可能讓日本置於萬劫不復之地。我就是不能下決心開戰，我不想要戰爭，既然天皇也表示不想要戰爭 (通過朗誦詩歌)，我更不想要了。" [243] 武藤曾在 1937 年極力支持與中國開戰，但他現在認識到，這是日本的一次"誤判"。他心裏清楚，如果再來一次戰爭，日本將徹底毀滅。

當天，聯合艦隊司令山本五十六向軍令部總長永野發出警告。雖然在過去 10 個月裏，他一直在精心策劃給美國致命一擊，但山本仍然認為，贏一兩場戰爭並不能確保在長期拉鋸戰中勝出。因此他對永野説：[244]

> 我們的軍演顯示，南部應能在四個月左右拿下，但至少要損失 60 架飛機。當然在真實戰爭中損失的數量可能會更多。這意味着我們必須補充足夠的飛機來繼續作戰……如果以我們目前的實力作戰，(取得最終勝利的唯一可能) 是在戰爭初期取得巨大勝利。

山本當然想要向世界證明，他有能力取得這一巨大勝利，這是他賭徒的一面。但一個更加理智的山本向永野建議：

> 我想補充一點⋯⋯顯然日美戰爭勢必要拖延。只要日本佔上風，
> 美國是不會放棄的。戰爭將持續好幾年。另外，日本的資源將被消耗
> 殆盡，戰艦和武器將受到損耗，補充資源是不可能的⋯⋯日本將一貧
> 如洗。

他得出一個經典的結論：“勝算如此渺茫的戰爭不應該開始。”

這位海軍指揮官的猶豫説明，參謀本部推動的戰爭與日本的戰略現實是脱節的。軍方的戰爭意願不代表一致意見。近衛希望利用意見上的分歧。10 月 1 日傍晚，近衛召見海軍大臣及川來他所躲藏的鐮倉別墅。近衛問他對確定外交期限的看法，及川説：[245]

> 閣下，您已表示堅決反對戰爭。（但不開戰）將意味着接受美國所
> 有的要求，以便維持正常關係⋯⋯如果您下決心走這條路，海軍將支
> 持您到底，陸軍也會這樣做。

近衛顯然很高興，他對及川説，這下他終於放心了。

及川隨後在東京拜訪軍令部總長永野，據海軍次官澤本賴雄表示，永野同意支持避免戰爭的決定，這説明永野在聯絡會議上的強硬表態不能被當真。及川總是對日本與西方開戰的前景感到膽怯，他一定支持近衛和永野的緩和態度，他也感到鬆了一口氣。來自海軍的外相豐田也認為應該通過外交途徑解決問題，他很後悔御前會議草率地定下了外交截止日期。現在，近衛感到自己擁有足夠勇氣了，他從自我放逐的狀態中走出來，回到東京。

10 月 2 日上午 9 點，野村大使被赫爾召喚到他的公寓。赫爾交給他一份聲明，呼籲日本接受美國國務卿提出的“四項原則”，即（1）尊重雙方及其他國家的主權和領土完整；（2）堅持不干涉別國內政的原則；（3）支持平等原則，包括通常機會平等；（4）不擾亂太平洋地區現狀，除非太平洋地

區現狀通過和平方式發生變化。[246] 赫爾還要求日本向美國毫不含糊地闡明關於日本從中國和法屬印度支那撤軍的想法。至於日本與軸心國的聯盟，赫爾說："日本政府最好作進一步研究，看看自己還有哪些立場可以作出澄清。"[247] 赫爾斷然表示，在"關鍵問題上達成共識"前不會進行雙邊高層會晤。[248] 他再三提醒野村，美國政府認為"臨時拼湊的協定不能維持太平洋地區和平的形勢"。[249] 為了儘量減少負面輿論，美國需要"確保雙方召開的任何會議都能取得成果"。[250]

當被問及對這份文件有何看法時，野村一開始表示，日本政府可能會很失望。赫爾的"四項原則"是在要求日本發生根本性改變，從一個國家的角度看，日本在這麼短時間裏根本無法做到。美國畢竟還是想要佔領道德制高點。對許多日本人來說，美國與日本的不平等條約（1911 年才作廢）、與英國等老牌帝國主義強國結盟以及針對有色人種的政策都讓美國自詡的道德高標準看起來異常偽善。

日本很難從中國撤出所有部隊。因為蘇聯緊挨着內蒙古和中國北方，日本陸軍認為，日本撤軍的跡象將引來蘇聯的進攻 —— 這一擔心在四年後得到印證。

野村認為，最實際的解決方案就是舉行峰會，讓雙方對這些問題進行討論。他對赫爾說，日本政府對高層會晤的態度是認真和誠摯的，鑒於日本的國內形勢，日本政府很難在會前作出甚麼承諾。野村強調說，近衛內閣仍然處於"相對強勢的地位"，保守團體上台的可能性非常小。野村極力解釋近衛出於性格原因不願直接與反對者起爭執，但這並不會影響他的領導力 —— 荒謬的是，正是他不願起爭執的性格特點讓他坐上首相寶座，並保持了很長時間。

10 月 4 日的聯絡會議是野村與赫爾交涉不成功後的首個會議，氣氛很沉悶。野村用電報傳回了與赫爾的談話內容，但在會前還沒有被完全翻譯出來，所以無法討論細節。與會領導人只好表達了自己的大體看法。參謀總長

杉山元告誡,拋棄外交談判的最後期限不應被推遲。他說:[251]

> (我們)浪費不起時間了。如果不能很快下決心並浪費更多時間的
> 話,我們最終將完全沒有能力發動戰爭,不論是向南還是向北。我們
> 不需要今天決定,但我們必須(很快)決定。

杉山話音剛落,軍令部總長永野緊接着說道:"現在沒有時間討論了。我們應該馬上(為戰爭制定時間表)。"

當然,永野兩天前對及川說過,他更願意避免與西方軍事對抗。永野善於說兩面話,但其實所有日本領導人都能毫不費力地在公開和私下角色之間轉換,並不覺得不妥。另外,這種兩面性的說話習慣(日語裏叫作"本音"和"建前",即真心話和場面話)常常被視為一種為了避免尷尬的美德。一旦永野代表指揮部講話,需要體現日本戰略興趣時,他就拿出霸道、幾乎像是惡棍的一面。在聯絡會議上沒有任何人聲援的情況下,及川的反戰努力變得更加困難。由於及川能夠理解永野作為軍令部總長說這些場面話的重要性,另外及川也是一個懦弱的人,所以他不會公開指責永野。聯絡會議逐漸淪為一場為了面子而維護面子的可悲鬧劇。他們關注的重點完全偏了,日本的國家命運被放在次要位置。

這天的會議記錄中沒有及川的發言,他可能一直保持沉默。1946 年 1月,及川在一次前海軍官員參加的圓桌討論會上說,他認為首相當時應主動把政府的政策從戰爭中拉出來。[252] 他認為近衛想把政策轉向的責任完全推給海軍,這讓他感到警覺,所以比平時更加沉默。及川對世界毫不了解,見識短淺,他不願承擔避免戰爭的過錯,不願承認自己缺乏信心是膽怯的表現。及川不是唯一自我欺騙的人,日本領導層的每個人都在徒勞地相互推卸責任。

在 1946 年的這次圓桌討論會上,海軍次官澤本對及川面臨的棘手形勢表示同情。他說,在 1941 年秋,一個人很難開口說:"海軍沒有能力打仗。"

這將打擊海軍官兵的士氣。另外，軍方領導人不顧日本利益而只想着自己和本部門的利益，這種做法着實有點兒過火。

圓桌會議上自稱是極端自由主義者的井上成美不接受這種戰後解釋，他直接向及川發問："海軍本應全力阻止陸軍（做出戰爭決定）。相反，我們最後失去了一切，包括陸軍和海軍。你為甚麼不（做些甚麼或說些甚麼）？"他進一步逼問："你是說你之所以不反對戰爭是因為近衛應當表示反對嗎？"及川無力地辯解道："連首相都不能阻止（強硬派），海軍如何能夠做到？"

井上認為，及川完全有能力阻止滑向戰爭的趨勢。他本可以辭職，海軍可以拒絕任命新大臣（海軍大臣必須從現役海軍大將中挑選），這樣海軍就能拖延開戰的最後期限。但及川和其他海軍領導人都沒有利用這一策略，這說明不論戰後解釋些甚麼，戰前沒有一個人有能力（或勇氣）阻止一場注定要給日本帶來災難的戰爭。

10月4日的聯絡會議沒有取得任何成果。時間拖得越久，拒絕戰爭所需要的勇氣就越大。10月5日，陸軍省和參謀本部舉行高層會議，他們同意，首相應當在10月6日會見陸軍大臣，以"討論（日美外交）談判期限的延長和我方（對美）條件的放寬"。[253] 海軍次官澤本一開始建議，首相、陸軍大臣、海軍大臣和外務大臣參加這一會議，但及川不願意參與，大概他不想被視為開戰的唯一反對者。

及川的恐懼不無道理。參謀本部現在誤以為近衛支持開戰選項，因為他沒有對此表達強烈反對。陸軍的中層戰略研究人員也在為戰爭做準備，他們抨擊海軍的遲疑不決。戰爭指導辦公室10月5日的記錄透露了他們的感受：[254]

> 首相似乎決定開戰。他今晚要與主要內閣成員單獨舉行會議。我們參謀本部都感到很高興，覺得鬆了口氣。我們唯一的敵人就是海軍大臣。

近衛當晚見到東條，試圖說服他放棄戰爭。他們的見面地點是東京西郊近衛最喜歡的別墅"荻外莊"，這裏能看到富士山。近衛很喜歡在這裏舉行私人政治活動。然而，這次會面自始至終都是東條的表演，他說："美國要求我們退出《三國同盟條約》，無條件接受'四項原則'，並結束軍事佔領，日本無法忍受所有這些條件。"[255]

近衛說："最核心的問題是（從中國）撤軍。為甚麼不能原則上同意撤軍，但以保護資源的名義保留一些部隊？"

東條說："這種做法叫作陰謀詭計。"

感到惱怒的近衛換了一種策略。"讓我們想想御前會議的氣氛吧。"他說。他指的是裕仁天皇當時讀了一首詩表達自己的猶豫。近衛問東條與英國開戰能否避免讓美國捲入其中。這一想法是海軍中的一些人提出的，充分暴露了他們內心並不願意與美國對抗。東條斷然否認這一可能性。他說，"經過大量研究"，最高統帥部有了明確答案，"從海軍戰略角度看，分別作戰無法實現"。

10 月 6 日，陸軍和海軍分別舉行會議，但沒有討論日本的備戰問題。杉山當晚會見東條，他表示反對向美國妥協，要求政府堅持 10 月 15 日這一外交最後期限。兩人同意參謀本部應當"堅決"制止海軍阻撓戰爭的努力。[256]

海軍的高層會議由海軍大臣、次官、軍令部總長、次長和海軍軍務局局長參加。永野首先聽取了關於上次會議的彙報，因為他沒有參加那次會議。雖然海軍領導人都不敢公開表達自己的態度，但他們仍然在前一天達成了廣泛共識，即"與美國開戰很愚蠢"。另外，海軍還"原則上"同意日軍"從和平與穩定得到保證的中國部分地區逐步撤出"。這當然會激怒陸軍。據海軍次官澤本的描述：[257]

> 及川說："那麼，不如我斗膽去與陸軍爭吵吧？"似乎他自己下定了決心，又想讓軍令部總長（永野）對他進行鼓勵。永野對此回應："我認為這樣做不明智。"這一下子打消了他的決定，為了作出這一決定

他曾拿出巨大勇氣，永野的話還立即澆滅了高漲的（反戰）士氣。

及川性格的弱點顯而易見。他的前任吉田善吾因為生病而主動請辭，而及川又從來不樹敵，所以他當上了海軍大臣。永野稍微提出異議，及川就不再有勇氣反對開戰，畢竟他一開始就不敢與陸軍正面交鋒。另外也沒有人支持和鼓勵他。

陸軍戰爭指導辦公室 10 月 6 日的記錄總結道：[258]

> 陸軍和海軍仍然意見不合。陸軍認為（外交）沒有希望。海軍仍然相信有希望。海軍認為，如果陸軍重新考慮軍事佔領（以及從中國和印度支那撤軍的）問題，那就還有希望。我們不禁要問海軍軍令部（說這些廢話時）到底在想甚麼。僅僅在前天的聯絡會議上，（永野）還宣稱沒有"討論"的時間了。但現在為何會這樣？……海軍真是個謎……一個人很難不（對海軍的意見）感到生氣……（海軍中有人）預計將損失巨型戰艦……（還有人）琢磨，是否能夠避免攻打菲律賓（以避免美國干預的風險）。在這個時候，他們到底在說些甚麼啊？自私的海軍想要廢除御前會議作出的神聖決定。難以置信！海軍多麼不負責任啊！多麼不可靠！實際上海軍在摧毀我們的國家！

雖然很難判斷這位參謀的意見在整個陸軍中有多大代表性，但可以肯定的是，陸軍與海軍之間的關係十分緊張。

海軍在聯絡會議上勇於承認日軍現狀的是軍令部作戰部長福留繁，他說：[259]

> 從戰艦的損失角度看，（據信）開戰後第一年就將有 140 萬噸的艦船沉沒。聯合艦隊對戰爭進行的類比演習顯示，戰爭第三年將沒有民用船隻。我（對這場戰爭）沒有信心。

10 月 7 日，陸軍大臣終於與海軍大臣進行了會面。在一次內閣會議上，東條說："我知道這很難接受，但我必須說出來。當前的經濟並不正常，當前的外交狀態也一樣……我們現在首要任務應當是殺出一條血路。"[260] 他隨後與及川單獨會談。他強調說，陸軍不會允許日本接受赫爾的"四項原則"，他還表示，日本從中國全部撤軍或立即撤軍都是不可能的。

及川建議，陸軍應當重新考慮其強硬的姿態。他指出，美國 10 月 2 日的提議並沒有看起來嚴苛，通過外交解決問題仍有希望。東條專門問到，對於 9 月 6 日御前會議的決議，海軍是否改變了主意。及川回應道："不，我們沒有改變主意。我們的戰爭決心沒有改變。"[261] 也許對及川來說，"戰爭決心"並不一定意味着開戰。但不管怎樣這是一個含糊且危險的態度，因為東條想要一個明確的答案。

東條不肯讓及川好過，他繼續逼問，倘若真的開戰，海軍大臣有信心贏嗎？及川這時說出了自己的"本音"（真心話）："恐怕我沒有信心……如果戰爭拖上幾年，我們不知道結果會是怎樣……但我說的話不要傳出去。"

東條一年來一直是戰爭的宣導者，此時卻突然態度軟化。他對及川說："如果海軍沒有信心，我們必須重新考慮。該糾正的必須糾正，當然這需要我們接受自己的責任。"這意味着內閣中有責任的大臣都必須辭職。

不論多麼尷尬和不自在，海軍和陸軍大臣終於談到了問題的核心：儘管 9 月初倉促作出了決定，但日本（尤其是海軍）並沒有為戰爭作好準備。但與此同時，軍令部總長永野卻繼續逞口頭之勇。我們已經見識了及川的膽小和謹慎，而永野當天會見參謀總長杉山時，他的口氣更強硬了。但即便永野偶爾也忍不住透露自己的疑慮：[262]

永野：我不認為外交能解決問題。但如果外務大臣認為仍有希望，我願意繼續談判……但這並沒有改變我們的決心，即在 10 月 15 日作出是戰是和的決定。（同時）我們必須留心，不要錯過任何戰略機遇……（我們談判的同時必須備戰，因為）我們需要保持戰鬥能力，萬一（政府領導人）哪天對我們説：“我們在外交方面已經盡力了，但沒有成功，現在該你們登場了。”……

杉山：但我可以認為海軍對戰爭沒有信心嗎？

永野：甚麼？對戰爭沒有信心？這不是事實。當然，我們從未説過一定會勝。我也對天皇説過這些，但我想強調，現在還有獲勝的機會。對於未來，成功或失敗將取決於物質實力和精神力量的結合。如果你支持海軍大臣的看法，那麼這種態度將質疑一切軍事準備的需求……至於開不開戰的最後期限，海軍不介意將其延長一點……但陸軍似乎不這樣認為，是嗎？你們似乎已整裝待發。

杉山：不是，我們也非常謹慎……

永野：天皇 9 月 6 日可是同意了這一決議……現在我們向印度支那南部的增兵不能猶豫。

杉山：我完全同意。

這天晚上，近衛再次在“荻外莊”會見東條。及川堅持讓近衛單獨會見他。近衛提出，如果日本能夠原則上同意從中國撤軍但時間由實際情況決定，那麼外交努力就有可能成功。東條回應説：“我們決不能這樣做。”[263] 近衛再次指出，撤軍問題是阻礙和平的主要障礙，他説：

在“四項原則”中，我們應該接受機會平等的原則。當然，由於一衣帶水的關係，我們在中國有特殊利益，我相信美國將會對此予以承認。至於《三國同盟條約》，書面保證（日本退出該條約）將很困難，但我有信心在與美國總統直接會晤時能想出解決方案。剩下唯一的問題就是軍事佔領了。為甚麼不能寬容一些，不要稱之為軍事佔領呢？如果這個問題成為談判的絆腳石，你會怎樣處理？我們不能一邊同意撤軍，一邊尋找維持實際軍事佔領的方式嗎？

東條表示，總體問題比近衛想的要複雜得多。東條認為，美國承認日本在中國的特殊地區利益只是一廂情願的想法。另外，在所有問題都沒定下來時（包括兩國高層會晤），他拒絕讓陸軍主動作出如此大的讓步。對此，近衛只能説：“軍人對戰爭的想法太草率。”

東條堅持認為，9月6日的決議是不可違背的，10月15日的最後期限必須得到遵守。東條用他最有名的一句話説：“有些時候，一個人必須鼓足勇氣做事，就像從清水寺的平台上往下跳一樣，兩眼一閉就行了。”[264] 近衛説，如果一個人只為自己負責的話，跳下深淵也不失為一種選擇，“但如果我要為一個已經存在2,600年的國家着想，為數億日本人着想，肩負如此重任，我無法這樣做”。

在他強硬的外表下，東條內心也疑慮重重。第二天，及川前去拜訪東條，看看他與近衛談得如何。東條説：“我們在中國事變中已經失去了數萬人。（從中國）撤軍似乎是無法接受的選項。”[265] 表情痛苦的他繼續説道：“但如果我們與美國開戰，我們將再失去數萬人。我正在考慮撤軍，但我就是下不了決心。”

東條對那些死在中國的人念念不忘，但最為諷刺的是，在中國的高級指揮官卻強烈要求日本避免與美國開戰。10月初，侵華日軍總司令畑俊六派一名手下到東京傳話。[266] 他認為，日本的戰爭資源已經耗盡，因此應當接受美國的要求並永久性解決與中國的戰爭問題。東條完全理解中日戰爭中的陣亡士兵讓日本感到沉重。他後來的舉動不斷證明，死去的人對他來説比活着的人更重要。

赫爾在戰後評價東條説，他“相當愚蠢”，“小心眼、古板、想法偏狹”。[267] 這其實是不準確的。1941年秋的東條內心十分糾結，其原因很複雜。作為職業軍人，他認為撤軍是恥辱的失敗。由於他處理問題的刻板方式以及心中的信條，他無法接受赫爾的“四項原則”。最糟的是，東條（以及大多數軍人）似乎不太理解國際諒解條約的作用，其實這些臨時達成的諒解並沒有涉及具體細節。他或許無法擺脱自己嚴謹的軍事生活習慣。

10 月 12 日是近衛的 50 歲生日，但卻沒有慶祝氣氛。這位隨時準備辭職的首相決定最後一次嘗試為外交爭取時間，他召開了一次會議，叫來了外務大臣、陸軍大臣、海軍大臣和企劃院總裁鈴木貞一，鈴木與近衛和東條的關係都很親近。在這種小範圍會議上，近衛覺得自己更有機會改變形勢。

下午兩點，近衛在"荻外莊"華美的接待室召開了這次會議。雖然"荻外莊"是傳統日式風格的建築，但接待室的風格卻融合了多種元素：中式傢具、巨大的窗戶和門，以及繁複圖案裝飾的天花板。近衛對與會者說："我們必須繼續尋求外交解決方式。我對這樣的戰爭沒有信心。如果我們必須開戰，那這一決定必須由一個對此有信心的人來作。" [268]

及川保留自己的意見，認為是否開戰完全由近衛決定。他說："我們現在站在外交還是戰爭的十字路口，最後期限就要到了，首相大人必須作出決定。如果決定不開戰，（海軍）也無所謂。"

及川的確有許多機會可以發表自己的真正看法，他把決定權單單交給近衛也是不對的。根據憲法，首相沒有決定戰爭的單獨特權 —— 這必須經過整個內閣的認可。由於日本對抗西方的行動主要依賴於海軍，所以及川基於現實的反對意見將會很有分量。井上成美五年後指出，及川當時有能力也有義務質疑內閣的戰爭決定，有必要的話，他甚至可以辭職。但及川不想讓自己及整個海軍蒙受恥辱，他再次選擇不去冒這個險，這一點兒也不意外。

及川認為自己能夠逃避責任，因為他堅信近衛將作出這一重大抉擇。這次會議召開前一晚的半夜 12 點半，兩個人突然來到海軍大臣官邸拜訪，及川穿着睡褲接見了他們。他們一位是近衛派來的密使、內閣書記官長富田健治，另一位是海軍省軍務局局長岡敬純。富田說，他希望海軍能夠明確表示反對戰爭，這樣首相才不會難堪。

及川迴避了這個問題。他對富田說，這純屬"政治"問題。他說：

> 我們能不能開戰不是軍方說了算。這是一項政治決定，應由政府作出。如果政府決定開戰，軍方就必須支持，不論這場戰爭將多麼困

難。我將在明天的會議上重複這一觀點，作為海軍大臣，我將永遠支
持首相作出的任何決定……近衛首相必須自己主動表示，他希望（外
交）談判繼續，並且（停止備戰）。[269]

及川在會上把皮球又踢給了近衛，他認為海軍已經把放棄宣戰的權力完
全交給了近衛。他在鐮倉的秘密會面時對近衛說過，如果真想給外交更多機
會，首相必須"準備忍受"美國的要求，而海軍將支持首相的決定。近衛的
確渴望阻止戰爭，但他卻沒有勇氣說出來。他也認為，阻止戰爭最終是海軍
的責任，與他無關。這也是近衛在最後一刻派富田去見及川的原因，他想爭
取海軍將直接干預的明確承諾。這最後演變成一場鬧劇，劇中嚴重缺失的是
勇氣。

近衛沒有辦法將責任推給及川後，他自己也無能為力。他能想到的最後
一招就是讓與會者質疑御前會議的決定。外相豐田是唯一進行深刻反思的
人。他承認這是一個集體"失誤"，敦促繼續進行外交談判。他說："請允許
我不留情面地坦白說一句，我認為御前會議的決定是草率的。我們甚至在收
到相關文件的僅僅兩天後（並且只經過了一次聯絡會議的討論）就作出了決
定。"[270]

這時東條對近衛感到很惱火。他對近衛大喊："甚麼叫你沒有信心？你
難道不是應該在我們制定《帝國國策實行要領》時就提出來嗎？"東條強調，
政府應當堅持 9 月 6 日的決議，因為這是已經決定好的事。他仍一如既往地
對他人表現出強勢的一面，絲毫沒有顯露最近在及川面前流露過的那種內心
糾結。他展示的是他的公眾面孔，他的"建前"。他厲聲道："這太冒失了！"
儘管天皇沒有確切表達自己的意見，但這一"皇家"決議對東條至關重要，
現在改變這項決定為時已晚。

這就是著名的"荻外莊五相會議"，讓人記住的不是會議成果，而是會
議的毫無建樹。距離 10 月 15 日只剩三天了。

第十一章 軍人接任

1941 年 1 月 11 日，作為對《國家總動員法》的補充，日本政府制定了一系列針對報紙及其他媒體的規定。諸如軍事、外交和財政政策等敏感話題不能再見諸報端或公開談論，對於其他有可能影響國內動員的社會題材也有詳細規定，這些題材包括資源短缺、天氣預報（因為可能具有戰略敏感性）、家庭問題（比如，丈夫在中國打仗，而妻子背地裏通姦）。這些規定更加限制了報紙的報道，但其實日本的新聞自由已經很久都不存在了。

正如我們前面看到的，自從"滿洲事變"開始，主流報紙都毫不避諱地支持政府政策，依靠煽動愛國主義來競爭發行量。日本入侵"滿洲"時，軍人與記者主動相互結交，隨着越來越多的記者被派往前線，他們的關係也更加密切。客觀報道原則已被拋棄。中日戰爭爆發後，媒體堅持有選擇性的報道政策，集中報道日本的勝利。到 1941 年，日本媒體已經無法擺脫自己與軍方危險的聯繫。

在官方政策的發佈方面，日本國家廣播電台 NHK 總是搶先報紙一步。1938 年 5 月的一天，NHK 首次從江蘇徐州現場直播了一場戰役。廣播員興奮的聲音傳遍整個日本，他將眼前發生的一切稱為"一場巨大勝利"。其實，敵軍很快撤退了，根本沒有多少抵抗，但聽眾並沒有聽到這些，他們聽到的是："徐州攻破了！徐州攻破了！親愛的國內聽眾們，現在還不是歡呼的時候，勝利的喜悅仍然在等着我們。在我説話的同時，我們偉大的搜索殲滅行動仍在繼續。所以請大家回家去，今晚要整晚守候消息，為日本最偉大的勝利祈禱！"[271] 在這種煽動下，許多人前往靖國神社，排長隊進行午夜祈禱。這相當於為 1941 年 12 月 8 日早上更加煽動性的廣播報道進行了綵排。

並非所有的媒體都像 NHK 或報紙那樣進行一邊倒式的宣傳。那些吸引中高端讀者、通常每月發行的雜誌除了刊登政治評論外，還包括文學作品。但現在，這些雜誌的日子很不好過。雜誌發行人收到一份自由派撰稿人名單，他們的文章被禁止刊登。雜誌還需遞交一份訂戶名單，以及即將出版期刊的詳細提綱，以徵得政府新聞部門批准。兒童雜誌也不例外。1941年秋，一種男孩刊物上連載10年的漫畫故事戛然而止，讓日本少兒讀者感到失望。這個深受歡迎的故事講述了流浪狗士兵野良犬的冒險活動，它被認為是對軍方的不敬，但並非故事本身表達了對日本軍國主義的不滿，而是因為故事裏的士兵全都是動物。

缺少紙張這一現實問題也是出版業面臨的難題，迫使許多雜誌倒閉。（西園寺公一編輯的一本用光面紙印刷的攝影雜誌在1941年年初也停止發行了。）但有些雜誌似乎經營得很好。一天，永井荷風驚訝地發現幾家新雜誌在打廣告。他說："多麼奇怪啊！不是說讓我們節約用紙嗎？為甚麼現在發行新雜誌？"[272] 這些雜誌都有一個法西斯主義傾向的名字。

以表演美式時事諷刺劇而聲名大噪的女子劇團"寶塚"也面臨巨大壓力，她們要演出更多愛國題材的劇碼。1941年秋，她們的主要劇碼是《天空之母》，這台音樂劇講述了身為飛行員的丈夫和兒子在離家期間，婦女們保衛家園的故事。

但即使在這種嚴格審查的氣氛下，日本人對美國的某種鍾愛程度並沒有減退，也沒有受到約束。10月初，一年一度的美式橄欖球錦標賽在東京舉行。電影院裏仍然能放映美國電影，但次數比以前少多了。但這一切持續不了多久了。

理查·佐爾格是銀座一家高級餐廳的常客。10月4日，佐爾格選擇在這裏慶祝他46歲生日。餐廳老闆奧古斯特·洛邁爾曾經是一名德國戰俘，在一戰期間的德日青島戰役中被俘。他曾專門學過做香腸，成功開了一家熟食店，當時這些各種各樣的加工肉食品在日本仍很少見。如果不是一戰，這位來自德國威斯特伐利亞的農村小伙根本不可能來到日本，更別提在這裏開一家餐廳了。如果佐爾格不是因為自己的戰爭經歷，他也不會投向共產主義，並成為蘇聯的間諜。現在，佐爾格感到戰爭臨近了。

佐爾格和花子在酒吧喝雞尾酒時，他發現了私人偵探。日本警方跟蹤外國記者並不罕見，但這天晚上，這些偵探的存在的確讓他感到驚慌。他拉着花子來到後面的桌子，他小聲對花子說，日本很快將要突襲美國。

"但野村大使是個能幹的人。"[273] 花子爭辯道，似乎她認為外交途徑最終能解決問題。愛好文學、生性浪漫的花子可能對緊張的政治局勢缺乏了解，她並不清楚日本與美國之間的形勢有多糟。但她對野村的信心也反映出大多數日本人一廂情願的樂觀。

佐爾格對花子說："美國在許多方面都很富足，日本永遠贏不了。如果日本開戰，失敗在所難免。"佐爾格高興地看到，日美關係惡化至少確保了日本不會進攻蘇聯。他盡其所能地完成自己的任務。這天早些時候，他向莫斯科發出一條語氣肯定的信息："如果美國10月中旬不做出任何妥協，日本將會襲擊美國，然後是馬來亞、新加坡和蘇門答臘。"蘇聯不再是日本戰略計劃中的敵人。經過八年，佐爾格感到自己的任務終於結束了。他決定詢問莫斯科方面自己是否能回到蘇聯，或者被派往德國。

晚飯後，佐爾格前往德國使館會見"朋友"，包括大使奧特，並繼續慶祝自己的生日。花子看着他的背影消失在黑暗中，她再也見不到自己的愛人了。

形勢對近衞來說不能更糟了。他把日本帶入了另一場戰爭的邊緣。他的領導地位受到東條的挑戰，於是他在尋找自我脫身的方法。我們不能責怪羅斯福政府不相信近衞，因為近衞總是無法樹立自己的權威。兩國高層會晤或許會給和平帶來一線希望，但美國不願會晤也是可以理解的。

距離外交最後期限只剩一天了，東條在內閣會議前見到了近衞。近衞最後一次勸說東條接受撤軍。也許近衞覺得自己沒甚麼好顧忌的了，他表現出異常的坦率。他說：[274]

我對中國事變負有最大責任。經過了四年，日中戰爭仍然沒有結束。我的確無法同意再開啟一場前景未卜的戰爭。我建議我們同意美國的撤軍要求，避免日本與美國交火。我們確實需要結束日中戰爭……日本未來的發展無疑是最重要的，但為了取得巨大飛躍，我們有時必須（向更強的一方）妥協，這樣我們才能保持和加強我國國力。

東條毫不臉紅地說："我認為首相大人的意見太悲觀了，這是因為我們深知自己國家的弱點。但你看不到美國也有自身的弱點嗎？"[275] 東條已經下定決心，撤軍是不可能的，至少在本屆政府任內不可能。

近衛回應道："這最終的實質是我們意見上的不同，我想讓你再想一想。"

東條語重心長地說："我倒認為這是我們性格上的不同。"

在隨後的內閣會議上，東條擺出一副矯揉造作的姿態發表演講。他的語氣和用詞都故作刻板，這種正式語體的發言反而有效地表達了陸軍大臣堅定不移的態度，以及終結近衛領導權的決心。他的發言如下：[276]

恕我直言，對於外相自 4 月以來為恢復兩國關係所做的努力，我必須說我方已經盡力了。如果我們繼續進行外交，我們必須確保談判成功……陸軍的行動基於 9 月 4 日御前會議的決定。該決定是每位內閣大臣深思熟慮的結果。該決定要求："如果外交談判到 10 月初仍然無果，如果我們的要求不可能得到滿足，我們將決定與美國、英國和荷蘭開戰。"今天是 10 月 14 日。我們約定在 10 月初，但現在已經 14 日了！……以 10 月底為底線的陸軍正在調集幾十萬部隊，並且我們正在從中國和"滿洲"調集士兵……現在，他們正在轉移！如果外交取得突破……我們就停止（部隊）轉移。希望各位考慮接下來該怎麼走。

會後，東條前往皇宮去見內大臣木戶。他希望為自己公開反對近衛尋求支持，並要求近衛辭職。東條表示，海軍領導也堅稱他們沒有改變 9 月 6 日的決定，儘管及川持有保留意見。東條和木戶認為，為了避免戰爭，必須確保下一任首相不受御前會議決議的牽絆。木戶表示，陸軍和海軍必須停止爭吵，同心同力。東條則放下剛剛矯揉造作的腔調，直接說道："已經決定的事就是板上釘釘的事，我們不要再浪費時間指責（誰該為 9 月 6 日的決定負責）了。"[277] 他認為，此時是考慮實際可行性的時間。

這天下午，東條前往參謀本部杉山元的辦公室，向他彙報與木戶的談話。他仍然在抱怨及川關於海軍備戰的態度前後口徑不一。東條說："海軍大臣沒有明確表示他沒有信心，但他的講話讓人覺得他沒有任何信心。如果海軍不願意（開戰），我們必須想想其他辦法。"[278]

最後成了這樣的局面：海軍不會表示自己不想開戰，認為沒有必要明確表達海軍的不情願，因為陸軍應該完全理解海軍的猶豫。如果按照外交妥協，日本開始撤軍，陸軍將成為大眾羞辱的主要對象，所以陸軍責怪海軍沒有明確表示自己的反對意見，因為只有海軍反對，陸軍才會被迫表示自己無法進攻。

東條認為，重新開始最簡單的辦法就是結束近衛內閣。這天晚上，他讓企劃院總裁鈴木貞一帶着他的口信去見近衛，要求近衛下決心辭職。鈴木解釋說，由於海軍對戰爭前景缺乏信心，而 9 月 6 日的決議又必須遵守，所以東條認為，正確的程序是曾經作出該決議的內閣承認自身錯誤後辭職。東條推薦反戰的東久邇宮稔彥王擔任下一任首相，諷刺的是，東久邇最近剛剛責備東條不支持外交努力，並以近衛的名義要求他辭去陸軍大臣的職務。挑選東久邇也透露出東條內心對戰爭選項的放棄，這一變化令人驚訝。東條認為，只有帶有軍方背景的皇室成員才能收回 9 月初的皇家決定。

東條的決定讓忠於皇室的內大臣木戶震驚。自從西園寺公望 1940 年去世後，木戶對首相人選的選擇擁有很大影響力。對木戶來說，皇室永遠凌駕於國家利益之上，這種信條基於一種循環論證，即皇室就是日本的國家利益。木戶不想讓天皇的叔叔參與政治，尤其在這一敏感時刻。

木戶身材矮小，留着鬍子，戴着眼鏡。他看起來就是一個完美的侍臣，總是很正式地穿着無可挑剔的深色西裝。他躲在天皇的背影中，就像操控木偶的人。日本皇室在 19 世紀下半葉經歷了重大轉變，以滿足現代日本的需求，木戶以自己身為皇室守衛者而自豪。他的祖父木戶孝允是長州藩武士，也是明治時代元老，幫助了日本天皇的集權。常言道"三代才能出一個貴族"，木戶幸一侯爵正好是第三代，他清楚甚麼才是最好的政治體系。

雖然人們認為木戶對天皇產生了自由主義影響，但他擺脫不了自己的右傾本性（畢竟他支持近衛 1940 年讓日本集權化的"新體制運動"）。或許他只是在介意自己並非"真正"的貴族，像近衛或西園寺他們都能追溯到 1,000 年以前的貴族血統。無論出身貴賤，他已經成了皇室看門人，他不會允許東久邇出任日本首相。

儘管局勢動盪，近衛"早餐俱樂部"的顧問仍然堅持聚會。10 月 15 日，俱樂部成員聚在一家餐館吃午餐，他們品嚐着烤鰻魚 —— 這在任何時代都是一種享受，尤其是在當下。尾崎秀實顯然還沒來。其他人決定不等他了，於是開始用餐，這時近衛的秘書岸道三突然衝進包房大喊："我得到可怕的消息，尾崎被捕了，據說他被指控為間諜。" [279]

在逮捕畫家宮城與德前，日本警方並不知道佐爾格國際間諜網的存在。來自沖繩的宮城在加利福尼亞度過青年時代，他在藝術學校學習期間開始對馬克思列寧主義感興趣。他加入了美國共產黨，並被派往日本，他不屬於佐爾格集團的核心成員。另外一名日本籍美國共產黨員在與佐爾格團隊無關的一次秘密行動中被牽連，由於宮城與他有關係，所以 10 月 10 日宮城也被逮捕。宮城試圖從二層審訊室跳窗自殺但沒有成功，之後他坦白了一切，包括為佐爾格集團工作，這最終導致尾崎被捕。

近衛身邊著名的知識分子竟然是共產主義間諜的消息讓近衛及其他人大感震驚。（由於媒體審查制度，尾崎的間諜活動直到 1942 年 6 月才被公之於眾。）近衛無法承受不可避免的批評聲，10 月 16 日，近衛辭去首相職務。

其實他早已下定決心。他不願意承擔取消 9 月 6 日決定的責任，也不想在任內面對與美國開戰的前景。無論近衛及其支持者如何為他開脫，如何為他的絕望處境爭取理解，近衛顯然是個失敗者，一個徹底的失敗者。他的貴族血統和學術背景並沒有成為有效領導能力的保證。近衛的重新上台是因為他不愛表露心跡，他常常贊同並不十分支持的提議，他希望所有問題都能以緩和的方式暗中解決，他不必弄髒自己的手。

近衛的政治傾向不斷在左右之間搖擺，表面上是為了團結日本。在過去日本國際危機加深的四年中，近衛擔任首相將近三年。這段時間，日本沒有打贏中國，戰鬥趨於白熱化；而日本明明打不過西方，與西方開戰卻成為"官方"政策選項，得到了皇室批准。

內閣更替計劃屬於最高機密，而日本帝國的其他臣民感受到的是日本緊迫的現實。厚生省開始宣傳"愛國婚姻"活動，以支持中日戰爭。10 月 9 日，約 50 名官員、學者、醫護人員和教育學家聚集在厚生省會議廳，用整個下午討論未來的目標。最後他們同意，日本需要降低初婚平均年齡，男子降低三歲，女子降低四歲；夫妻應鼓勵生育五個以上的孩子；取消封建時代的婚姻門第觀念；婚禮從簡，以節約開支。

在這天討論的所有問題中，晚婚趨勢（尤其是女性的晚婚趨勢）算是最嚴重的挑戰。10 月 10 日，《朝日新聞》關於這次會議刊登了一篇文章，題為《我們一起結婚吧！》，著名女性醫生和活動人士竹內茂代在文章中指出：

> 父母往往對女兒過度保護……在女兒畢業後，他們總是把女兒留在身邊生活幾年，培養其家務能力，比如，插花、縫紉和持家。但這種能力應該在上學的同時就應培養，這樣女兒一畢業就能結婚。學校在家政方面的教育也不要只教西式烹飪。首先，教師必須認識到，教會學生烹飪經濟而又有營養的蔬菜膳食至關重要。

不需要專家評論我們就能感受到，日本的傳統社會機構（尤其在婚姻方面）正在危機面前迅速解體。10 月初的一天，永井荷風與一位老人聊着當前的一些變化。這位老人說，日俄戰爭期間，人們不能給不認識的士兵寄送慰安袋。而現在，由於鄰組的成立，寄送慰安袋成為強制性義務，人們必須在每一個寄往中國的包裹中夾帶一封精神鼓勵信。[280]（百貨商店裏的慰安袋熱銷不是沒有原因的。這些包裹是家庭與前線最直接的聯繫，也是愛國的象徵。9 月，一個誇張的故事獲得了全國文學比賽一等獎，故事講述了一名死在戰場上的士兵緊緊抓着皇宮大院裏的鵝卵石，這些石頭是通過慰安袋寄給他的。）

在學校，給軍人寫信也受到積極鼓勵，年輕的女學生有時與她父母不認識的士兵通信。這帶來許多問題，包括單相思、糾纏和永遠無法相見的愛戀（當然，除非這名士兵活着從戰場回來）。士兵其實和少女一樣脆弱，一些女性則利用這種新型社會關係。酒吧小姐及其他服務行業的女性都紛紛給戰場上的士兵寫信，為了增加未來的潛在客戶。永井向來關注處在社會邊緣的婦女羣體，她們的求生本能令他印象深刻。

10 月 17 日下午，東條接到來自皇宮的電話，要求他立即前往。這是讓人心驚膽戰的召喚。東條以為他會因為促成近衛內閣倒台而受到責備。東條的心腹、陸軍省軍務局的佐藤賢了說："大人，您逼得近衛公爵走投無路……（因為）您說過，如果從中國撤軍您就會辭去陸軍大臣的職務。於是天皇陛下要責怪您了。"[281]

東條說："我不敢與天皇陛下爭執，無論他說甚麼都是最終決定。"

東條清楚，作為陸軍大臣，他自己也是失敗的近衛內閣的重要一員。為了正大光明地取消 9 月 6 日的天皇決議，參與決議制定的內閣必須全體辭職。東條已經開始搬離陸軍大臣官邸，把自己的東西陸續運至東京郊區的私人住宅。

雖然心情沉重，但他作好了一切準備，東條在下午五點見到裕仁。得知天皇要提名他作為日本下一任首相時，東條完全震驚了。提名者通常要回答：“請給我一些時間考慮這一任命。”但東條連這麼一句話都忘了。裕仁打破了這一尷尬的沉默，他說：“我們給你一些時間好好考慮一下。”[282] 當然，這樣說其實也是例行公事。

　　一切發生得太快了。前一天，近衛及全體內閣成員剛剛辭職，第二天，資深政治元老就立即開會討論首相人選。這種會議在將近 10 年前也召開過，當時執掌現代日本的明治元老們相繼去世。參加討論的大多數歷任首相，他們要幫助皇室挑選下一任首相。木戶在會上表示：“在當前情況下，我們必須統一陸軍和海軍的政策，重新審視 9 月 6 日御前會議的決定。從這一點來看，我推薦陸相東條為下一任首相。”其他人大感意外。

　　據木戶說，沒有人對此公開反對。他認為，這樣做是為了“以毒攻毒”。因為東條曾堅持認為 9 月 6 日的御前會議決定是神聖而不可更改的，所以木戶覺得，最好讓他來承擔改變這一決議的艱巨任務。但東條始終忠於軍隊，現在讓上屆內閣中最好戰的人擔任下一任首相以避免戰爭，這種邏輯顯然是有問題的。另外，帶來麻煩的御前會議決定是內閣和軍方聯合作出的。如果內閣必須為此負責的話，那麼參謀總長和軍令部總長也應該承認錯誤，但木戶並沒有要求杉山和永野辭職。

　　與木戶所說的全體一致同意東條的任命不同的是，一些老資輩在 10 月 17 日會議上推薦東久邇或另一位來自陸軍的宇垣一成擔任下一任首相。然而，他們都沒有像木戶那樣給出令人信服的理由。木戶的觀點佔了上風，而極度信任木戶的天皇也認可了東條的任命。“沒有磨難就不會有收穫，不是嗎？”[283] 天皇對木戶說。這句話其實來自一句中國諺語：“不入虎穴，焉得虎子。”虎穴也許指的是日本的軍事司令部，這裏充滿了狂躁、嗜血的戰爭狂人；虎子則是對日本和平解決與美國危機的隱喻。

　　為了確保陸軍和海軍對突然任命東條的真正原因沒有懷疑，木戶還召喚了及川來到皇宮，他對及川和東條說：

> 我知道你（東條）剛剛聽到了天皇關於陸軍和海軍需要合作的表態。我必須強調，天皇希望你在制定國家政策時不要受到9月6日決議的牽絆。你必須深入、廣泛地考慮國內外形勢。天皇希望你能作出謹慎的選擇。[284]

離開皇宮後，東條讓司機首先送他到明治神宮，然後前往東鄉神社〔為了紀念日俄戰爭英雄東鄉平八郎（Togo Heihachiro），他擊敗了沙皇的波羅的海艦隊〕，最後抵達靖國神社（供奉在過去的戰爭中為國捐軀的士兵）。在一小時左右訪問東京三處神社後，東條回到陸軍大臣官邸。他被任命首相的消息已經傳到他的手下耳中，他們紛紛表示祝賀。但這位日本新首相並沒有心情慶祝，他認識到自己現在面臨的任務有多麼艱巨。這天晚上，他下令陸軍嚴禁進入他的辦公室，他宣佈這裏完全是他的私人空間。他開始四處打電話，為了確定各個內閣成員。他任命自己為陸軍大臣和內務大臣，然後任命曾擔任日本駐蘇聯大使的資深外交家東鄉茂德出任外相。

60歲的東鄉留着鬍子，滿頭白髮。他娶了一位德國妻子，曾經想要研究德國文學。他不喜歡納粹主義，他在1937年至1938年只短暫擔任過日本駐德國大使，其中一個原因就是他與德國外長約阿希姆・馮・里賓特洛甫關係不好。東鄉既不親美也不親德，是個純粹的日本愛國者。他將自己的愛國信條寫在袖子上，也許他認為無論自己在事業上多麼成功，他仍然容易被貼上外來者的標籤。他出生於九州西南端的鹿兒島，本名朴茂德，先祖是在16世紀末被掠到日本的朝鮮陶工，他們家數代人保持住了自己的語言和文化。他的父親是一位成功的商人，在朴茂德五歲那年將家族姓氏改為東鄉。（糾正一個普遍誤區，他與"東方納爾遜"東鄉平八郎沒有血緣關係。）

整體來看，比起前任豐田，東鄉的確是更加合適和明智的選擇。他是一位資深外交家，他的外交技能能夠得到充分發揮。東鄉也有自己的考慮。午夜前，他前去見東條，問問這位未來的首相是否準備作出巨大讓步以避免戰爭。強硬的東條對這位狡猾外交官說，現在的形勢已經很不同了，"我同意再次審視形勢"。[285] 重新審視意味着陸軍作出讓步，包括撤出已經調集的部隊，這樣才能給新外相更多外交談判空間。有了這一保證後，東條和東鄉這種意想不到的組合成立了。

新大藏大臣和海軍大臣的候選人也想得到東條避免與美開戰的保證。賀屋興宣得到了滿意的答案，於是答應管理國家經濟。而一向反戰的島田繁太郎經過多次勸説後最終也同意出任海相。

就在 10 月 17 日這一天，理查・佐爾格清晨 6 點從熟睡中驚醒，他隱約聽到門外有個熟悉的聲音在喊他的名字。佐爾格有一次騎摩托車時遭遇交通事故，在事故處理過程中與警察齋藤熟絡起來。現在齋藤正在喊他："佐爾格先生！我是警察局的齋藤。我來找您有事。"

佐爾格開門後，迎接他的是用德語表達的完全不同的聲音："我是檢察官，根據這一逮捕令，我們現在要正式逮捕你！"佐爾格被十來個日本警察包圍，他被戴上手銬。他的間諜同夥德武凱利奇（Vukelic）和克勞森（Clausen）也在當天被捕。佐爾格已經在為永遠離開日本作準備。

即使傳來更多外國間諜的落網消息，西園寺公一仍然拒絕接受這一切。他不肯相信尾崎受到的每一項指控，認為他的朋友與佐爾格沒有關聯。西園寺對自己説，尾崎的被捕一定與近衛內閣的倒台有關，他認為尾崎是某種政治陰謀的犧牲品。

西園寺認為東條是最不可能讓日本避免戰爭的人，他在東條就任的第一天前去拜訪他。西園寺説："我有三點要談：第一，你不能把日本變成一個警察國家；第二，你必須儘快與中國和解；第三，你必須爭取日美談判取得成果。"[286] 東條極其鎮定。天皇已經把他神聖國家的領導權授予了東條，而東條的祖上曾在戊辰戰爭中與朝廷對抗過，所以他能走到今天的確不容易。東條對西園寺冷淡而有禮貌地説："西園寺先生，感謝你的建議，我的秘書從今往後會與你保持聯繫。"

不到一年前，西園寺公一的祖父西園寺公望仍然在世，他是日本在天皇以下第二受崇敬的人。儘管近衛能力有限，但填補西園寺公望空位的本來就是近衛，結果西園寺公望的這位門生倒台了，連帶着他的孫子。不久前，東條曾向近衛抱怨說，西園寺公一、松本重治和已被關押的尾崎秀實等"早餐俱樂部"成員不應該干涉日本的政治決定。近衛當時為自己的朋友辯護，東條只好作罷。現在的局面已經變了。

東條開始一項愛好，他在早上散步時檢查普通民眾的垃圾箱。這樣做的本意是想宣傳他努力確保配給工作的公正公平，保證人民吃得飽並且吃得好。（東條在尋找"吃得好"的證據，比如魚骨頭。）一些日本人對這位首相如此重視細節表示讚賞，但大多數人卻感到反感，並給他起了一個諷刺性的綽號：垃圾堆首相。

第十二章　扭轉歷史車輪

從 10 月 23 日至 30 日，東條一次又一次地召開聯絡會議，重新考慮 9 月 6 日的決議。此前沒有討論的基本問題成為這些會議的焦點，包括全面戰爭的可行性及其對日本經濟的可能影響。與此前會議不同的是，大藏大臣賀屋興宣和企劃院總裁鈴木貞一也參加了聯絡會議，戰爭的經濟後果最終進入了討論範圍。很顯然，參謀總長和軍令部總長仍然強烈要求備戰。

在 10 月末困難重重的聯絡會議上，各方對歐戰、日中戰爭、日美外交關係以及日本與德國的盟友關係進行了評估。10 月 23 日，在東條上任後的首個聯絡會議上，外相東鄉對德國必將獲勝的推斷提出質疑。他直言不諱地說：[287]

> 由於德國攻打蘇聯，英國得到一些喘息時間。明年，（德國戰勝英國的）概率將會是對半開。而到後年，英國的獲勝概率將更大。德國將會儘早求和，但日本制定自己的政策時不能指望這種和平。

實際上，東鄉認為德國不可能與英國達成和解。海軍軍令部認為，德國可能在陸地上會遭遇英國的強烈抵抗，但德國在空中和海上將佔據優勢。陸軍一位代表說：「（德國入侵英國）會很困難，但也不是不可能。」這種言論很難有助於開展有意義的討論。正是這種思想滋生了負面論斷，比如「日本打贏美國會很困難，但也不是不可能」。

此前表示「沒有時間討論」的永野重複着自己的看法：

> 我們（最初設定的）10 月份的期限已經過去了。你為甚麼還開這

種形勢研究會議？每一小時我們都要消耗 400 噸石油。形勢很緊迫，你必須立即決定我們到底要不要開戰。

　　陸軍參謀總長杉山表示贊同。他說：“我們已經拖了一個月，不能再花四五天研究了。快點決定吧！”

　　正如我們所見，東條的立場現在變得更加難以捉摸。他在陸軍大臣（意味着他仍屬於現役軍人）、首相和內務大臣的角色之間掙扎。為了安撫兩位總長，東條說：“我的確理解軍方要求迅速作出決定的強烈理由。”但他表示：“本屆內閣包括一些新面孔，比如海軍、大藏和外務大臣，（為了他們）我們必須弄清（關鍵問題），這樣我們才能完全（為最終決定）負責。”

　　軍方堅持認為備戰仍將繼續，因為時間和能源正在耗盡，賀屋則堅持自己的立場。52 歲的賀屋算是重要內閣成員中比較年輕的，但他的外表顯得老成。實際上，他與東鄉有幾分相像，都是方臉，頭髮向後梳，留着濃密的鬍子。但東鄉更瘦更有風度，而賀屋比較胖，時常面部肌肉抽搐。

　　賀屋可不容輕視。作為大藏省的官員，他在國家預算局磨煉了專業知識，還作為大藏省的代表參加過 20 世紀 20 年代的一系列國際裁軍會議。雖然他有一個民族主義的父親和強硬派的母親，賀屋早年卻堅信國際條約的作用，是一位自由國際主義者。1929 年，在倫敦海軍會議的準備階段，賀屋與代表海軍參加會議的山本五十六發生爭吵，山本當時並不支持裁軍。然而在 30 年代，他和山本的政治觀念卻相互靠近。賀屋在第一次近衛內閣中擔任大藏大臣，他很有野心，在日本侵華戰爭爆發後成功將日本經濟打造成戰時體制，他還支持近衛加強集權的“新體制運動”。另一方面，山本卻越來越接受自由國際主義的觀點，批評近衛的極權主義傾向。

　　不論他持甚麼政治觀點，賀屋都不會贊成一場經濟上沒有任何意義的戰爭。在 10 月末的聯絡會議上，賀屋的第一個問題就是：“你能用一種我能理解的方式解釋嗎？”[288]

我要問的問題有：如果我們開戰，我國的物資形勢將會怎樣？假
如我們不開戰，並按照現在的道路走下去又會怎樣？我們與美國外交
談判失敗了該怎麼辦？……這些是我們目前需要考慮的問題。我認為
預算不是我們最大的問題。一旦物資的供需關係明確後（也就是確定
日本要走哪條路，能利用的資源有多少），預算問題也就解決了。

賀屋的問題很直接。這些問題很難回答，尤其對於那些把戰前觀點基於
一些想當然假設的人，比如，他們認為德國將繼續在歐洲佔有支配地位，而
且太平洋爆發戰爭後，日本仍有能力確保從東南亞運輸足夠的物資。如果這
些假設條件沒有實現該怎麼辦？

對身處十字路口的日本來說，10 月 23 日是具有紀念意義的一天，但它
的意義並不在於這是東條重新審視戰爭的第一天。在日本的主動提議下，
早前自由國際主義的象徵《北太平洋海豹保護條約》（*North Pacific Fur Seal
Convention*）在這一天宣告終結。美國、英國、日本和俄國在 1911 年簽署的
這一協議對捕殺海豹進行了限制。但對連自己國民的安全都無法保障的一個
民族國家來說，去關懷海豹的命運的確要求太高了。日本渴望成為世界模範
公民的日子一去不復返了。

在 10 月 24 日和 25 日的聯絡會議上，軍令部仍然認為，與美國最初的
幾場戰役能夠獲勝，但最終勝利要看國際形勢和日本國民的精神力量。但普
遍的觀點是，敵人無法單靠武力征服，還需要外交力量。諷刺與矛盾比比皆
是：由於外交目前無法取得令人滿意的結果，所以日本要開戰；而一旦開
戰，日本又要立即重新開展外交來結束戰爭，因為日本沒有足夠資源打持久
戰。日本希望美國主動提出外交解決方案，所以日本戰爭初期的勝利要足夠
震懾，美國才會求和。

但倘若美國拒絕屈服呢？山本已經警告過永野，這種可能性更大。萬一
像英國抵抗希特勒一樣，日本的軍事進攻讓美國更堅決呢？這些聯絡會議的

記錄裏找不到對這些不安問題的回答，甚至辯論。

不論怎樣表述，這些主戰派的理由都是基於自欺欺人的想法，似乎日本已為持久戰做好了準備。令人不安的統計資料被拋到一邊，最顯著的一個例子就是日本沒有對預計將要損失的軍艦數量進行討論。眾所周知，交戰國損失軍艦將立即影響其作戰和運輸能力，尤其在以海戰為主的情況下。但對戰時損失的估計多少有些歪曲。為 10 月底的聯絡會議準備最新資料的陸軍省資源辦公室主管中原重俊（音譯）第一次看到海軍對損失的評估時大感意外。[289] 他認為，如果損失這麼大，日本根本無法開戰。第二天海軍拿出新的評估。這些資料讓兩位總長都很滿意，成為軍方要求開戰的基本出發點。該資料顯示，戰爭前三年，平均每年預計損失的戰艦為 70 萬噸；而三年之內，日本完全有能力彌補損失。（相比之下，聯合艦隊 9 月作出的預測為 140 萬噸，第三年將沒有民用船隻。果不其然，開戰後的三年裏，日本戰艦的損失遠超其造船能力，缺口達 400 萬噸。）

新的資料簡直就是一夜之間造出來的，但兩位總長對資料的可信度並不懷疑。相反，永野利用這些資料為海軍謀利，絲毫不在意一個更加重要的問題 —— 如果日本輸了，海軍還有甚麼利益可言？永野宣稱：[290]

> 為了海軍能夠打持久戰，海軍實力的補充至關重要，所以戰略資源的獲得就異常重要。為了保持我們在東南亞關鍵地區的優勢，海軍將需要 1,000 架轟炸機、1,000 架戰機，以及 1,000 架飛機來保衛這些地區。

永野沒有考慮到日本補充損失的現實能力，包括精銳飛行員的損失，他們幾乎不可能在短期內找到替代。海軍一直在小規模訓練精銳飛行員，而美國卻有能力培養大批能達到作戰水平的飛行員，並能生產出幾十萬架飛機。顯然戰爭拖得越長，美國的相對優勢就越大。這些現實問題似乎並沒有困擾永野，至少表面上看起來沒有。

賀屋沒有那麼無所謂。在 10 月 27 日的會議上，他試圖將大家的關注點拉回到這些基本問題上。輪到鈴木發言時，他立即對日本糟糕的物資形勢表示認可，他說：[291]

> 日本沒有建立防禦系統，沒有長期戰略物資計劃，每年都需要應對物資分配……這就是我們真實的物資形勢。對於 1942 年，我們預計物資供應將只有今年的 90%……這意味着我們將消耗掉現在所有儲備。

鈴木説，從物資上看，日本很難維持一場戰爭，但他卻沒有明確表示反對戰爭。他本可以利用手中的資料對此進行有力的回擊。1940 年，企劃院曾經對比過日本和美國的工業產量。根據調查，美國的石油產量是日本的 500 多倍，生鐵 20 倍，銅塊 9 倍，鋁 7 倍。[292] 再加上其他產品，比如，煤炭、汞、鋅和鉛，美國的平均工業產量是日本的 74 倍以上（而陸軍的估計為 20 倍）。這些差距即使是鋼廠的初級研究員都知道。[293] 鈴木的資料更加具體，這些資料本身就足以讓大多數領導人面對現實。然而，鈴木卻沒有公佈這些資料。多年以後，當鈴木 93 歲時，他解釋了原因："我當時很沮喪……似乎他們已經決定開戰。我的任務只是拿出支持這一決定的資料。但在我內心，我不想開戰。"[294]

最初，鈴木被視為東條重新考慮 9 月 6 日決定的關鍵人物，近衛下台前曾親自要求他留任。但鈴木很快認為，他根本沒有能力影響政策轉變，於是選擇站在主流意見的一邊。他本人偏袒陸軍（他是一位退役將領），他不喜歡別人暗中指望他來挑明戰爭贏不了，從而解救陸軍。鈴木在戰後的訪談中説："最終應當由海軍來決定（反對戰爭），因為戰爭還是要靠海軍來打。但海軍沒有明確表示不想開戰！"

所以鈴木迴避了賀屋的問題，只是解釋了日本如何確保國內對商品的需求。他說：[295]

（在民間消費方面），如果我們總是預留出 300 萬噸運力，那麼就能維持當前水平的國力。然而，為了保持這 300 萬噸，我們將必須在 1942 年生產 40 萬噸輪船，在 1943 年生產 60 萬噸輪船。海軍大臣島田（在前一次會議中）已經表示，這些數字砍掉一半才比較現實……因此，維持目前的水平很困難。

這些推測也是一廂情願的看法。沒人能夠保證運輸軍用和民用貨物的海上航路能夠暢通無阻。軍令部並沒有提出一個具體的護航計劃來減小航運的損失。

儘管賀屋的問題很有針對性，東條也是出於好意組織大家辯論，但會議沒有取得任何成果。參謀本部對 10 月 27 日的會議記錄總結道："（1）首相似乎沒有改變（開戰的）主意；（2）海軍大臣仍然模棱兩可，但大多數時候（對戰爭）持有消極態度；（3）總體來看，海軍想要爭取更多的資源配置；（4）外務大臣直接而明確（反對戰爭），他看起來很自信。" [296]（這一天，東鄉的具體發言沒有被記錄在案，但其判斷是對的。在最後的這些會議中，東鄉令人欽佩地對戰爭大加反對。）

海軍大臣島田加入東條內閣的條件就是東條要儘量避免戰爭。他本應比他的前任及川更加反對戰爭，但 10 月 27 日他與海軍大將伏見宮博恭王的私下會面似乎動搖了他的意志。這位參加過日俄戰爭的 66 歲老兵對島田說："除非我們能立即決定，不然我們將失去一個機會。" [297] 與其他短視的決策人一樣，島田也相信海軍應該在仍然有力量的時候開戰，對美突襲後達成外交協定就不難了。雖然伏見親王 1941 年春天就從軍令部總長的位置上退下來了，但他仍然在海軍廣受歡迎，非常具有影響力。（儘管此前裕仁天皇建議撤換軍令部總長永野，但永野受到伏見親王的保護，這大概是他能保住位子的最大原因。）

參謀本部戰爭指導辦公室在這一天的記錄中寫道：[298]

會議沒有任何進展的跡象……我們討論的同時，寶貴的戰略機會正在被浪費，作為軍方指揮部成員，我們對此感到很遺憾。此時，我們首先需要下定決心。然後我們才應該評估國力，引導日本備戰。然而，當前的形勢是無休止的爭論，在"能不能開戰"問題上猶豫不決，根本沒有下定決心。這樣不會有任何成果。

毫無邏輯的是，7 月第一次御前會議上"不畏懼戰爭"的決議又被看作日本外交政策中不可違背的原則。9 月的第二次御前會議又給這一決議加上了一個時間限制。開戰的勢頭已變得越來越難以抵擋。

10 月 28 日的會議討論了將與美國的戰爭推遲到 1942 年 3 月。外務省和參謀本部認為，坐觀歐洲戰爭局勢的變化將對日本更為有利，因為美國專注於歐洲的戰爭，而隨着時間推移，日本的戰略和外交機會會更好。這種武斷看法的依據是，美國遲早要與希特勒開戰，與其盲目認定德國會繼續支配歐洲，不如看看誰是這場戰爭的最後勝者，這樣才對日本有利。

儘管軍方的戰爭販子們公開承認推遲開戰對日本有利，但他們認為戰略難題仍然存在：日本等得越久，其自身的物資形勢就會越糟。沒有甚麼能夠阻擋他們了。他們在會議上宣佈："戰爭開始的時間必須設在 11 月。10 月 31 日前，我們必須下決心開戰。值得強調的是，（我們等待過程中的）資源消耗對海軍是致命的。"[299] 東條無法堅持住立場，他向兩位總長為自己考慮這麼久而道歉。僅僅經過一次會議，推遲開戰的選項就被擱置了。

10 月 29 日和 30 日的會議集中討論了開戰後的物資可行性，最後才談到與美國外交和解的前景。在物資方面，賀屋此前提出，他需要了解"在開戰和不開戰的情況下，日本物資供求關係的具體數字"。[300] 鈴木再一次代表企劃院進行闡述。他預計開戰一年後，日本的石油儲量將剩 255 萬噸，第二年年底為 15 萬噸，第三年年底為 7 萬噸。日本屆時將很難維持下去。然而，鈴木的結論卻是，這場戰爭很困難，但也不是不能打。

　　賀屋試圖讓大家理性對待戰爭的努力再一次失敗了。不想惹事、自我保護、複雜的體制再加上失去理性的信念，這些都在發揮着作用。現在該輪到東鄉發問了。

　　如果賀屋無法從物資角度讓其他人看到主戰派觀點的不堪一擊，那東鄉也許能從外交角度試一試。當然，這兩個方面緊密相連。首先，東鄉清楚地表達了自己的立場：即使日本要作出巨大讓步（包括從印度支那和中國撤軍），但外交努力仍應被放在首位，因為這些犧牲換回和平是值得的。

　　幾乎所有的與會者都對此提出批評。他們聲稱，這種妥協將讓日本看起來是一個三流國家，成為西方容易欺負的對象。東鄉則公開而大膽地要求從中國撤軍。他強調說："只有撤軍我們的經濟才不會崩潰，越早這樣做越好。"[301] 他的這一態度引起參謀本部的強烈不滿，東條只好提出一個折中提議：如果日本能自己掌握撤退的期限，日本就同意從中國大部分地區撤出。

　　於是這引發了關於撤軍期限的離奇討論，各方提出能夠接受的時間限制，有人建議 25 年，也有人建議 99 年。東條説，五年才是更加現實、能用於談判的選項，這又引起各方的激烈爭論。他們最後決定，如果美國要求具體期限，日本將提出在 25 年內從華北、內蒙古和海南島撤出，而駐紮中國其他地區的日軍將在日本與中國達成協議後的兩年內撤走。至於法屬印度支那，日軍將在當地"恢復和平"以及"日中戰爭問題解決"之後撤走。對東鄉來説，這樣的共識也聊勝於無。

　　10 月 30 日，與會者還決定不放棄《三國同盟條約》。對於美國提出來的條件，大多數官員認為不應該將赫爾的"四項原則"作為進一步談判的先決條件，但他們也知道，日本對美國已經作出的表態無法收回。他們認為，做比説更重要，向貿易自由方向的態度轉變無法一夜之間完成，正如人們不會立即拋棄自己的穿着，而轉向更加時尚的風格。這種想法佔絕大多數，説明 1941 年的日本領導人從總體上看並不善於國際談判。他們沒能認識到，在外交談判中，説往往比做更重要 —— 至少承諾總在行動之前。

　　東鄉説，政府需要暗示日本能夠原則上接受"四項原則"，不附加任何條件，讓美國看到日本渴望避免武裝衝突的意願。東條在參謀本部與東鄉外相之間尋找折中點，建議日本堅持讓美國先對世界其他地區執行自由貿易政策，然後再要求日本在中國的執行。同時，日本不再要求承認任何形式的特殊地區利益。

總體外交路線（《甲案》）就這樣制定了。該計劃包括有期限的撤軍；世界其他地區實行自由貿易後，中國再開始實行自由貿易；維持《三國同盟條約》。但日本沒能直接接受赫爾的"四項原則"。東鄉的堅持顯示出，軍事妥協是可以實現的，而上一屆內閣太容易對軍方讓步了。不過，東鄉仍然感到不安，因為他深知好的外交談判不能與緊急備戰同時進行，他還對海軍沒有幫助他對抗強硬派感到意外。他說：[302]

> 我料想到陸軍將走強硬路線，但我本來期待海軍的態度能夠更加緩和，我的各種努力都基於海軍會站在我這一邊來考慮的。然而，我在聯絡會議上驚訝地發現，他們在包括撤軍等一系列問題上也相當強硬。

東鄉沒有受到海軍幫助的最主要原因是，海軍大臣島田在與伏見親王會面後決定支持備戰。島田向海軍次官澤本賴雄吐露："如果因為我以海軍大臣的身份橫加阻攔，從而葬送戰爭機遇的話，我將無法原諒自己。"[303] 東鄉並不清楚島田心意已變，他試圖通過海軍中的其他老資輩來贏得對他的支持，他們資歷深（包括前首相和前海軍大臣），思想更加開放，但最後都徒勞無果。

諷刺的是，似乎只有永野贊同東鄉想要重振日本外交的努力。當討論一度卡在是否在中國實行非歧視性貿易政策的時候，永野突然問道："為甚麼反對呢？為甚麼不同意實行非歧視性貿易政策？為甚麼不能展現我們的寬宏大量？"他也許想要確保外交方面還有機會，這樣仍可以避免戰爭，而不需要讓海軍（或者他本人）看起來像是想要退縮。

　　在 10 月 30 日會議的最後，東條內閣中最反戰的兩名大臣賀屋和東鄉已經精疲力盡了。在一週時間裏，這些上層官員幾乎每天都要開會。東條本着一絲不苟的官僚作風，在第一次會議上就表示，想要討論所有問題，但其實，並非所有的選項都經過了深思熟慮和坦誠探討。

　　日本的命運即將在 11 月 1 日決定。

第十三章　崩潰邊緣

　　11 月 1 日上午 7 點 30 分，東條英機與參謀總長杉山元碰面，東條對戰爭的疑慮越來越大。東條試圖勸說杉山重新考慮其主戰立場，他說一會兒將要召開的聯絡會議需要討論 3 項政策選擇：不開戰、迅速備戰並開戰，以及繼續外交談判，但不排除戰爭的可能性。東條說："我傾向於第三種方案。"[304] 但他表示，日本不會對美國作出任何不必要的外交妥協。

　　前一天晚上，東條與主要內閣成員進行了協商，包括島田、東鄉、賀屋和鈴木。東條對杉山說："海軍大臣、大藏大臣和企劃院總裁都同意第三條路線。"東條和杉山都知道，東鄉支持第一種方案，但可能也會接受第三種。東條建議杉山也選擇第三種方案。

　　島田的意圖很明顯，陸軍戰爭指導辦公室的日誌中寫道："正如料想的那樣，海軍（大臣）不停地說：'我們需要鋼鐵，我們需要鋁，我們需要鎳。除非你把這些都給我們，否則我們不能打仗。'"該日誌充滿嫉妒和憤恨（陸軍和海軍畢竟是對手），但從日誌來看，陸軍並沒有認識到，不顧一切地開戰是自私的行為，最終會給國家帶來災難。

　　在這一歷史關鍵時刻，杉山元的最大擔憂仍然是海軍不需要承諾打仗就能爭取到大量軍事資源，這即使事後想來都覺得不可思議。他對東條說："我們已經開始從日本和中國調集 20 萬部隊（為東南亞的戰爭做準備），相比其他地區需要發動的戰役，我們認為眼下的調動最為重要。如果我們把士兵們派去南海，但最後沒有發動戰爭就把他們召回，這將打擊他們的士氣。"這的確是一個奇怪的開戰理由。杉山表示，參謀本部要求：（1）放棄與美國關係正常化的想法；（2）決定開戰；（3）開戰日設在 12 月初；（4）確定最終戰略；（5）開展（欺騙式）外交，以幫助軍方佔據戰爭有利地位。

東條回應説：“我不會試圖改變軍方的意見。然而，我認為這很難讓天皇陛下接受。”諷刺的是，東條期待天皇所做的事也正是天皇希望東條去做的——阻止戰爭販子。

這一天的聯絡會議在上午 9 點召開，也就是在東條與杉山單獨會面後。會議持續了 17 小時，成為日本歷史上最臭名昭著的會議。

會議的第一項議題是，如果發生戰爭，海軍、陸軍和企劃院將如何分配資源。最後的提議是，在 1942 年，海軍將得到 110 萬噸普通鋼鐵，陸軍得到 79 萬噸，而企劃院得到 260 萬噸用於國內需求。受到打擊的杉山對島田説：“如果你獲得這麼多鋼鐵，你總該下定決心（開戰）了吧？” [305] 海軍大臣只是點了點頭。經過數小時討論，各方默默達成一致，這一分配方案也就這樣確定了。

東條開始引向關鍵話題——日本開不開戰？他以自己的刻板方式首先回顧了之前給杉山概括的三種方案：不開戰、開戰和外交與戰爭齊頭並進。與此前類似的是，賀屋又開始提出了質疑。他不厭其煩地問海軍領導人：“如果我們現在開戰，日本幾年後還有力量繼續作戰嗎？如果日本不挑起戰爭，美國三年後還有可能攻打日本嗎？” [306]

海軍大將永野回答説：“（立即開戰的）獲勝概率很難確定。”他認為是五五開。

關於美國襲擊日本的可能性，賀屋説：“我不確定日本是否有能力贏一場海戰。”

永野説，日本現在開戰比等待三年後再開戰要有利得多，“因為持續戰爭所需要的基礎還在我們的控制之下”。“需要的基礎”在這裏指的是東南亞的資源。

賀屋説：“如果到了第三年，我們贏得戰爭機會仍然很大，那我就贊成開戰，但永野似乎對此不敢確定。另外，我質疑美國會攻打我們的可能性。我認為現在開戰太不明智了。”

　　與東條此前的判斷不同的是，賀屋堅決反對開戰。東鄉也表示：“我不認為美國艦隊會開到我們的海岸。現在開戰沒有必要。”

　　永野説：“常言道，‘無恃其不攻’，未來還不確定，我們不能高枕無憂。三年後，東南亞的形勢將很難控制，敵人的艦隊也會擴大。”

　　永野引用了《孫子兵法》，但卻是對這句話的曲解。孫子強調的是作好全面準備，甚至包括遭到可能的襲擊。(《孫子兵法》並不贊成挑起本可以避免的危險戰爭，甚至警告不要因為惱羞成怒而發動戰爭，鼓勵不以武力制服敵人，而以非暴力方式達到政治目的。總之，《孫子兵法》強調全面了解敵人的實力後再最終發動戰爭。)賀屋説：“那麼，你認為我們何時開戰才能贏呢？”永野要麼沒有注意到要麼故意忽視賀屋話中的反諷語氣，他堅決地説道：“現在！開戰的機會錯過了就再也沒有了。”

　　東條認為鈴木肯定支持繼續外交，但他錯了。鈴木對戰爭態度冷漠，他後來表示自己其實反對戰爭，但當時感到很壓抑。鈴木最終還是支持了開戰，他説：“賀屋擔心沒有足夠的軍備物資作保障，認為我們可能會在1941年和1942年處於不利地位。但不必擔心，如果我們開戰，局勢將在1943年開始好轉。”這是軍方此前對他説過的話。前幾次會議上，鈴木還在提醒日本沒有“防禦系統”，“沒有長期戰略物資計劃”，現在鈴木卻支持戰爭，這的確令人意外。

　　一想到外交作為掩飾備戰的工具，賀屋和東鄉就感到作嘔。軍令部次長伊藤整一表示反對，他説：“海軍認為，還可以繼續開展外交到11月20日。”而參謀次長塚田攻則認為這一期限太寬泛了，他説：“陸軍認為，可以（開展外交）至11月13日，但多一天我們都不同意！”

　　東鄉打斷他們説：“外交從本質來看需要許多日日夜夜才能達到目標。作為外務大臣，我無法在沒有任何成功可能性時開展外交工作。我需要確保有足夠時間和所需的條件來完成任務。當然，戰爭必須避免。”東鄉詢問自己有多少時間進行真正的外交，這引發了他與參謀次長的下列對話：

塚田：我們堅持認為，外交不應該干涉戰略。我們不願意讓變幻莫測的外交形勢決定和影響我們的戰略計劃，所以我們要求 11 月 13 日作為外交的最後期限。

東鄉：11 月 13 日，這太不像話了！海軍説 11 月 20 日。

塚田：為戰略行動做準備就是"戰略行為"……11 月 13 日將是展開"戰略行為"前的最後一天。

塚田認為，即使不宣佈開戰，為了備戰而調兵遣將也一定會招致與敵軍的衝突。因此備戰就是一種"戰略行為"，就是意味着要開戰。這是一個牽強的理由，永野評論道："小衝突只能算是地區衝突，與戰爭不是一回事。"東條和東鄉清楚地表明，外交必須嚴肅認真地去做，盡力取得成果。塚田只好同意，但他表示，外交期限也要嚴肅認真地履行。他説："11 月 13 日前可以尋求外交解決方案，但這天過後，任何舉動都將是對最高指揮部的冒犯。"

隨着天色漸漸變暗，會議氣氛變得更加壓抑。大家陷入長時間的沉默，只能聽見屋外蟋蟀的叫聲，時不時又會爆發一陣爭吵。由於無法就外交期限達成一致，他們決定休會 20 分鐘，在這段時間，參謀本部叫來作戰部部長田中新一商量接下來的對策。軍令部也召喚了海軍作戰部長福留繁。最後軍方同意將外交最後期限定於 11 月 30 日。

在休會期間，協助東鄉的外務省美洲局局長山本熊一在走廊碰到永野。永野拍了拍他的背問："外務省決定自己通過外交解決問題了嗎？如果是這樣，海軍將很高興把一切交給外務省了，你覺得如何？"[307] 大吃一驚的山本只是重複了東鄉的看法，即現有的條件不足以贏得外交成果。

永野突然意見鬆動説明，儘管他外表強硬，但他其實是這些人當中最搖擺不定的。在過去幾次會議中，他暗示過希望給外交一個機會。他覺得自己越來越難以隱藏心中的不安。更糟糕的是，永野對他最近批准的一項進攻計劃根本毫無概念。前幾個月，海軍大將山本五十六一直在制訂他的進攻計劃，協助他的是海軍少將大西瀧治郎和海軍少佐源田實。他還依賴快 50 歲的軍官黑島龜人，黑島強烈要求海軍積極進攻的計劃甚至影響到了永野。

1893 年，黑島生於廣島一家貧窮的石匠家庭，他從小失去了父親，從三歲起由叔叔和嬸嬸養大。他喜歡獨來獨往，很少表露自己的情感。完成夜校的學習後，他先是被海軍兵學校錄取，後來又進入頂尖的海軍大學校學習。對一個社會底層的孤兒來說，他沒接受過甚麼正式教育，成長期又適逢日俄戰爭後海軍蒸蒸日上的年代，在這樣的背景下，能進入海軍大學校無異於夢想成真。而讓人們記住他的，是他在戰略研究中不同尋常的提議。

大概是在山本五十六的要求下，當時還是第二艦隊司令長官的島田推薦黑島進入戰術決策層。1939 年 10 月，缺乏資歷的黑島被任命為山本的參謀。從通常的挑選標準看，黑島是一個奇怪的選擇。他高挑、纖瘦，面容憔悴，由於他極其恪守自律，同事都稱他為甘地。但他的一些習慣一定會讓聖雄甘地感到戰慄。他幾乎從不洗澡，不停地抽煙，不論他走到哪裏，煙灰就彈到哪裏。為了集中精神，他會全身赤裸地把自己鎖在一個漆黑、充滿焚香的屋子裏，一連數日。一旦靈感降臨，他會迅速寫出自己的計劃，就像着了魔一般。

這種古怪的行為本應嚴重影響黑島的前途，但山本似乎一點兒也不以為意。實際上，黑島的古怪反而讓山本覺得，他是一位奇才。山本看到，黑島是唯一膽敢反對他的人，黑島有時提出的建議是山本從未想到過的，黑島是唯一能夠提出這種建議的人。山本認為，雖然自己有許多優秀的參謀，但這些人總是給他同一問題的相同答案，這讓他感到失望。在制訂太平洋特別行動計劃時，他總是聽到各種忠告，以及他的方案在技術和後勤方面無法做到的理由，這讓他感到厭煩。然而黑島卻決心幫助山本讓不可能成為可能。

大西和源田幫助提供技術層面的細節，在他們的協助下，黑島完成了襲擊夏威夷的最終計劃。這一行動打破了常規，是一場賭博，因此風險巨大。正如前文談到的，行動最大的障礙是在珍珠港淺水區發射航空魚雷進攻的可行性。但到 1941 年秋，這些魚雷得到了改進，魚雷發動攻擊前需要下沉的深度大為縮小，所以不太可能直接栽進海牀。飛行員經過良好的訓練，能夠以極低的高度進行飛行，這也將防止魚雷沉入水中太深。[308] 從 9 月開始，飛行員就在日本南部鹿兒島錦江灣附近進行訓練，這裏與珍珠港地形相似。10 月，訓練強度被加大，這些飛行員都不知道如此辛苦訓練的真正目的。

當夏威夷計劃遞交東京批准時，軍令部對此強烈反對。該計劃需要出動日本大部分的海軍力量，包括（10 艘中的）六艘航母（而更多的航母還在建造中）。日本只能放下東南亞計劃，將需要的航空力量轉向太平洋方面，海軍可能會面臨失去制海權和制空權的風險。海軍大學校 9 月的模擬演習更證實了軍令部的擔心，這份計劃的風險太大了。

山本不會讓步。黑島前往東京不遺餘力地為這一計劃進行遊説。他甚至使用威脅手段，聲稱如果不批准夏威夷襲擊計劃，山本及其所有支持者將準備辭職。永野不想失去山本，於是他在 10 月 20 日不情願地同意了這項計劃，此時東條正在進行組閣。在這次特殊的行動中，永野完全依賴於山本的指揮能力。即使他仍然懷疑山本魯莽計劃的可行性，但他無法尋求其他戰略家的幫助。這也有助於理解為何在聯絡會議上叫囂開戰的永野會突然會懇求外務省的幫助。相比之下，想要阻止戰爭才加入東條內閣的海軍大臣島田卻下定了開戰決心。

在休息後重新召開的會議上，東條向軍方問道："最後期限為甚麼不能延長到 12 月 1 日？我們不能給外交努力更多時間嗎？"塚田尷尬地説："絕對不行，超出 11 月一天都不行。這是不可能的！"海軍大臣無趣地問了一句："你説 11 月 30 日，那你具體指的是甚麼時間？你當然會給我們整整 24 小時吧？"塚田冷冷地説："是的，午夜 12 點前都可以。"[309] 戰爭的勢頭越來越難以阻擋了。

討論於是轉向與美國的外交談判上。東鄉知道《甲案》是不足以吸引美國的。所以，他讓外務省 11 月 1 日上午拿來了《乙案》，希望為外交努力創造更多餘地。東鄉起草了這份計劃，協助他的是資深外交官幣原喜重郎和前日本駐英國大使吉田茂，這兩人都渴望避免戰爭。當天晚上 10 點，這份備選方案被拿到桌上討論，此時這一天的會議已經進行了 13 小時了。該計劃規定，日本和美國都不能向南太平洋派駐軍隊，兩國應相互合作確保從荷屬東印度獲取需要的資源，還應把兩國貿易關係恢復到美國凍結日本資產之前，美國要承諾向日本供應石油。

而軍方需要作出的最大妥協寫在另一張紙上。計劃明確表示，日本將立即把印度支那南部的軍隊轉移至北部。日本還承諾，如果整個太平洋地區（尤其是中國）的和平得以確保，日本將完全從印度支那撤出。如果需要，未來還可以對全球貿易不歧視原則和《三國同盟條約》等問題進行探討。東鄉試圖通過《乙案》將棘手的中日戰爭問題排除在談判桌外，至少暫時不討論這一問題，並設法將日美外交關係恢復到 7 月之前的形勢，那時羅斯福政府還想要與東京達成一種交易，美國想把戰略精力集中在大西洋，同時對太平洋進行控制。

對於無條件從法屬印度支那南部撤軍，強硬派的塚田和杉山立即表示反對，這一點兒也不意外。塚田和東鄉為此又展開激烈爭論。東鄉說："總體來看，我認為我們目前處理談判問題的方式走偏了。我們應當降低我們的條件，先解決東南亞問題，然後才能按照我們的方式處理中國問題。"他知道日軍撤出印度支那只是不得已的權宜之計，但他認為在這麼短的時間裏，這是日本唯一能夠做到的具體行動。

塚田說："不能從印度支那南部撤軍……（因為）如果我們撤出，美國將會進駐。屆時美國就能隨時對我們進行干預。"他不認為日美貿易關係會得到恢復，因為"美國不會停止對蔣介石的支持，（即使從印度支那撤軍）日本也不會獲得石油"。他斷言："半年後，開戰的最佳機會將離我們遠去。"

最後，各方提出一種折中方案，即對《乙案》增加一條要求：美國不能干涉日本與中國的和解過程。東鄉打算，如果美國拒絕日本的要求，他再把最後這一條去掉。但重新涉及中國撤軍問題，並把它與東南亞問題混在一起，這非但沒有簡化東條的外交計劃，還變得更不易於操作。

雖然加上了這條折中的要求，塚田仍然對從印度支那撤軍感到強烈不滿。他要求完全放棄《乙案》，呼籲東鄉"儘量接受《甲案》"。而東鄉也同樣堅持己見，不願意妥協。緊張的會議氣氛迫使東條宣佈再休會 10 分鐘。

休息期間，陸軍方面試圖接受將佔領印度支那南部的部隊撤回到北部的《乙案》，儘管他們大部分人對這一讓步條件感到震驚，但大家都認識到，在中國問題上的要求最終還是會阻礙《乙案》的成功。讓參謀本部更難以接受的是，他們花更多時間討論《乙案》的同時，日本發起決定性進攻的時機卻轉瞬即逝。最後，塚田勉強接受了《乙案》，或許他認為，這樣做日本外交努力失敗的可能性就更大。

最終，史上耗時最久的聯絡會議以達成一份初步計劃告終。開始軍事行動的時間被定在 12 月初，相關的戰略準備也將着手開始進行。如果在 12 月 1 日零點前與美國達成外交妥協方案，軍事準備將無條件停止。現在東鄉手上握有《甲案》和《乙案》，但留給他的時間不多了。賀屋和東鄉都從本質上不認可開戰理由，他們不明白為何其他與會者不能感同身受。

這次會議的結束時間是 11 月 2 日凌晨 1 點 30 分。

東鄉並不需要同意這一臨時決議。他和大藏大臣賀屋，以及任何一位內閣大臣都有權否決這一決議，形成"內閣內不合"。根據明治憲法，內閣大臣都直接對天皇負責，這意味着首相不能直接開除大臣。（實際上，在首相的要求下，大臣通常會辭職，但這也不是一定的，近衛和松岡就是一個例子。）如果大臣執意否決一項決議，隨後又拒絕辭職，這將導致整個內閣的垮台。另一個破壞決議的方法是一位內閣大臣自己直接辭職，這將造成整個內閣的立即倒台，但這樣做會嚴重損害內閣聲譽。1941 年 11 月初，選擇任何一種方式都意味着公然讓軍方難堪，因為這樣做將對已經進行中的備戰工作是一個打擊。這次會議結束後，東鄉開始考慮辭職，這是表達抗議的最簡單、最有效的方法，顯然軍方中的強硬派人士也擔心這種可能性。

東鄉尋求前首相廣田弘毅的建議，廣田也曾在四屆不同內閣中擔任過外務大臣。極其謹慎的廣田讓他不要辭職，因為他的職位有可能被一位主戰派人士填充。這當然是有可能的。但如果辭職，東鄉將能拖延戰爭計劃。廣田認為，東鄉還是最好繼續與美國開展外交，東鄉於是決定留任。

11月2日中午，東鄉對東條說，他將按照前一天的決議行事。賀屋也接受了這一初步決議。東條承諾將全力支持外交努力，他表示，如果美國對《甲案》或《乙案》表現出任何興趣，他都將設法作出更多妥協。東條向東鄉保證，不論備戰進行到哪一步，只要外交上取得突破，軍事活動將立即停止。東鄉則表示，如果日本無法通過外交來避免戰爭，他將會辭職。東鄉和賀屋都漸漸接受了這一不可想像的決定。

當天下午5點，永野和杉山向天皇呈交了詳細的作戰計劃，為了保密，該計劃並沒有拿到聯絡會議上討論。這次會面的目的是讓天皇為11月5日的御前會議作好準備。呈交的戰術細節包括山本襲擊夏威夷的計劃，襲擊事件定在12月8日（當地時間12月7日）。根據預測，這一天的天氣非常合適，凌晨時月光明朗，有助於日本在破曉發動進攻。

裕仁露出難過的神情，他重申自己傾向於外交途徑。他還就一些戰術細節問題向兩位總長表達質疑，他最後退讓一步說：“也許，繼續為軍事行動作準備是無法避免的。”[310] 另外，日本計劃在襲擊珍珠港的同時發動東南亞戰役，裕仁對東南亞地區的天氣表示關心。（他問道：“你說過季風將妨礙我們的部隊登陸……那我們能登陸嗎？”……“馬來亞的天氣怎麼樣？”）雖然裕仁仍然對外交抱有希望，但他也似乎漸漸接受了即將開戰的想法。畢竟所有人都看到，開戰能讓日本對自己的未來握有掌控權，主動採取行動總比坐以待斃要好吧？

11月4日召開了軍事參議官會議。天皇及其軍事顧問（包括東久邇宮稔彥王）出席了會議。對於外交與備戰齊頭並進的最新聯絡會議決議，沒有人表示反對。如果12月1日零點前日本無法與美國達成外交協定，這將意味着開戰。主持會議的東條似乎變了一個人。儘管他才對東鄉保證過要全力支持外交努力，但他現在宣佈，戰爭是必然的，也是一件好事。這是他在天皇和軍方重量級人物出席的正式場合中的面孔，他所扮演的是英勇的軍人，而不是內心糾結的政治領導人。他說：“如果我們只是袖手旁觀，坐視我們的國家倒退回'小日本'的狀態，我們將玷污日本 2,600 年的輝煌歷史。"[311]

11 月 5 日，明治時代的典雅宮殿再次成為政治舞台，今年第三次御前會議在這裏上演，會議將批准此前聯絡會議的決定。在天皇面前，東鄉開始闡述日本外交的前景。他的任務是完全而明確地支持即將受到天皇批准的計劃。他收起了反戰言論，開始拿出反殖民主義藉口，聲稱日本即將開啟拯救亞洲的偉大計劃。他承諾自己不但致力於日本的生存，還有整個亞洲的生存，這樣他就從意識形態層面為支持他曾強烈反對的戰爭找到理由。東鄉本來是在決策層中最勇敢、最理性的領導人，現在卻與其他人看起來無異，把戰爭推向了不可避免的邊緣。4 月以來一直沒能與美國達成諒解的責任被推向大洋彼岸。東鄉認為，日本是個被壓迫的國家，他說：

> 羅斯福總統利用了美國的經濟優勢。美國似乎已經進入戰爭狀態，它說明英國，用經濟政策壓迫日本。自從今年 4 月中旬以來，我們一直就日美關係正常化進行非正式談判。大日本帝國政府向來坦誠，從一開始就本着公正的態度進行談判，希望給東亞及整個世界帶來穩定。[312]

他數落了日本如何耐心談判但其努力（包括 9 月底遞交了新提議）卻付之東流。他說："如果事情按照現在這樣發展，談判恐怕不太可能很快取得成果。"他的這一言論並沒有如實反映內心深處的聲音，這種場面話也說明，東鄉已經沒有勇氣做自己認為對的事了 —— 但不可否認的是，在最高決策層中，他曾經比任何人的反戰力度都要大。

雖然所有領導人都旁敲側擊地暗示，他們已無力阻擋日本的命運，但自相矛盾的是，他們堅持認為通過主動開戰就能掌控日本的命運。他們都在盡力讓自己免責，似乎他們也感覺到，這一痛苦決定勢必要招致毀滅性後果。御前會議只是一種形式，意在將重大的政治決定去政治化，這樣個別團體或人才不至於承受日本嚴峻未來的重大負擔。

第十四章　朋友之間總有商談餘地

　　羅斯福總統天生就是有魅力的政治家，1941 年 11 月 17 日上午，他對兩位日本客人說：“朋友之間總有商談餘地。”[313] 其中一位客人是野村大使，他在過去半年是白宮的常客。另一位算是稀客：來棲三郎。來棲比野村矮得多（野村與他的許多美國同事一樣高），但來棲卻更加沉靜。55 歲的來棲氣質儒雅，有些灰白的頭髮整齊地梳到腦後，他穿着合體的西裝，留着細密的鬍子，戴着銀邊眼鏡，他對記者打招呼時彬彬有禮，所有這些都體現了他的優雅。但正是因為他無可挑剔的舉止，來棲看起來有點兒距離，不了解他的人會覺得他很冷漠。來棲是東條政府派到美國的特使，他兩天前才剛剛抵達華盛頓。

　　實際上，來棲最新的職責從 11 月 3 日晚就開始了。他這一天過得愉快而勞累，白天他陪着兒子逛了博物館，在東京老城區走了走，他的兒子是陸軍的航空工程師。半夜，附近警察局來人把他叫醒，警察說：“請立即前往外相官邸。”來棲家裏的電話線出了故障所以才派警察來通知他。來棲本來以為他被召喚是因為自己的反戰言論，但很快他就知道自己錯了。趕到東鄉的官邸後，他看見外相和他最親密的助手聚集在燈火通明的房間裏，所有人都神色凝重。

　　東鄉首先概述了美國與日本之間的非正式談判的進程，指出當前形勢需要立即改善。為此，野村大使需要一名在國際談判中富有經驗的得力幹將。作為首位日本駐馬尼拉總領事，來棲幫助締結了日本與菲律賓的友好關係。1919 年，他阻止了一項議案的通過，該議案讓日本有權強佔該國開發的農業地產。雖然來棲處於半退休狀態，但他仍然是最佳人選。外務省問他是否願意前往華盛頓。

東條從近衛手中接手政府事務後，野村要求回國，這也不是第一次了。但他再一次遭到了拒絕。我們可以想像野村有多絕望，他幾乎是一個人在與美國政府周旋，而即使在美國使館裏他都被視為局外人。如果他知道留給外交努力的期限如此短的話，他或許會崩潰。他並不知道東京已經對開戰的具體時間進行了討論、決定、重審和最後批准。隨着新的截止日期被設定在11月末，東京已經沒有更換野村的時間了，只好派人去協助這位過度勞累的大使。

派遣來棲的官方解釋是野村英語能力有限；其實，東鄉對野村的外交能力評價並不高。他在後來寫到："在這一危急時刻，我們沒有時間將他解職，也沒有時間猶豫不決"，所以東鄉要"向他發送非常詳細的指導，比如關於條約樣式，這些是大使不擅長的地方"。[314] 東鄉甚至覺得，連這些充滿詳細指導的電報也不足以彌補野村的差距。

在與東鄉的半夜會面中，來棲還獲知《甲案》和《乙案》的內容，這些方案將在未來幾週內向美方提出。來棲2點左右回到家中，他讓家人感到震驚，因為他宣佈自己即將啟程前往美國。

在之後的20小時裏，來棲努力熟悉着日本與美國自春天以來的所有"非正式會談"。他翻閱着文件，與外務省知情人士會面。他知道兩國的會談在開始階段進展順利。他也明顯看到，轉捩點出現在7月日本佔領法屬印度支那南部後。美洲局的山本熊一再次向來棲保證，如果來棲哪怕看到談判取得成功的一線希望，他都會盡一切可能勸説軍方放棄戰爭。山本相信事情會好轉，因為永野曾對他説過，"海軍將很高興把一切交給外務省"。

第二天晚上，來棲即將啟程前拜訪了東條，他們兩人此前從未見過面。在來棲看來，東條首相顯得比較放鬆，東條沒有穿他平時穿的卡其色軍服，而是換上了一件和服，但仍然屬於比較正式的和服。東條説，他已經將來棲的特別任命上報給了天皇。他還預測，"與美國談判的成功概率為30%"。[315] 但他認為還有時間，他認為美國還沒有準備好開戰，美國的輿論也顯然反對戰爭。東條説，美國缺乏橡膠和錫等自然資源，所以不太可能與日本開戰，因為這樣會威脅到他們從東南亞獲取自然資源的途徑。

"請盡全力達成協議。"東條說。但讓來棲失望的是，東條還補充了一句："日本無法同意撤軍。"如果作出這一妥協，東條將沒臉面對所有在戰爭中為天皇捐軀的英靈。這是東條慣常的底線，也是第三次近衛內閣與美國達成外交協定的障礙。然而，東條在這一問題上也不是像他表述的那樣強硬而固執。他在最近的聯絡會議上幫助東鄉取得了軍國主義者的一些讓步：《甲案》至少承諾有期限地從中國撤出；《乙案》則承諾立即從印度支那南部撤出，並以此作為從法屬印度支那和中國撤軍的第一步。儘管東條仍會提到那些逝者的英靈，但他的確在撤軍問題上作出了很大讓步，或許他理解該問題的重要性。

來棲認為東條過於樂觀。他說自己之所以同意接受這一艱巨任務，是因為他相信，避免戰爭是他為了天皇和日本人民義不容辭的事情。他是為了活人而非死人服務。來棲問道："如果兩國能夠達成協議，你能頂住反對聲而支持外交行動嗎？"東條回答："是的，我當然能做到。"來棲很快認識到當前形勢的微妙：雖然東條作為軍人無法公開答應有辱軍方的讓步條件，但實際上，只要來棲與美國方面保持談判，東條就做好接受妥協的準備。這讓來棲看到了希望。

結束會談前，東條漠然地對來棲說，談判不能拖過 11 月末。東鄉並沒有向來棲提到這一期限。在只有不到兩週的時間裏，來棲突然意識到，真正的障礙是時間限制。

儘管來棲的能力和經驗毋庸置疑，但在公共關係領域中，他並不是一個好選項。對外部世界來說，來棲永遠是那個簽署《三國同盟條約》的人，人們從照片中看到他就站在希特勒旁邊。那是德日關係最好的時期，儘管他反對簽署該條約，但 1940 年秋天作為駐德大使的來棲身不由己。來棲從來都不想擔任這一職務，他拒絕了好幾次。他本來準備在比利時的任期結束後就退休了（他 1936 年至 1939 年間擔任日本駐比利時大使）。他在布魯塞爾期間正值中日戰爭爆發並不斷升級。他利用自己的大使身份出面請求比利時和法國政府幫助調解衝突。他知道日本不但沒有甚麼清晰的戰爭計劃，還缺乏一位得力的領導。用他的話說，造成戰事升級的原因是"政府總是被既成事實拖着走，沒有長遠解決方案"。更糟糕的是，"陸軍和海軍內部以及相互之間缺乏協調"，每個人都"只想着保存顏面和逃避責任"。[316]

來棲從來沒有想到過事態竟能如此迅速地惡化，1937年4月，他和家人以及一羣興高采烈的觀眾還在布魯塞爾機場歡迎破紀錄的"神風"飛機。來棲1939年接受駐柏林大使的任命時，他希望能夠防止日本的外交進一步偏離軌道。在德國期間，他繼續尋求德國的介入來解決中日戰爭問題，但正當一切看似走在正確的軌道上時，近衛內閣認可了汪精衛政府，從而永遠與蔣介石分道揚鑣了。

德國與日本官員之間的交流很快就避開了來棲。希特勒政府認為，單靠來棲不足以吸引日本，最後《三國聯盟條約》是一位德國特使在訪問東京時與松岡洋右倉促達成的。儘管如此，由於來棲在照片中與希特勒並排站在一起，他永遠被釘在了歷史的恥辱柱上。

來棲十分厭惡這張照片以及他在德國的所有經歷，於是他要求卸任，最終在1941年2月，他被允許離開柏林。回到日本後，他過着自我放逐的生活，他拒絕一切政府任命，包括加入東條內閣的邀請。解決日美分歧是他真正想做的事，他本質上是親英美的。他的父親是成功的實業家，幫助了橫濱國際港的發展，也許因為這樣，對商業自由主義的崇尚滲透在他的血液裏。在日本快速現代化的過程中，橫濱港一直是認識世界的窗口，也造就了像來棲這樣理智、務實的人。

來棲為了美國和日本的未來着想還出於個人原因，他娶了一位來自紐約的美國姑娘（女方的父母是英國人）。來棲將盡一切可能避免這兩個對他家庭意義重大的國家開戰。這勢必是一項危險的任務。參謀本部甚至有人說，他們希望來棲乘坐的飛機墜毀。帶着這種惡意詛咒，來棲11月7日清晨動身前往台灣。

　　來棲的路途漫長，所以在 11 月中旬前，野村仍需要單兵作戰。東鄉向野村概述了《甲案》和《乙案》的內容。東鄉寫道："眼下的談判是我們孤注一擲的嘗試，是我們最後的對策……如果我們不能迅速達成妥協，那麼很遺憾，談判和兩國關係都將中斷。"[317] 雖然真正的截止時間是 12 月 1 日的零點，但野村卻被告知，必須在 11 月 25 日前達成協議。野村還不知道東鄉在《乙案》中爭取到了多麼大的軍方妥協 —— 立即從印度支那南部撤軍。東鄉認為，如果所有努力都失敗了，他可以在談判的最後一刻打出這張牌以取得最大效果。

　　野村儘早採取行動。11 月 7 日，他去見國務卿赫爾，向他遞交了《甲案》。赫爾已經從情報部門獲知了《甲案》的內容，但他告訴野村大使，他需要一些時間研究和考慮。11 月 10 日，野村見到羅斯福。總統沒有直接提到《甲案》，但卻用"權宜之計"來形容兩國想要取得的成果。[318] 羅斯福說，他和野村、赫爾"在討論兩國關係及其他太平洋國家的關係上僅花了 6 個月"，保持更久的耐心是必要的。在他看來，權宜之計"不僅是暫時的協議，而且是考慮實際現狀的協議"。野村離開後，他推測總統開始在考慮與日本達成臨時妥協，不再要求日本進行全面徹底的政策改變以達成永久性解決方案。

　　從美國角度看，羅斯福一心想要參加歐戰，所以想要在另外一邊形成威懾，讓日本不敢進攻。美國一點也不着急，但野村等不及了。為了在東京下達的最後期限前取得具體成果，他需要羅斯福對《甲案》條款給出最終答覆，於是他 11 月 12 日再次要求總統給出答覆。公使銜參贊若杉要第二天會見了副國務卿約瑟夫・巴蘭坦（Joseph Ballantine），他說："（日本）民眾正變得失去耐心，甚至絕望。"[319] 這是個巨大的謊言，把日本描述為信息開放的民主國家，似乎公眾對當前至關重要的事情了若指掌。

　　若杉對巴蘭坦說，既然野村大使 11 月 10 日已親自將東京的方案呈交給總統，日本認為兩國的談判本質上是正式的談判。但巴蘭坦卻說，美國政府認為雙方之間的對話"仍然處於非正式的探索階段"。他進一步解釋說，美國政府在需要時還將與中國及其他有關各方會談，在此之後日美之間才算進入"談判階段"。

11 月 14 日，野村向東鄉拍發電報説："如果可以的話，我們不應在一兩個月草率了事，我們必須坐下來，從全局上審視整個世界，耐心地等待，直到我們找到一個更好的未來路線。"[320] 由於最後期限日益臨近，這一非常合理的觀點其實有點兒答非所問，這讓東鄉感到惱火，但他在內心深處也知道，野村是對的。

11 月 15 日，野村和若杉來到赫爾的住處，野村得到一份口頭聲明以及關於美日經濟政策和貿易機會均等聯合聲明草案。赫爾沒有同意日本的觀點，即機會均等政策在中國實施前應先在世界其他地區實施。赫爾解釋説："（日本不能指望）美國對其司法管轄權以外的歧視性做法承擔責任，或者向美國提出只有徵得其他政府同意才能實現的條件。"[321] 但他至少認可了《甲案》中的一項具體條款。若杉詢問了美國是否對其他問題也能迅速作出答覆，而野村詢問了兩國現在是否算是跨過"非正式會談"階段而進入了正式談判（因為這對東京意義重大）。赫爾均給出否定答案，他説，"如果我們要在太平洋地區尋求和平解決方案"，美國政府"只能通過試探性對話這種方式"來解決問題。[322] 赫爾認為，只有美國與英國、中國和荷蘭協商後，他才能將"之後的過程稱為談判"。赫爾反問到，如果這些國家從報紙上讀到，美國不提前打招呼就與日本就牽涉這些國家的問題進行談判，他該如何向這些朋友交代？最後，赫爾也鼓勵地説，只要日本在非歧視性貿易政策和《三國同盟條約》問題上展現和平意圖，雙方"就能像兄弟一樣坐下來解決日本在中國的駐軍問題"。

11 月 16 日，東鄉對野村取消最後期限的要求給予回覆。東鄉寫道："很遺憾，由於各種現實因素，我們不能等到看清世界格局的那一刻……我們必須迅速在談判中達成和解，我們無法改變這一現狀。"[323]

前一天，來棲終於抵達華盛頓。在東京，東鄉向他詳細交代了向白宮遞交《乙案》（如果《甲案》被否決）的不同版本，兩個方案的條款略有不同。《乙案》三個版本中的第一個版本是 11 月 5 日御前會議上達成的，包括：(1) 不再向東亞和南太平洋其他地區進軍；(2) 在確保荷屬東印度資源方面進行合作；(3) 將兩國商業關係恢復到美國凍結日本資產之前；(4) 美國不干涉中日和解。在這一版本中，日本準備從印度支那撤軍、在非歧視性貿易政策上讓步以及為《三國同盟條約》辯護等內容僅被列為 "附加說明"。[324]

在第二個版本中，前四項條款沒有變化，後三項 "附加說明" 變成正式條款 (分別列為五至七條)。這些新條款也有不同的限定條件，以 "附加說明" 的方式列出，其中最引人注意的一個條件是：如果美國和日本能達成協議，日本將願意把印度支那南部的軍隊立即撤往北部。

東鄉認為第三個版本對美國最有吸引力，這一版本的第五條 (不是以 "附加說明" 的形勢) 明確表示，日本準備 "將現有駐紮在法屬印度支那南部的部隊轉移到法屬印度支那北部"。

於是對來棲來說，最重要的任務是確保他與野村利用這些差異達到最大的效果。除了這些方案，他們兩人擁有的外交自由度幾乎為零。

來棲離開東京前造訪了美國使館，他想感謝約瑟夫・格魯為他安排了橫跨大洋的遠程飛機。"你帶着新的提案嗎？" 格魯顯然有些急切地問道。格魯仍然清楚地記得他在夏天試圖說服美國政府給近衛文麿一個機會。格魯當時表示，雖然不能在紙面上提前達成確切協議，但近衛肯定會親自帶來有利於美國的讓步條件。而來棲的回答卻是 "不"。可以明顯看出格魯很失望，他祝來棲好運。

來棲不確定美國政府是否會相信他。他不但簽署過《三國同盟條約》，儘管這是不情願的，而且他不具有內閣成員的重要地位。他能否讓美國人相信，日本領導層的確希望避免軍事衝突？《乙案》的不同版本足以達成這一目標嗎？

11 月 17 日，在赫爾的帶領下，來棲與野村從赫爾在國務院的辦公室走向白宮，來棲第一次見到羅斯福。會面的氣氛雖然不算輕鬆，但也不是特別緊張。會談結束後，來棲認為美國願意繼續這種 "對話"。他對羅斯福說，他的到來不是施加壓力，而是日本方面為了尋找共識所作出的更多努力。在闡述日本觀點時，來棲請求總統從日本"思維框架"看問題。於是羅斯福說了一句"朋友之間總有商談餘地"。

這句話尤其引起日本人的共鳴。羅斯福其實是重複將近 30 年前國務卿威廉‧詹寧斯‧布萊恩對日本駐美大使珍田捨巳說過的話。珍田為美國帶來了櫻花樹，種在波托馬克河的岸邊。但對日本人來說，珍田的名字還與 1913 年《加利福尼亞州外國人土地法》聯繫起來，他當時公開對這一主要針對日本移民的法律表示反對，法律規定不符合入籍條件的外國人不能購買土地。（1870 年的《入籍法》規定，所有不在美國出生的亞裔羣體不符合入籍條件。）珍田向威爾遜總統提出抗議，但沒有取得滿意結果，加州的法律後來發展為 1924 年的《移民法》，其中包括排除亞洲人的法案。

對許多日本人來說，這些規定體現了美國白種人對有色人種根深蒂固的種族主義歧視。這些排外措施推動日本人走向其他地區，間接促進了日本向亞洲其他地區的帝國主義擴張。儘管日美外交關係多年來屢經波折，但日本政府在與美國交往時總是能從布萊恩的外交理念中得到些許安慰。羅斯福此時引用這句話深深打動了來棲。

羅斯福似乎對來棲的努力報以熱情的回應。他在中國問題上立場更為緩和，宣稱他能夠從日本角度理解立即撤軍的敏感性和後勤方面的困難。他說自己願意充當中國和日本之間的"介紹人"。在兩國和解過程中，美國既不會"調停"，更不會"干涉"，而只是把雙方拉到談判桌前，這正是日本所要求的。

截至目前，一切順利。來棲察覺到，除了中國撤軍問題外，羅斯福認為最棘手的就是日本在《三國同盟條約》上的立場，他現在開始轉向這一問題。來棲承認，日本很難自己脫離這一條約，至少不能作出正式表態，但如果日本能與美國達成"普遍諒解"，它的光輝必將掩蓋《三國同盟條約》，使其成為一紙空文。與希特勒簽署該條約的人作出這樣的表態讓反對納粹意識形態的美國領導人一時難以接受。赫爾此時介入，對來棲剛剛說的話表示強烈反對。

　　會談結束後，來棲覺得總體上很成功。野村也對來棲的社交和語言能力感到放心。於是他們向東京傳達美國釋放善意的信號，但這種樂觀態度在大洋彼岸並不被看好。赫爾在寫會議總結時抑制不住自己的不滿。日本不能正式放棄軸心國聯盟讓他無法接受。他鄙視來棲"為了繞過《三國同盟條約》而給出貌似合理的解釋"。[325]

　　約瑟夫‧格魯總是很熱切，他試圖從日本的角度來進行理解和交流。赫爾雖然展現了充分的耐心，但他更傾向於聽取國務院中的對日強硬派斯坦利‧霍恩貝克（Stanley Hornbeck）的意見。赫爾在前一次與野村的會議中説，他很難"讓我國人民及所有愛好和平國家的人民相信，日本想要走和平道路"，畢竟，日本仍然"與過去 2,000 年來這個星球上最暴力的狂徒結盟"。如果美國政府"與日本達成協議，而日本同時對德國負有不可推卸的義務"，那麼赫爾會覺得自己受到譴責。[326]

　　由於赫爾對納粹及其"朋友"深惡痛絕，所以他一直對來棲這一特別使者表示懷疑。來棲與羅斯福會面後，赫爾立即邀請他繼續就《三國同盟條約》及其他問題進行討論，但來棲拒絕了，後來他為這一決定後悔不已，儘管他從未明確表示過為何當時要拒絕赫爾。也許他覺得自己需要一天的準備時間，或者他要等待東鄉的具體指示，後一種可能性更大。還有一種可能是他經歷長距離旅途後感到十分疲倦，不論出於哪種原因，從這天起，赫爾對來棲形成了永久性的判斷，赫爾在會議備忘錄中寫道：[327]

　　　　總之，日本大使和來棲特使沒有帶來甚麼新東西。來棲特使總在強調兩國不應產生嚴重分歧，必須找到解決當前局勢的方法。他提到首相東條雖然來自軍方，但卻非常渴望為了和平作出改變……總統總是與野村大使和來棲特使陷入爭論，尤其在兩國之間的三個主要分歧點上（貿易機會均等、中國撤軍、《三國同盟條約》問題）。這次會議並沒有嘗試解決這些問題。

後來赫爾在 1948 年表示："（他）從一開始就覺得（來棲）是個騙子。"[328]

美國有越來越多關於日本政客大放厥詞的報道，這讓來棲的任務變得更加困難。11 月 17 日東條在國會的演講對來棲剛剛開始的任務帶來負面效應，因為這次演講被廣泛傳播。[329] 這是東條首次在"議會"上的發言，並被拍攝下來。（日本第二次近衛內閣成立"大政翼贊會"後，日本的議會制度不復存在。）NHK 播放了這次演講，第二天作為新聞電影向公眾發行。東條效仿納粹的宣傳方式，主動通過音視頻媒介激發民眾的愛國熱情。

雖然東條說，日本的政治形勢現在"十分關鍵"，但這次演講的內容對日本人來說沒有甚麼新內容。東條在演講中指出，形勢並沒有好轉，因為日本仍然遭到那些無法理解日本和平願望的國家欺凌。他對在中國作戰的士兵表示感謝，並向全國保證，蔣介石政權的末日即將來臨。他還表示，鑒於蘇聯形勢不穩定，日本正在採取措施確保日本北方邊境的安全。至於南方，東條強調說，日本被迫佔領法屬印度支那北部，因為"英國、美國和荷蘭加大了針對日本的排外經濟政策"，而日本佔領印度支那南部是對抗這些政策的"防禦措施"，日本的做法卻"受到這些國家的質疑和猜測，它們於是凍結了日本的資產，形成事實上的全面制裁"。東條認為，這種做法"是充滿敵意的挑釁，相當於挑起武裝衝突"。

東條對國民說，政府仍然在盡力達成和平解決方案，但他表示這不是一個容易的過程。因為，"不論形勢如何發展"，為了日本、亞洲和世界更加光明的未來，整個國家需要團結一心。最後他對日本國民的動員努力表示感謝，對保家衛國"戰死沙場的英靈"表示崇敬。

東條的發言結束後，議會正式批准了一項新政策，其中包括增加軍費。1941 年 11 月 18 日，記者奧托·托利舒斯（Otto Tolischus）在《紐約時報》的報道中引述了這項政策的內容：

> 儘快解決東亞問題，確保東亞國家永續共榮並促進世界和平，這

是日本帝國堅定不移的國家政策。政府必須解決當前危重的形勢，妥善處理國內外問題，在執行國家政策時不能犯任何錯誤。

東條的演講並沒有讓日本人過於擔憂，這種強烈的措辭由於過度使用已經失去了效果。但演講成功地讓東條的聲音第一次傳遍全國。他那種有距離感、正式語體的講話方式讓日本人感到頗為熟悉，甚至學校裏的孩子都開始模仿他。

這一被廣泛宣傳的演講對美國的影響更大。日本沒有發出和平主義言論的領導人，雖然包括東條在內的大小官員都聲稱想要和平，但他們所做的一切都是在為戰爭做準備並公然進行戰爭威脅。托利舒斯認為，東條和東鄉在國會中所作的發言"明確顯示，日本和美國的最終對決不遠了"。雖然東鄉表示達成和解也絕非不可能，但托利舒斯觀察到，"國外及此間外交人員普遍的觀點是，(這些演講)對日本宣稱想要實現的太平洋地區和平無所助益"。

11月19日，托利舒斯發回另一篇報道，引述了島田俊雄的演講。這位前農業大臣說，"傲慢的美國領導人想要稱霸世界，他們甚至通過幫助英國來對歐洲進行干預，這些人心中有一顆太平洋毒瘤"，當前的決定對治療毒瘤至關重要，日本應當用大刀切掉毒瘤，繼續日本的"正義之戰"。他還表示，"讓有關方面理解我們還有其他方式"。

雖然美國認為日本已決定開戰，但居住在東京的美國人幾乎沒有人離開。儘管兩國外交關係緊張，但在一段時間內，住在東京的美國人的數量卻在增加，並在1940年6月達到超過1,000人的高峰。但到了1941年11月，僅有200名美國人離開日本，是在過去30年中最少的。

來棲要在華盛頓洗刷的負面形象不止他一個。

儘管美德關係緊張，但美國一直在避免與希特勒開戰。[330] "格里爾"號事件後，美國驅逐艦"奇爾尼"（Kearny）號10月17日在冰島海域被一艘德國潛艇發射的魚雷擊中，造成11人死亡。雖然從羅斯福當時的表態來看，戰爭似乎一觸即發，但他接下來並沒有要求國會宣佈開戰。10月30日，美國再次遭受打擊，德國潛艇在愛爾蘭以西1,000公里處襲擊了美國驅逐艦"魯本·詹姆斯"號，造成115人死亡。羅斯福總統又沒有要求國會宣佈開戰。實際上，羅斯福對這起事件的回應很慎重，這讓人意外。他非常重視國內孤立主義者和反戰者的意見，認為美國沒有做好戰爭動員工作，而在太平洋方面，美日關係的不確定性也與日俱增。

"魯本·詹姆斯"號事件後，美國參議院通過了廢除《中立法》部分條款的決議，眾議院在11月13日也通過了該決議。兩院通過決議的票數都很接近（參議院為50票贊同、37票反對；眾議院為212票贊同、194票反對），這也說明羅斯福的謹慎不無道理。美國現在能夠武裝商船，攜帶任何貨物前往戰區。美國議員最終移除了阻礙美國向大西洋進發的法律屏障，與此同時，太平洋方面也蠢蠢欲動。佔領法屬印度支那的日軍數量增加了，於是英美兩國也加強了對馬來亞和菲律賓的防禦，東南亞地區的氣氛令人不安。

日本新的調兵計劃再一次直接影響到大兵潮津的命運。我們前面看到，1941年夏天他被徵召入伍，為進攻蘇聯作準備，但最後這一切沒有發生。他於是在"滿洲"北部負責訓練新兵，一直到初秋。10月末，他所在的部隊被派往"滿洲"地區的大城市哈爾濱，開始連續40天從事艱苦的建設工作，他們建造軍事地堡。這項工作給他的左腿造成輕度殘疾。11月中旬，他們突然接到撤離哈爾濱的命令。潮津和他的夥伴帶着輕鬆的心情上路，他們認為自己的"臨時服役期"終於結束了，現在正在回家的歸途中。他們在整整三天的火車行程中都興高采烈。

當他們抵達大連後，這股興奮勁立刻被澆滅。他們被命令換上夏裝，每人發了用蚊帳做成的面罩和手套。他們不知道下一個目的地，但顯然不是回家。他們與其他部隊一起登上一艘大船，在海上，他們靠少量米飯和海藻生存，這很難填飽肚子。隨着船的航行，他們感到天氣一天天熱起來。這艘船最後終於停了。有人說他們在台灣海峽。士兵們爬上甲板，他們驚訝地看到一個壯觀的日本海軍艦隊。所有艦船加滿油後便一起出發。在戰機和軍艦的護航下，這些士兵感到很安全。氣溫越來越高，他們又餓又渴，潮津還是不知道要去向何方。

向南部調兵只是日本進攻計劃的一部分。在此之前，11 月 7 日，軍令部發佈了第一份調動命令。11 月 10 日，海軍挑選出 10 名水兵，他們將協助珍珠港空襲，發動潛艇襲擊。參加這項特別任務的是五艘小型潛艇，每艘潛艇由兩名水手操作，攜帶兩枚魚雷。這些魚雷的射程有限，所以水手一旦進入珍珠港的範圍，他們活下去的概率微乎其微。山本五十六向來不贊成以自己手下的生命作為代價的戰略方案，但在制訂該計劃的年輕軍官的堅持下，山本最終妥協 —— 但條件是，這些軍官必須繼續研究潛艇安全返航的可能方式，並承諾要盡最大可能實現安全返航。

一項有效的自殺任務就這樣制定了。這也反映了整個戰爭決定的根本邏輯：只要有一絲成功希望，就值得冒險搏一把。11 月 18 日，完成最後一次演習後，六艘航母駛向日本最北部島鏈上的單冠灣，艦隊將最終從這裏向珍珠港進發。之所以從這裏出發是為了避免被其他國家船隻發現。54 歲的海軍中將南雲忠一負責指揮第一航空艦隊。這位老派的艦隊指揮官可以説沒有任何航空作戰經驗，他的任命完全依仗自己的資歷。

同一天在華盛頓，野村和來棲與赫爾會面。對於日本留在法西斯集團問題，赫爾與前幾天一樣強硬。他説自己不能理解為何日本如此執着於履行與希特勒的協議，要知道，在遵守朋友協定方面，德國並沒有樹立好榜樣。赫爾對日本外交官説，只要日本還是法西斯盟友，他不知道"如何能夠與日本達成令人滿意的協定"。[331] 他説，美國會"盡力走得更遠，但不會超過某一點"。他不會在他所認為的基本道德標準上作出妥協。來棲只能重申，日美達成的條約會優先於《三國同盟條約》，他請求赫爾理解，"大船無法立即掉頭，只能慢慢、一點點地轉動"。

接下來，野村向華盛頓打出他最大的一張王牌。野村向赫爾暗示，日本可以將軍隊撤出法屬印度支那南部，這樣兩國可以"回到 7 月以前的狀態……回到（美國）實施資產凍結前"。野村的這張王牌是東鄉從軍方那裏爭取到的，來棲可能提前告訴了他。

赫爾卻對野村的提議無動於衷。他擔心日本可能只是將撤退的部隊轉移至其他地區，他說美國政府很難撤銷對日禁運，除非美國"相信日本的確走在和平道路，並已經放棄了侵略目標"。野村強調說，日本人民已經厭倦了在中國的戰爭，他向美國政府保證，日本想要向和平邁出切實的第一步，日本的態度是誠摯的。

野村提議，與其尋找（甚至很快實現）一個全面、雙方都能接受的理想計劃，雙方應先緩和局勢。他向美方表示，日本非常認真地在尋找權宜之計。赫爾最終有所鬆動，他說自己將與英國和荷蘭方面就日本的最新提議進行商談。用赫爾之前的話說，這是從"試探性對話"向"正式會談"轉變的標誌。兩位日本外交官突然看到了希望。

與赫爾會面後，來棲立即向東京發送了信息。[332] 他自信地寫到，他和野村都認為，華盛頓對談判持開放態度，單單由於另一方不能立即同意日本的條件就採取魯莽、不可挽回的行動是愚蠢的。來棲還在信息中強調，羅斯福和赫爾更加堅定地要求日本與德國斷絕關係。雖然日本恐怕無法立即放棄聯盟條約，但他覺得日本必須明確表態，將逐漸與希特勒劃清界限。來棲說，鑒於留給談判的時間十分有限，他們應當繼續基於野村的最新提議並從法屬印度支那南部撤軍，以便與美國達成協議。日本附加的條件越多，兩國政府進行有效談判就越困難。他最後寫到，他和野村想要在 11 月 22 日羅斯福離開華盛頓前與總統達成某種形式的諒解。

在之後的兩天，一切都似乎有所好轉。兩位日本外交官不斷收到羅斯福政府正在認真考慮野村提議的消息。11 月 19 日上午，曾經開啟美日兩國"非正式會談"的沃爾什神父來到日本使館拜訪來棲。他與羅斯福的郵政總局局長弗蘭克·沃克關係密切，沃克也是一位虔誠的天主教徒，所以沃爾什神父獲得了一些內幕消息。沃爾什對來棲即將完成任務表示祝賀，他說美國很可能會接受野村的提議。[333]

受到鼓舞的野村和來棲當天晚上再次拜訪赫爾。赫爾的確看起來很樂觀，他說達成這一共識“或許可以穩住日本領導人，並將民意拉回到和平軌道”，但他也承認，轉變民意“需要時間”。[334] 兩國政府的代表終於開始有了共同語言，似乎很快將要向其共同目標邁進切實的一步。

11 月 20 日東鄉向野村發來的電報讓這一希望瞬間破滅。東鄉感到很憤怒，因為野村沒有按照他精心佈置的指令行事，而是擅作主張。由於東鄉還沒有收到美國關於《甲案》的答覆，所以他沒有授權華盛頓談判人員拿出《乙案》。東鄉說，野村沒有權力將從印度支那撤軍問題與《乙案》其他條款分隔開，使之成為一項單獨提議。

東鄉之所以發怒，還可以解釋為他看不上這位非職業外交官的魯莽行為。東鄉有些高傲，認為與美國的談判是他的事，而在華盛頓的外交人員只是執行他命令的人。在東鄉看來，野村的行為說明自己忘記了“執行命令的職責”，[335] 給對手承諾的事情太多了。也許東鄉是在發洩不滿，因為他知道軍方不可能單方面同意撤軍。（軍方尤其想要看到交換條件，比如以有利的方式解決中日戰爭。）也許東鄉只是精疲力竭、意志消沉了。不論出於哪種原因，東鄉都決心要撤銷野村的提議，而不是進一步爭取軍方讓步，即使東條曾承諾過會支持他。

東鄉對華盛頓的外交官說：“這絕對沒有商量的餘地。”[336] 野村超出其職權範圍的做法“令人遺憾”。東鄉指揮他遞交日本的“最終提議”，也就是《乙案》的一個版本，其中包括：(1) 不向印度支那以外地區進發；(2) 在開發荷屬東印度資源方面進行合作；(3) 將貿易關係恢復至日本佔領印度支那南部之前；(4) 美國不干涉中日和解；(5) 日軍從印度支那南部撤出。中國問題還是不可避免地涉及了，野村試圖讓兩國外交互動起來的努力失敗了。東鄉表示：“如果我們不能獲得美國（對《乙案》）的同意，我們將只能接受談判破裂的結果。”

第十五章　赫爾照會

毫無疑問，外交本質上是需要耐心的。但東京給自己強加的談判期限讓等待變得更加困難，即便對於老練的外交官也一樣。來棲焦急地等待着赫爾對最近遞交的《乙案》答覆，他 11 月 21 日來到赫爾的公寓，現在該輪到他魯莽一回了。

來棲遞給赫爾一封草擬的信件，信件承諾如果美國參加歐洲，日本的行動將不受制於《三國同盟條約》。這完全是一項私下提議，但也基本反映了日本政府的現有立場。其實，來棲只是抄寫了東鄉 11 月 20 日發出的指令內容中的一段，該指令告訴他如何解釋日本政府在《三國同盟條約》上的立場。東鄉不讓他立即作出指令上的表態，必須要等到達成協議後。[337]

東鄉不想讓他所說過的關於日本脫離法西斯聯盟的話落入美國手中，如果美日談判破裂，他害怕美國政府會將這些話宣揚出去，來挑撥德日關係。但來棲不理解為何這樣重要的信息要對美國有所隱瞞，他強烈地感覺到，東京現在放棄《三國同盟條約》將可能扭轉談判形勢。來棲推測，如果當年簽署《三國同盟條約》的人現在能夠以書面形式保證日本已"從實質上"放棄了《三國同盟條約》，這將對美國很有說服力。於是，他向赫爾遞交了他的私人信件：[338]

閣下完全清楚，本人正是在我國政府的命令下簽署該條約的人。

我很樂於作出以下表態，相信它將有助於消除以前的錯誤印象。

毋庸置疑，該條約在任何情況下都無法侵犯日本作為獨立國家的主權……

此外，條約第三條規定，日本能夠獨立自由地解釋其義務範圍，不受到條約其他方解釋的約束。我想強調，我國政府並未被這一條約綁定，不會參與任何協商的侵略行動。

　　我國政府絕不會聽從任何外國勢力的命令而把日本人民送入戰爭，只有為了保證安全、保護國民不受非正義審判而具有不可逃避的根本必要性時，才會尋求戰爭手段。

　　我希望上述表態有助於消除閣下一直以來的猜疑。我想補充的是，如果兩國達成全方面諒解，閣下隨時可以公佈這封信件。

　　讀到這封信後，赫爾表示想把信件交給另一個人看，並詢問來棲他是否可以留下這封信。來棲詢問這個人是否是總統，赫爾予以否認。國務卿是想拿到內閣會議上討論嗎？答案再次是否定的。赫爾沒有透露更多信息，但來棲決定冒一次險，將這封沒有署名的信件留在赫爾手中。

　　來棲認為，他與赫爾的 30 分鐘會談是有幫助的。赫爾甚至與他開聊了一會兒。赫爾對來棲說：“你遠道而來，我應當邀請你一同用餐或打高爾夫球，但你知道我們雙方都很忙，我覺得打一場高爾夫佔用的時間太多了。我開始相信打高爾夫球與處理國事是矛盾的。”[339] 赫爾顯得情緒不錯，他稱讚了來棲處理《三國同盟條約》問題上的智慧，並回憶了 1933 年與日本代表在倫敦經濟會議上共事的情景，他一時顯露出懷舊之情，甚至對日本想要締造地區新秩序表示同情。他說自己非常能夠理解這種想法，儘管“大東亞共榮圈”這個名字起得很差。

　　更重要的是，儘管日本國內強硬派施加了巨大壓力和限制，赫爾似乎真正對他與野村的外交努力表示認可。赫爾抱怨說，他自己深知外交總是受制於各種政治壓力。赫爾似乎開始對來棲放下戒備，這是非常好的信號。兩人握手道別時，來棲發現赫爾發燒了，他說：“請保重身體。”[340] 就這樣，來棲打出了他剩下的最後一張牌，但還不確定是否能夠成功。

　　赫爾對此次與來棲單獨會面的記錄很簡短，也讓日本頗為失望：[341]

　　我讀了這封信，並詢問來棲關於和平解決問題的方案他還有甚麼要補充的。他説沒有甚麼補充。我説我不認為這會有特別的幫助，於是不予考慮。這就是所有重要的談話內容。

11 月 22 日，來棲和野村再次來找赫爾，他從感冒中恢復過來，又變成平時那位幹練的國務卿。他並沒有對《乙案》作出答覆，相反，他再次對日本的和平意圖表示質疑。他對日本夏天進駐印度支那南部表示譴責，儘管他已經在與野村討論撤出事宜。他説，日本在春天購買的石油"沒有用作普通的民用消費"。[342] 他還指出，日本媒體出現越來越多反英美言論。

赫爾不明白，日本國家領導人為何沒有以公開宣講和平的方式來支持這兩位外交官，他問到，難道日本領導人現在不能站出來表示日本想要和平嗎？[343] 儘管世界對日本仍存疑慮，日本也不願主動爭取並維護和平嗎？為何日本把想要取得的目標一次性裝進提議中？[344] 他表示自己更喜歡野村只包含一點的提議而不是東鄉的《乙案》。

赫爾指出，日本在提議中阻止美國干涉中國問題顯然具有風險。這也證實了野村和來棲一開始的擔心，即在日本提議中加入中國問題將阻礙美國幫助調停中日戰爭。由於《乙案》包含不准干涉中日和解的內容，該提議的前景堪憂。

野村不願意放棄希望。來自美國的任何回應都代表雙方的接觸在持續。他認為，只要仍然存有一線希望，右傾的日本政府就不會放棄外交。野村認為，儘管東京已經設置了最後期限，但只要他能爭取美國對《乙案》中的一點作出回應，談判就能繼續。所以野村詢問赫爾，在日本的提議中，美國哪些點可以接受，哪些想要日本修改。但沒有得到回應。赫爾説，他不能"承擔全部責任"，他問日本政府是否可以等待他與其他有關各方代表（荷蘭、中國和英國）商量後再答覆。野村不想因為逼得太緊而影響關係，所以他同意繼續等待。

同一天，野村收到東鄉的電報，告訴他 11 月 25 日的談判最後期限被延長至 11 月 29 日，但"超過這一期限絕對不行"。[345] 之所以延長期限，是因為要考慮到"完成整個（外交）過程需要的等待時間"。在規定的時間裏，日本外交官既要獲得美國對日本文件的簽署，還要與英國和荷蘭交換正式文件。東鄉附上了草擬的文件，這些文件需要交換並被有關方簽署。其實這很難實現，東鄉也清楚，但這樣做符合正式程序。

11 月 25 日晚，赫爾準備好了美國的答覆，美方要求日本立即從法屬印度支那南部撤出，並將法屬印度支那北部的駐軍減少至 2.5 萬人。[346] 作為交換，美國將解凍日本的資產，與日本恢復經濟關係，但仍帶有一些限制。這一臨時安排的期限是三個月，雙方都可以提出延長期限。

無論赫爾多麼強硬和正直，不論他對日本及其外交官有甚麼個人成見，他仍然是一位務實、極其耐心的談判者。他的新提議顯示出他尋找折中方案的努力，該計劃將讓美國有更多時間加強菲律賓的防禦能力，並為歐戰做準備。但到第二天上午，赫爾決定完全拋棄這一計劃。關於這一突然轉變有若干解釋，其中一個是中國和英國反對美國與日本妥協（荷蘭支持赫爾的計劃）。根據赫爾在戰後的解釋，"日本同意這一計劃的可能性很小，不值得冒這個風險，尤其是中國的士氣可能會被澆滅，甚至陷入分裂"。[347] 但最有說服力的原因無疑是日本向南部調兵的報道，尤其向台灣以南調兵，這讓羅斯福政府確定，日本隨時準備挑起戰爭。

當然，兩國都已開始向東南亞地區調兵，這不是甚麼秘密。羅斯福已經知道東鄉 11 月 22 日對日本使館説，11 月 29 日後事物將"以自動方式"發展。基於這一截獲的情報，羅斯福 11 月 25 日對他的顧問説，日本可能會在 12 月 1 日襲擊美國，"日本最擅長不宣而戰"。[348] 羅斯福的戰爭部長亨利·史汀生（Henry Stimson）在日記中寫到，核心問題是如何"誘使（日本）開第一槍，但又不會對我們造成太大傷害"。[349] 羅斯福完全意料到日本會採取軍事行動，但低估了日本發動致命襲擊的能力。日本向南部加強軍力的消息也許讓他相信，日本即將對英國、荷蘭或美國在東南亞目標進行襲擊。當他認識到這一點後，他對日本在華盛頓談判的看法一定變得更加強硬 —— 這些人要麼是傻子，要麼就是以欺騙方式爭取時間。

在二戰剛開始的黑暗時期裏，羅斯福認為美國對德國開戰很重要。他覺得現在是對付日本的時候了。羅斯福和邱吉爾曾謀劃讓美國通過與日本開戰來進入歐戰。既然日本沒有加入德國一起進攻蘇聯，德國當然有可能不幫助日本與美國為敵。沒人能確定會發生甚麼。11 月 26 日下午，野村和來棲被召喚到國務院，他們沒有收到美國的暫時提議，而是赫爾起草的另一份文件，正式的名稱是《美日協定基本綱要》，史稱"赫爾照會"。他要求兩位外交官仔細閱讀。

該文件第二部分為"美國和日本政府需要採取的步驟"，其中包括最重要的 10 點方案。文件提議，美國、日本、英國、中國、荷蘭、蘇聯和泰國締結互不侵犯條約，尊重法屬印度支那的領土完整和平等的貿易通商待遇。

然而，達成一項多邊協定並不是日本外交官的目標。東京已經明確表示，想要與美國達成雙邊協議，一方只需要向另一方提議並獲得批准。日本既沒有時間也沒有意願構想龐大的國際和平計劃。

美國在中國問題上的要求讓日本外交官更加失望。該文件第三、四、五點明確表示：日本政府應將所有陸軍、海軍、空軍和警察部隊從中國及印度支那撤出；美國和日本政府同意，除臨時以重慶為首都的中國民國政府外，不能對中國任何其他政府或政權予以軍事、政治和經濟上的幫助；兩國政府放棄在中國的一切治外法權，包括放棄在中國的外國租界和租借地內的有關各種權益，以及根據 1901 年義和團事件議定書 ⑪ 所獲得的各種權利。[350]

雙方都清楚，這些條款是短時間內不可能被討論和通過的。"赫爾照會"反映出，美國向來希望亞洲基於自由貿易和機會均等的原則進行發展，"赫爾照會"可能本來是作為美國對日本答覆《乙案》的附加條款，但現在作為單獨的文件被提交，好像美國還沒開戰就要求日本無條件投降。美國曾抱怨日本"把想要取得的目標一次性裝進提議中"，而"赫爾照會"更是如此。雖

---

⑪　譯者註：即《辛丑條約》。

然這一綱要性文件只是初步計劃，但赫爾完全清楚，他後來也承認："我們從沒有指望日本會接受這一提議。" [351]

日本代表拿走這份文件前，他們試圖讓赫爾降低美國的要求，這一努力只是徒勞。來棲指出，日本政府無法坐視汪精衛政權的倒台。赫爾稱，汪精衛政府沒有能力統一中國，在這個失敗的政府身上浪費時間不值得。來棲表示，日本此時無法突然轉變外交政策，很難達成多邊協議，但赫爾不願意就此進行討論。

野村問道，他們是否可以直接與總統交談，他說羅斯福最近說過，朋友之間總有商談餘地。雖然赫爾很不情願，但他仍然同意安排會面。來棲表示，他非常擔心"這一提議意味着結束"， [352] 美國還有可能與日本達成暫時協議嗎？答案是否定的。赫爾說他已經盡力了。

在"赫爾照會"發佈的這一天，日本向南海調兵招致華盛頓的強烈反應。但這一天更為重要的事件是，南雲忠一的航空艦隊（以"赤城"號為旗艦）悄悄地從單冠灣出發了。船員直到最近才知道他們將要襲擊的目標。該計劃被嚴格保密，就連東條都被蒙在鼓裏。（東條甚至不知道日本艦隊已在單冠灣集結。）如果在最後期限前達成外交協定，這些軍艦將掉頭回家。這似乎非常不可能了。

第十六章　縱身一躍

"赫爾照會"並沒有規定具體期限，但當這一文件 11 月 27 日正午時分抵達日本政府手中時，它就是一份最後通牒。

東鄉對其內容大為震驚。他後來回憶說："我遭到絕望的打擊。我試圖想像接受所有（這些要求），但我無法強迫自己將它們全部嚥下。"[353] 他認為，"赫爾照會"直接否定了兩國在談判中已經作出的努力，就好像這些談判從未發生過。對於陸軍中那些不計後果想要開戰的人來說，這一照會無異於一個奇跡。[354] 現在已經沒有外交解決問題的可能性了。

多數日本領導人將該照會視為一種挑釁和侮辱，其傲慢的語氣和苛刻的要求更加讓他們確定，他們遭到了欺凌和羞辱。它還給日本領導人停止內鬥、把責任完全踢給美方創造了機會，給日本處於 "ABCD 包圍圈" 的故事增添了可信度。美國成了頭號惡霸，它讓日本民不聊生，打着中立的旗幟分別幫助蔣介石和英國政府進行戰爭。

當然，日本的這種解讀只是片面的。日本強行佔領印度支那南部時也沒有顧及羅斯福的中立化提議。日本沒有採取足夠行動來打消美國對它與德國結盟的擔憂，即使 "巴巴羅薩" 行動給日本提供了斷絕聯盟關係的絕好機會。東條的公共演講進一步加深了人們對日本是軍事獨裁國家的印象——儘管，頗有諷刺意味的是，日本獨特的決策過程很難與獨裁掛鉤，而天皇當初任命東條時正是希望扭轉日本的戰爭方向。總之，設定外交期限完全是日本領導人自己的主意。日本的自欺欺人最終演變為難以抑制的自我憐惜。

東鄉的女兒伊勢（音譯）觀察到她父親的變化。拿到 "赫爾照會" 前，東鄉充滿能量；而 11 月 27 日後，他看起來十分沮喪。[355] 他認為 "赫爾照會" 不但是對日本政府的侮辱，而且是私人報復行為。他考慮辭職，於是詢問其他官員的意見，包括前外相佐藤尚武。佐藤勸他不要對照會感到絕望，他現在應該尋找解決辦法。

知名自由國際主義者牧野伸顯對"赫爾照會"報以一聲歎息。這位 80 歲老者說："這寫得的確很過分！"[356] 他對美國語氣強硬、要求苛刻感到不滿。儘管如此，他仍然認為東鄉的任務是避免戰爭。他通過他的女婿、前日本駐英國大使吉田茂對東鄉傳話說：

> 戰爭與和平的決定之間需要小心拿捏。我非常希望外務大臣處理局勢採取行動時不要犯任何錯誤。倘若我們與美國開戰，而我們自明治維新以來所取得的成就立即遭到破壞，那麼作為領導人之一的外務大臣也脫不了干係。

吉田對東鄉說，無論"赫爾照會"的真實意圖是甚麼，從嚴格意義上講，這不算是最後通牒，沒有給日本設置時間限制。[357] 吉田建議外相通過辭職來表達相反的政治立場。他對東鄉說："如果你辭職，內閣將被迫停轉，魯莽的軍方也必須要三思。"吉田建議他與格魯大使會面，但東鄉認為這種談話沒甚麼作用。東鄉完全洩氣了，他認為自己是受到誤解的英雄（現在是被華盛頓而不是日本軍方誤解），他覺得沒甚麼可做的。也許這是他逐漸開始接受御前會議決議的原因，"赫爾照會"只是幫他認識到了這一點。

11 月 27 日，羅斯福和赫爾在橢圓形辦公室接待了野村和來棲。儘管羅斯福對他最親密的助手警告過，日本將在 12 月 1 日發動襲擊，但善於外交的他仍然高興地對兩位日本外交官表示歡迎，掩飾着自己的猜疑。[358] 日本外交官落座後，總統給他們發了雪茄，野村道了聲謝。總統點燃火柴為野村點煙，由於野村的右眼在中國戰場上受傷而失明，所以他努力尋找着火光。羅斯福微笑着將火柴伸向野村，幫他最終點燃了雪茄。現場的氣氛十分友好。

開始大家閒聊了羅斯福為甚麼沒有假期，然後總統開始談到德國。他說，美國和日本在一戰中是盟友，雙方都見識了德國無法理解其他國家的心理。來棲明白，總統的這番言論是在間接但毫不避諱地批評日本選擇德國作為盟友。

隨後，野村談到此行的目的，對美國最近的提議表示遺憾。羅斯福似乎已經對這一不可避免的結果感到遺憾，他說，美國政府對"日本和平人士支持太平洋地區和平"的努力表示感謝。[359] 雖然他說自己仍然沒有放棄希望，但他認為形勢"嚴峻"，"這一現狀應當被認可"。

他繼續總結着過去的事件，回顧了 4 月以來與野村進行的對話，似乎想對雙方的談判做個了結。他說，日本佔領印度支那南部就像讓美國政府"洗了冷水澡"，而最近"日本完全向武力征服的方向傾斜，忽視了整個和平談判及其強調的原則，這種做法和表態"讓美國擔心自己會再洗一次冷水澡。日本媒體充斥盲目的愛國主義宣傳，日本向南部調兵的舉動已經暴露，還有傳言說，日本即將與中立的泰國達成軍事協定。羅斯福強調自己對"不斷挑戰和平與秩序基本原則的"日本領導人表示失望。他說，如果日本"不幸要效仿希特勒而走上侵略道路"，美國堅信，日本"終將成為失敗者"。

作為回應，野村試圖讓總統念及舊情，他與總統已相識 30 年，請求總統尋找解決危機的辦法。會談開始時的那種融洽氣氛已不復存在，美國沒有對"赫爾照會"作出重大修改，赫爾斷然拒絕了野村的請求。他說："除非控制政府的那些阻礙和平的人能下定決心，確實要在和平道路上作出承諾並採取行動，否則，正如已經顯示的那樣，談判不會取得任何成果。"

日本外交官離開後，通常對美日談判細節保持沉默的國務院決定召開新聞發佈會，美國表示自己已經盡力了。《紐約時報》11 月 28 日報道：

美國與日本解決分歧的所有熱情昨天似乎已經耗盡，下一步——要麼談判要麼開戰——完全是東京的決定。總統羅斯福在國務卿赫爾的陪同下與日本外交官舉行了 45 分鐘的會談……日本官員現在正在等待東京對"赫爾照會"的回應，確定該國在遠東地區的基本政策立場。會談前，有報道說日本正向法屬印度支那增兵，可能要襲擊泰國。對於週三晚間交給日本官員的照會，東京高層表現得很平靜，說明日本對這種答覆早有預料。

美國政府現在表示，是否開戰完全由日本決定，這與東京領導人的看法恰恰相反。

說東京高層對"赫爾照會"表現得很平靜並不是事實。雙方的判斷都有誤，但這些誤判主要是東京在過去執行外交政策時的善變和不靈活造成的，尤其在佔領印度支那北部和簽署《三國同盟條約》之後。羅斯福低估了日本的軍事實力和戰術策劃能力，卻高估了日本與納粹政權關係的緊密程度。但歸根到底，不論感到多麼恥辱而難以接受，避免戰爭的選擇仍然在於日本，而非美國。儘管日本領導人認為自己被逼上絕路，但限制東京作出這一選擇的戰略期限和官僚主義規則都不是美國製造的。他們可以自欺欺人地認為，自己是被誤解的一方，日本一直以來都在對美國妥協。而實際上日本以《甲案》和《乙案》形式作出的妥協最近才浮出水面，為時已晚。"赫爾照會"現在推動猶豫不決的日本領導人走上戰爭這條可怕的道路，他們心中只有自憐、憤怒和一個賭徒應有的膽量。另一方面，美國打得起一場漫長的戰爭，即便同時還要與德國作戰。邱吉爾對日本命運的預測是："他們將被碾成粉末。"[360]

當然，日本感覺受到不公平待遇也不是沒有理由，這一感覺源自日本對外部世界根深蒂固的恐懼。日本很容易將戰爭看做該國為了亞洲與傲慢西方人的對抗。在大範圍文明衝突中，所有西方國家（白人）都是日本的潛在敵人。在 11 月 5 日的御前會議上，樞密院議長原嘉道與內大臣木戶幸一進行密切協商，他代表天皇問道："如果日本參戰，我們必須考慮德英關係和德美關係會發生甚麼變化。"[361] 原嘉道並不信任德國，或者是任何"白人"國家。希特勒曾將日本列為二等民族，這讓原嘉道感到不安。由於德國沒有直接向美國宣戰，他擔心一旦開戰，日本將站在一個尷尬的位置，他說：

美國民眾對日本的反抗情緒與對德國一樣嗎？相比希特勒，他們是否對日本感到更憤怒？一旦開戰，我擔心德國、美國和英國會達成協議，準備拋下日本。他們對黃種人的憎恨將很快發洩到日本身上，超過對德國的憎恨。我們必須為這一可能性作好準備……我們必須仔細考慮種族因素，必須確保大日本帝國不會被拋棄，不會被雅利安人所包圍。

對於原嘉道來說，"雅利安人"包括所有白人。日本人的許多感受都與膚色息息相關。

但種族自卑和臉皮薄並沒有讓日本領導人喪失判斷力。1895 年中日甲午戰爭結束時，日本忍受了"三國干涉還遼"的屈辱，當時俄國、德國和法國干涉《馬關條約》的簽訂，以滿足其各自帝國主義需求。與民眾反應不同的是，由首相伊藤博文和外相陸奧宗光領導的日本政府決定不發動戰爭，因為打贏的機會渺茫。於是，日本主動退出遼東半島以避免災禍，日本領導層作出了謹慎的政策選擇，與日本快速實現現代化的大戰略目標相符。

而在 1941 年 11 月，日本缺乏明治時代那種有能力的領導人。我們很容易從 11 月 29 日的午餐會看到這一點：日本幾位前首相這一天與天皇共進午餐，討論"赫爾照會"，雖然他們都不想開戰，但大多數人都不願直抒己見，他們覺得自己沒有力量改變既定政策。只有向來反對納粹的米內光政大膽發言，他說，我們不能因噎廢食，[362] 但這種含糊的表態也起不到甚麼作用。

實際上，近衛文麿才真正表達了對戰爭的反對意見。他問，日本付諸戰爭是否真的必要，"我們必須堅持現狀嗎？換句話說，我們能不能等待艱難時刻過去，看看我們是否有機會打破僵局呢？"遺憾的是，這種表態來得太晚了，他本可以在 7 月和 9 月批准御前會議決議前，發出相同的疑問。日本前首相們沒有形成一致意見來幫助和鼓勵天皇迎難而上，利用自己的權威來叫停備戰。

午餐會結束後召開的聯絡會議上，各方宣佈戰爭計劃已進入最後準備階段，日本即將進行的戰爭將得到德國和意大利的支持。東鄉甚至都不知道戰爭何時會打響，他向永野問道："還有外交爭取的時間嗎？"這位軍令部總長回答："還有一些時間。"東鄉又問："到底軍方準備在哪一天開火？……除非我們知道（具體日期），否則我們不能開展外交。"[363] 永野説："好吧，是 12 月 8 日。你為甚麼不能拿出投入外交的這股勁頭來幫助我們贏得戰爭呢？"

在大洋彼岸，沒有被自殺式宿命論影響到的野村和來棲認為，現在只有天皇才能夠改變日本的行進路線。他們不斷聽到羅斯福和赫爾抱怨，日本領導人從未公開表示想要和平的願望。他們也看到，美國對日本和平意圖的懷疑也是根深蒂固的。

11 月 26 日，就在收到"赫爾照會"前，來棲主動對東鄉説，作為最後一搏，可以要求天皇進行干涉，防止外交談判崩潰。來棲的打算是，請求羅斯福給天皇去信，表達想要維持太平洋地區和平及美日合作的意願，天皇屆時只需作出同樣的回應即可。（來棲知道天皇絕不會主動去信。）來棲希望，這樣做將讓談判得以繼續。

來棲向東鄉建議，作為東南亞的長久解決方案，日本應當同意在法屬印度支那、荷屬東印度和泰國建立中立區，這將讓雙方受益，不但可以打消美國對日本南進的懷疑，還可以提前阻止美國在荷蘭的同意下佔領荷屬東印度的企圖。最後他懇請將自己的想法傳給內大臣木戶，並立刻予以答覆。[364]

野村完全同意來棲的計劃，但東鄉立即表示反對。儘管如此，他仍然與木戶進行了協商。木戶並不同意，他説"現在並不合適"讓天皇參與其中。[365] 然而，還有一位皇室成員可能很想讓天皇干預局勢。11 月 30 日，36 歲的海軍少將高松宮宣仁親王來宮裏拜訪他的哥哥裕仁，他最近被調到了軍令部中工作。

這對兄弟有四歲的年齡差，由於要繼承皇位，裕仁從小也不跟其他弟弟一起長大，但他們的關係仍很親密。愛好體育、精力充沛的高松宮宣仁親王一直被認為是主戰派，但這天他對天皇説的話出賣了他的真實想法。根據木戶的記錄，高松宮宣仁親王對裕仁説："海軍經受不起戰爭。大家都認為，如果可能的話，海軍想要避免日美開戰。如果我們放棄這個機會，戰爭將無法避免。海軍將在 12 月 1 日為戰爭進行調動，之後，(戰爭) 就無可阻擋了。"[366]

裕仁向他的弟弟坦白承認，他害怕日本最終戰敗。高松回答說，正是因為這樣天皇才更應該現在採取行動。裕仁感受到巨大的壓力，但他說，他無法反對政府和最高統帥部都已通過的決定，再說也沒有天皇執行否決的明確憲法程序。裕仁說："如果我不同意開戰，東條就會辭職，之後將爆發一場大的政變，這樣反而引來更多荒唐的開戰理由。"[367] 當然，他選擇不干涉的做法已經讓 "荒唐的開戰理由" 佔了上風。高松宮宣仁親王離開後，木戶召見東條進宮，以便天皇澄清自己對軍事行動存留的任何疑問。東條沒有對襲擊計劃的細節作任何評論，他推薦軍令部總長永野和海軍大臣島田來進行進一步闡述，他說："海軍戰略是 (未來戰爭中的) 一切。"[368]

兩位海軍軍官抵達皇宮。他們重複了海軍進行備戰的熟悉論調，表示自己只等天皇一聲令下。裕仁問道，如果德國不出手幫助日本該怎麼辦。(他已經聽到原嘉道關於 "雅利安人" 聯手對付日本的擔憂。) 為了平復天皇的心緒，島田表示，大日本帝國並沒有指望德國的任何幫助。[369]

然而，日本與美國及其盟友開戰的出發點是德國取得勝利，或至少德國在歐洲佔支配地位。11 月 15 日聯絡會議通過的 "推動對美英荷戰爭終結計劃" 說：

> 我們的目標是立即消滅美國、英國和荷蘭在遠東地區的基地，以確保我們的生存和防禦，我們應積極促使蔣介石政權的投降，與德國和意大利合作，首先加快英國投降，然後盡力削減美國繼續戰鬥的意志。[370]

德國戰敗或者德國與同盟國妥協從來都不在日本正式作戰計劃的考慮範圍。

天皇並沒有聽到多少真心話。他不但沒有下決心阻止戰爭，反而還認為戰爭的齒輪已經 "自動" 開始運轉，日本必須經歷重大手術才能治癒 "太平洋腫瘤"。

很巧的是，同一天，日本《報知新聞》報道："告訴癌症患者一個重大好消息，名古屋帝國大學的岡田教授發現了所有癌症的治癒方法。"這名教授稱，4月以來，他通過注射胃和十二指腸黏膜的方式治好了十來位病人。這位教授還很謙虛，說這些人的癌症仍有復發的可能性，但他認為可能性極低。他相信這些人能夠用同樣的方法再次治癒。

當然，日本並沒有這種夢幻般的癌症治癒法。

1941 年 12 月 1 日，東條召開了御前會議，這是 5 個月裏的第四次御前會議，會議氣氛肅穆。外交談判的最後期限已經過去，這次會議是要批准對美國、英國和荷蘭開戰的決定。在"討論"開戰事宜時，政府和軍方沒有提出甚麼新觀點。裕仁天皇自始至終都保持沉默。原嘉道詢問了關於泰國中立的問題，以及東京對空襲的防備問題，這是出乎意料的，似乎他已經預料到這座城市將遭受毀滅。原嘉道還認為，"赫爾照會"中有幾點需要澄清。在他來看，美國要求日軍撤出中國似乎並不包括日本的傀儡政權"滿洲國"。原嘉道說，如果的確不包括，那麼"赫爾照會"是不是並不像開始看到的那麼強硬？東鄉並不確定，但現在討論這些細節為時已晚。這次御前會議與前幾次一樣，只是為了走個形式。

最終，裕仁對決議進行批准：[371]

> 基於 11 月 5 日《帝國國策實行要領》，我們與美國的談判並未取得（圓滿）結果。大日本帝國將與美國、英國、荷蘭開戰。

11 月 2 日，山本五十六從廣島附近岩國灣停靠的"長門"號上向海軍中將南雲忠一發送無線電信息，南雲的第一航空艦隊正在開往珍珠港的路上，即將跨越國際換日線。這條消息是"登新高山 1208"。

日本將在 12 月 8 日開戰。

尾聲　新的開始

1942 年 6 月 18 日夜，瑞典美國船運公司的"格里普斯霍爾姆"(Gripsholm)號從紐約駛出，船上有一羣曾被關押在臨時營地的日本公民，其中一處營地位於艾理斯島。另一方面，日本政府派的"淺間丸"號從橫濱港出發，意大利輪船"綠伯爵"號從上海出發，它們最終將把來自北美和南美的國民送回家。

被送回來的日本公民中有一些熟悉的面孔，包括野村和來棲。12 月 7 日，日本進攻珍珠港的這一天，他們經歷了任何外交官可以想像的令人心驚膽戰的時刻。為了確保在夏威夷軍事行動的成功，日本政府將開戰的決定完全瞞着這兩位外交官。襲擊的前幾小時他們才接到東京打算斷交的通知。

日本使館的管理低效，致使野村和來棲沒能通知白宮日本結束外交的決定。東京命令野村和來棲於下午 1 點去見赫爾，此時第一枚炸彈還沒有落到珍珠港。由於包括 14 個部分的外交文件在打字時受到耽誤，兩位日本外交官於 2 點 20 分才抵達赫爾的辦公室，他們絲毫不知道日本已經襲擊了美國。

赫爾才讀了幾頁他的手就開始顫抖。兩位日本外交官不理解赫爾為何如此生氣。他讀完全部文件後（這不是他第一次讀到這份文件，上午 10 點羅斯福就拿到了被破譯的文件電報），對野村說：[372]

> 我必須説，在我與你的所有對話中……我從未説過一句假話。所有的會議記録都能為我作證。在我擔任公職的 50 年裏，我從未見過一份能充滿如此無恥謊言和曲解的文件 —— 其規模如此龐大，今日之前我無論如何也想像不到，地球上竟然有政府能夠説出這種謊言。

　　兩位外交官十分困惑，無言以對，他們離開時仍然不清楚自己不知不覺中參與的巨大外交騙局。

　　由於是週日，野村和來棲抵達美國國務院時沒有太多工作人員和記者，但離開時，他們卻被大羣記者簇擁。他們逃回日本使館，緊閉鐵門，警察需要出面制止憤怒的羣眾在使館前聚集。這時他們才得到日本襲擊珍珠港的消息，並且意識到，赫爾在見他們時早就接到了通知。

　　在動身前往華盛頓上任前，野村在海軍的老朋友米內光政曾經提醒過他："小心一點……今天的這一夥人將來在你爬上去後一定會毫不猶豫地從你的身下抽走梯子。" [373]

　　太平洋開戰後的幾個月裏，野村、來棲及其他日本國民在臨時徵用為關押營地的擁擠酒店中等待被遣返。（比起其他日本移民以及日裔美國人被關押的拘留所，這裏的條件很不錯了。）在弗吉尼亞州的溫泉酒店，來棲有足夠的時間回想，兩國在為和平進行最後談判時到底出了甚麼錯。

　　雖然兩位外交官明白他們的任務緊急，但他們並不清楚（東京故意不讓他們知道）成功的機會到底有多小。11 月 30 日，外務省美洲局局長山本熊一給他們打了電話，他們用暗語快速地交談着，東京想要他們為避免戰爭繼續作出努力。因此，野村和來棲在 11 月 29 日這一東京規定的最後期限後，仍然亢奮地進行工作，他們在 12 月 1 日提出一項建議，讓來自兩國的代表召開緊急會議，地點最好在火奴魯魯。野村提議日本出動重量級人物，希望美國副總統亨利·華萊士能夠出席會議。

　　直到 1942 年夏天，來棲才終於知曉日本進攻前的 10 天裏到底發生了甚麼。在日本佔領的新加坡，"格里普斯霍爾姆"號短暫進行了停留，他無意中聽到陸軍軍官回憶，開戰前幾天的準備有多麼困難，因為軍方領導人直到 11 月 26 日才決定開戰。

　　這一發現讓來棲心灰意冷。軍方領導人 11 月 26 日決定開戰的事實說明，要求他和野村繼續開展外交只不過是存心欺騙對方。當然，他們多多少少也知道東京即將放棄外交路線，尤其在收到"赫爾照會"後。11 月 28 日，東鄉對他們說，他對這份照會的內容感到"遺憾和驚訝"，他暗示外交談判可能很快會終結。[374] 但東鄉當時讓他們等待將在三天之內發出的正式命令，而接到談判終結的命令後再向白宮遞交名為《大日本帝國政府觀點》的文件。在此之前，他們必須表現得很正常。

這份官方文件並沒有到來。12 月 3 日，東鄉指揮他們繼續糾纏美國。東鄉的原話是："我認為，(《乙案》)是克服困難局勢向前推進的最好方式，你必須將這一點向美方解釋清楚。"[375] 東鄉稱，即使棘手的中國問題也可以通過和平方式解決。這讓來棲和野村重新燃起外交和解的希望。直到 12 月 5 日，野村和來棲才要求赫爾重新考慮《乙案》，儘管羅斯福政府發佈了"赫爾照會"，但也沒有正式否決《乙案》。同一天，羅斯福還向裕仁天皇發送了一封和平電報。這些努力都無果而終。

來棲和野村在珍珠港襲擊發生後才遞交斷交信，這在戰後的日本引起了持續幾十年的激烈辯論。[376] 這遲來的斷交信讓羅斯福有理由強烈譴責日本的虛情假意，最著名的要數羅斯福的"恥辱日"演講。日本人的行為強化了總統的開戰決心，不但對日本開戰，還對日本在歐洲的法西斯同盟開戰。有人推測羅斯福和邱吉爾早已知曉日本即將襲擊珍珠港的消息，但他們坐等日本進攻，以便讓美國加入歐戰，這激起許多人的想像。

也有人認為，軍方故意讓日本推遲遞交斷交信，以確保日本的進攻不會有任何先兆。實際上，使館人員雖然沒能及時準備最後的這份文件，但他們從未受罰 —— 甚至有些人還在戰後獲得升遷，這加強了這一觀點的可信度。

其實，日本發出遲來的消息是一系列原因造成的，既包括使館準備工作的不力，還有東鄉向軍方的妥協，以確保進攻計劃的成功。山本五十六堅持認為，日本應當提前警告美國日本將發動武力進攻。裕仁也這樣認為，他想讓日本遵守國際法原則。12 月 3 日，外務省起草了準備遞交赫爾的最後備忘錄，其中包括日本可能根據《海牙公約》宣戰的句子，但東鄉將這一部分刪掉了。為了軍事戰略的嚴格保密，這種敏感信息故意留待最後一刻才對華盛頓發出。

即使赫爾在珍珠港襲擊開始前就收到這份最後文件，這仍然不會減弱日本發動襲擊的震驚感（和非法性）。遲來的消息對羅斯福更有利，幫他讓美國人團結一心，但羅斯福也表示，偷襲珍珠港並同時用外交作掩護的戰略是日本最惡劣的行為。他在 12 月 8 日的國會演講中漂亮地將這一信息傳達給全國民眾：

> 就在日本空軍部隊已經着手開始轟炸美國瓦湖島之後的一小時，日本駐美國大使和同僚還向我們的國務卿提交了對美國最近致日方消息的正式答覆。雖然復函聲稱繼續現行外交談判似已無用，但卻並未包含有關戰爭或武裝攻擊的威脅或暗示。

珍珠港事件發生三天後，西波托馬克公園裏四棵最大最美麗的櫻花樹被人故意砍倒。這些樹曾經是美國和日本友誼的象徵，兩國之間"總有商談餘地"，現在這些樹卻成了美國強烈仇恨的對象。在"銘記珍珠港"口號的帶動下，美國對日宣戰，日本的戰爭販子渴望打響這場戰爭，以便不要"澆滅士氣"。

"格里普斯霍爾姆"號在里約熱內盧裝了更多被關押的日本人後，於 1942 年 7 月 20 日抵達葡萄牙殖民地莫桑比克的港口洛倫索—馬貴斯（馬布多）。兩天後，插有日本旭日旗的"淺間丸"號和"綠伯爵"號也在這一印度洋港口停靠。戰爭雙方正是在這裏進行了國民交換。來自北美和南美大陸的日本國民在這兩艘日本派來的船上重新安頓下來。同盟國和軸心國陣營的國民之間沒有直接接觸。但在港口等待時，野村和來棲都看到對面格魯大使那高大的身影。來棲立刻回想起 1941 年 11 月初他動身前往華盛頓前的晚上，他與格魯會面的情形。[377] 現在他們彼此之間不可逾越的距離足以說明，和平早已遠去。三人默默地向對方脫帽致敬。

1942 年 8 月 20 日，載有日本國民的輪船回到來棲的家鄉橫濱。此時，日本在海上的優勢正迅速下滑，均勢局面開始被打破。6 月 4 日至 7 日，大日本帝國海軍打了一場近代歷史上最慘痛的戰爭 —— 中途島戰役。當年策劃珍珠港襲擊的這個人再次制定中途島戰略，希望永久將美國趕出太平洋。結果日本慘敗，失去了八艘航母中的四艘，以及 300 多名優秀飛行員。此時，日本的軍事密碼已經被美國破解（而在珍珠港襲擊時，只有外交密碼被破解）。日本海軍從輝煌的頂峰上跌下來只用了六個月。

大多數日本人還不知道這一切。搭載海外國民的輪船回到日本時，珍珠港的餘熱仍未散盡。野村和來棲參加了一系列慶功會，包括宮廷御宴以及與首相共進午餐。似乎日本政府急切想要補償在外交危機中受盡折磨的日本最高代表，他們成為了美國的公敵。他們被關押期間也是仇恨的目標，有人塗鴉說："誰是來棲，我要擰斷他的脖子！"[378] 回到日本後，這些遭受欺凌的人突然之間被抬高到國民英雄的地位。

來棲喜歡將外交比作在沙灘上畫畫，無論外交官能達成多少協議和盟約，政府政策一旦改變，所有這些都會被水沖走。他的兒子來棲良決定學習工程，而不是走他父親的老路，他說："我想為國家繁榮作出更加實際的貢獻，留下一些持續時間更久的東西，即使只留下一座橋樑。"[379] 來棲良並沒有機會建造一座橋，1945 年 2 月，這位生於芝加哥、日美混血的試飛員在他父親無力阻止的戰爭中獻出了年輕的生命。

曾駕駛"神風"飛機、在布魯塞爾受到過來棲歡迎的兩位瀟灑的飛行員也在戰爭中陣亡了。年輕一些的飯沼正明在珍珠港事件發生不久後死於金邊。（他在飛機跑道上行走時被捲入運動中的螺旋槳，所以有人懷疑他是自殺。）不到兩年後，他的飛行搭檔塚越賢爾在執行一次任務時失蹤了。1944 年 10 月，日軍"神風特攻隊"在菲律賓的萊特首次出擊，指揮他們的正是珍珠港策劃人之一，海軍少將大西瀧治郎。"神風"飛機自殺式襲擊的惡名很快淹沒了這兩位飛行員曾經創造的成就。

小提琴家諏訪根自子是來棲家的摯友，在德國佔領下的巴黎，她決定跟着她的俄國導師伯里斯‧卡曼斯基繼續學習。她是一位天才少女，常常前往德國，與漢斯‧克納佩茲布希以及柏林愛樂樂團一起演奏。1943 年 2 月，約瑟夫‧戈培爾贈給她一把斯特拉迪瓦里製作的小提琴。後來她被進入歐洲的美軍逮捕，關押在美國，最終在 1945 年 12 月回到日本，此時日本已是一片廢墟。

然而，來棲和野村 1942 年夏天回到日本時，東京雖然形勢困難但仍能維持。兩位外交官被迫參加了各種歡迎儀式。有一次，裕仁對日本的處境沒有表露任何感受，他只是稱讚了他們的敬業精神。高松宮宣仁親王則更加直率，他對來棲説，很遺憾外交沒能佔據上風，最後不得不開戰了。[380]

在與首相的午餐會上，東條談到日本政府以及他本人在 1941 年 11 月末最終決定開戰前的種種顧慮。[381] 毫不意外的是，他説政府是被迫選擇戰爭路線的，因為美國從未停止欺壓日本。他説，對日本來説，戰爭從來都不是首要選項。他還表示，如果羅斯福對天皇的來信早三天到，戰爭或許就能避免。（羅斯福的和平信件於日本時間 12 月 7 日晚抵達格魯大使手中，但參謀本部扣押這一信件長達 10 小時，故意破壞任何最後一刻的努力。裕仁在珍珠港襲擊前半小時才讀到這封信。實際上，來棲 11 月 26 日就提議羅斯福和裕仁天皇交換和平信件，但他當時沒能讓東鄉和木戶相信此舉的價值。）

雖然東條將戰爭原因自我解讀為美國的強硬，但日本政府的內在根本問題在整個 1941 年一直存在：最高領導人儘管偶爾表示反對，但他們還是沒有足夠的意念、慾望或勇氣來阻擋戰爭洪流。

尤其對軍方諸位總長和次長來説，他們呼籲備戰比阻止戰爭更容易。其他人在戰爭與和平之間猶豫不決，搖擺不定，也不敢明確對戰爭説不，而作強硬表態則讓軍方領導人充滿力量和勇氣。聯絡會議和御前會議讓每個領導人覺得，他們不擔負個人責任。

從 1941 年 4 月至 12 月，日本領導層作出了一系列決定，但許多決定一開始並不是要走戰爭道路。而隨着每一步深入，留有的餘地越來越少，但這場與西方無法打贏的戰爭絕非不可避免。儘管可能會喪失明治時代以來取得的所有成就，但日本領導人最終還是走上了毀滅與自我毀滅的道路，他們的目標是讓日本在短期內的生存和自我維持的機會最大化，並長期建立一個由日本統治的亞洲。日本的短期和長期目標都沒有實現，因為這樣的計劃並不現實。日本對待戰爭的心態就像賭徒，他們喜歡一開始佔據優勢的滿足感，打算贏了錢就跑，只是在這場遊戲裏，逃跑從來都不是一個選項。

的確，珍珠港襲擊被全國稱讚為令人驚歎的大勝。許多人認為，這是日本為了締造亞洲的美好未來而作出的光榮而英勇的選擇。據說天皇對珍珠港勝利的消息也感到高興。然而在東南亞，大多數剛剛納入日本控制下的人民卻抗拒日本強加的統治，他們認為日本的佔領比西方殖民主義更虛偽，因為日本宣稱的崇高理想與其統治規劃的混亂形成巨大差別，這通常導致貧窮和殘暴。所以人們常說，珍珠港是戰術上的巨大勝利，但卻是戰略上的巨大失誤。但它算是戰術勝利嗎？1941 年 12 月 7 日，海軍中將南雲忠一決定縮短預定襲擊，第一波襲擊出動的 183 架飛機中僅損失了九架，只遭遇到零星回擊。但在第二波襲擊中，167 架飛機損失了 20 架，南雲對戰機損失數量的上升感到洩氣，於是選擇放棄。

結果，美國的油輪、機械工廠及其他設施大多完好無損。美國的潛艇和航母也沒有損失，珍珠港襲擊時美國的航母剛好不在港。另外，珍珠港水淺，受損的軍艦比較容易修理，所以美國在太平洋的海軍實力很快就恢復了。

至於在空襲前派小型潛艇自殺式攻擊的計劃，這些水兵的死除了用作宣傳外毫無意義。各大報紙都將他們稱為 "九軍神"（一共派了 10 人參加潛艇襲擊，一人存活並被美軍俘虜，但日本普通民眾並不知情）。在開戰一周年紀念日上，這些人受到國民英雄般的祭拜。

開戰一周年的另一個亮點是海軍省拍攝的一部電影《夏威夷—馬來亞衝海戰》，1942 年 12 月 3 日向公眾放映。該片的主角是一名飛行員新兵，他通過堅持不懈的努力最後成長為帝國海軍的優秀飛行員。這部電影配著雄渾的音樂，它的高潮是日本襲擊夏威夷以及馬來亞海戰，最後以大日本帝國對美國及其盟友宣戰結束。但日本領導人靠珍珠港和馬來亞的勝利進行宣傳的日子不多了。

大兵潮津十分清楚，宣傳電影裏描繪的士兵生活與實際的差別相當大。他的漂泊命運仍在持續。1941年12月8日，在不知道目的地的艦船上，他所在的部隊得知了日本宣戰的消息。這艘艦船駛過印度支那東南的金蘭灣，進入湄公河，在西貢加油，最終將士兵帶到泰國南部。他們即將與英國打響馬來亞戰役，他在這場戰役中存活了下來。

1942年2月新加坡陷落後，潮津被派往蘇門答臘島北部城市棉蘭維持當地秩序，那裏的生活相對平靜，日本佔領者與當地人民相處和睦。他在這裏從未感到飢餓，但他很想家。1942年12月，他聽説自己因年齡過大而即將退伍，他非常興奮，而他的回家之路又是一段生死歷險。他乘坐的船總是要躲避魚雷進攻，當他及其他滿心期待回到祖國的士兵在夜間抵達廣島時，由於戰時停電，港口四周一片漆黑，他們的船相互碰撞，一些人落入冰冷的水中身亡，而另一些人則被救上岸，潮津就是其中之一。

到1944年年中，日本本土恐遭襲擊的預測催生了一項新政策。仍然在東條領導下的日本政府宣佈，將13座城市的小學生緊急撤離。這些8歲至12歲不等的孩子被疏散至鄉村，他們以羣居方式生活在一起，許多孩子是第一次離開父母。他們通常將就在設施極其簡陋、擁擠不堪的寺廟或傳統民居裏過夜。共有大約80萬兒童經歷了這次集體疏散，他們忍受着飢餓和思鄉之情，過着簡樸的日子。這形成了一代人的記憶。

報紙和雜誌則粉飾着這次疏散，這些媒體説，孩子們享受着鄉間新鮮的空氣，他們的笑臉見諸報端——雖然都是缺乏營養的臉龐。在一張照片上，一羣小男孩在浴室地板上蹲成一圈，每個孩子都在為他前面的孩子搓背。他們看起來很快樂，但他們皮包骨的身體不禁讓人懷疑，這些孩子哪有力量去笑，更何況去搓背。

除了發給他們少量食物外，這些被疏散的孩子沒有任何其他食物來源，他們首先必須忍受飢餓。這些孩子最大的樂趣就是畫食物。一位婦女回憶當時的情景說：“松糕、餃子、油酥、甜酥餅、焦糖、大米餅乾……我們把這些都畫了出來，幾乎是你能記住的所有小吃。畫好後我們相互展示，並討論這些東西實際上有多好吃。”[382] 由於抱怨和不滿的信件影響士氣，所以他們的老師在信件寄出前要檢查每一封信。1941 年 10 月實施了國家審查和沒收信件制度，即使孩子們的信件也不例外。

雜亂無章的疏散行動是日本對美國威脅的直接反應，美國有可能登陸其本土，尤其在 1,500 英里外的塞班島失陷後，這種可能性陡然增大。1944 年 7 月 7 日塞班島淪陷，5.5 萬多名日本人（包括平民）死亡。（1920 年，國際聯盟將塞班島劃給日本管理，島上於是住有日本人，包括歸為日本人的台灣人和朝鮮人，1943 年其人口為 29,348 人。）南雲及其他海軍將領命令士兵“像英雄般戰死”，成為阻擋美國的“海上堤壩”。南雲作出表率，7 月 6 日他在塞班島失守前自殺。在失去軍方保護後，平民也必須作出“最終獻身”。許多人選擇死亡而不是投降，有時是在殘留日本士兵的指揮下，這些士兵要保證不會有人去忍受被俘的恥辱。

這種可怕的愛國忠誠度被美國海軍陸戰隊以膠片形式記錄了下來。島上的平民（包括許多婦女和兒童）跌跌撞撞地走到火山懸崖的邊緣，最後縱身一躍。你能感受到他們向下看時有些許猶豫和短暫恐懼，但堅定的信念讓他們克服恐懼，跳了下去，這些天皇的忠實臣民最後通常要喊一聲“萬歲！”隨着美國向前推進，天寧島、關島、沖繩也出現了類似的自殺景象。

日本在太平洋上的失敗再也瞞不住了。1944 年 7 月 18 日，日本國民聽到塞班島戰敗的消息，同時還有東條內閣的辭職消息。7 月 20 日，東條辭職兩天後，華爾基利行動（Operation Valkyrie）上演，這是刺殺希特勒的行動中最接近成功的一次行動。這位狂熱的元首仍將繼續領導德國，直到他自殺身亡。

沒有希特勒的德國立刻會有很大不同，但沒有東條的日本看起來沒甚麼兩樣。導致開戰決定的體制和文化缺陷仍然存在，而為了戰爭已經投入的巨大物資和人員犧牲更讓人無法輕易結束戰爭。即使上層領導人普遍認為，這場戰爭必須結束（他們希望德國或者蘇聯能夠介入調停），但日本仍然要再等待 13 個月、更換兩任首相、日本主要城市完全被毀、吃了兩顆原子彈後，天皇才最終插手，結束了這場沒有任何退出計劃的戰爭。日本領導人向來喜歡自保、愛面子的問題最終在 1941 年讓日本作出史上最魯莽的決定，但類似的問題在 1944 年和 1945 年仍在作祟。

另一方面，生活仍在繼續，孩子們仍在被疏散。1944 年 8 月 22 日，大約 700 名兒童在從沖繩運往鹿兒島的途中死亡。美國潛艇已經如此接近日本了。疏散計劃於 1945 年 3 月終止，城市家庭需要自己為子女的安全作出打算。家庭團聚的時間常常是那樣短暫，許多被疏散的孩子剛一回到東京就趕上 3 月 10 日拂曉發動的東京大空襲，這次空襲也讓作家永井荷風的房子化為灰燼。

幾乎每一座日本城市都遭到毀滅，不斷傳來士兵的死亡消息，這讓日本人的士氣跌至谷底。對忍受疾病、飢餓、躲避燃燒彈的國民來說，生存下去成了首要任務。在炸彈襲擊時，一位母親摟着孩子窒息而亡；乘船逃生的小女孩看到，河面上到處是快要死去的人；人們扒着燒焦的屍體尋找自己的親人……這樣的故事已經司空見慣。舉行御前會議的明治皇宮也在 1945 年 5 月燒毀了，日本無條件投降前的最後兩次御前會議被迫在防空洞內舉行。

農村生活相對不那麼緊張，但物質也很匱乏。植物的根成為主食，給成長中的孩子提供寶貴的蛋白質和鈣。學生們跑到樹林裏採集松脂來製作汽油（這並不容易成功）。為了生產飛機，所有家庭的金屬物品，包括水桶和長柄勺，都必須上交。一名農村孩子推測說：“我們一定要輸了，不然政府不至於將窮人家的廚房用具都收走。”[383] 但帶有宿命論的國民並不抱怨，他們默默地忍受着，似乎是在忍受持續的自然災害而不是人為災害。

在這苦難的日子裏，一小羣人（主要是軍官，但也有電影工作者、大學生及其他民眾）偶爾能觀看英國人在東南亞留下來的電影。其中一部叫《亂世佳人》。日本人對這部將近四小時影片的質量、技術和魅力感到驚歎。他們覺得自己沒有可能擊敗一個能拍出如此精妙絕倫電影的國家。（另一部留下來的電影是迪士尼公司 1937 年製作的《白雪公主》，它的質量也遠超日本的動畫製作水平。）

1945 年 8 月 17 日，天皇通過廣播宣佈日本投降三天後，東久邇宮稔彥王成為首位（或許也是最後一位）皇族首相。他的任務是要解除武裝，將該國交給同盟國佔領軍，簽署日本無條件投降文件，以及重振人們的士氣。

東久邇宮稔彥王是一位演說家，總能以簡單而有力的語言進行演講。9 月 5 日，他在有美國大兵旁聽的國會會議上強調說，日本不會抓着戰爭的起因不放，而是要向前看。他說整個一億人的國家都有責任，因為大家都需要為此懺悔。這與不久前只剩下竹質長矛和頭盔也要抵抗到底的民族是同一個民族。東久邇宮稔彥王的發言很有作用，尤其在 1945 年夏末，因為擺在日本人面前有那麼多工作要做。他的話還為此後的日本領導人定下了基調，他們選擇忽略一個最根本的問題：誰該為發起這場戰爭負責？這場戰爭毫無必要的說法難以讓日本人接受，畢竟日本在這場戰爭中失去了那麼多。但官方故意選擇忽略也容易讓人們對其他問題進行逃避，比如接受戰爭罪行和銘記戰爭。

當然，這並不意味着人們能夠忘記自己經歷的一切。與普遍接受的觀點恰恰相反，日本作出了各種努力來接受這段戰爭歷史的許多方面。活到 84 歲的大兵潮津有足夠時間來悄悄反思他的經歷。雖然他一生中從未談起這段往事，但他小心地留下了一份書面記錄，就連他的家人都不知情。

宣稱所有日本人都應對戰爭負責的言論其實暗含的意思是，沒有人會受到責備，這也迴避並衝淡了日本領導人的責任，正是他們把日本引向戰爭深淵。近衛公爵在東久邇宮內閣再次成為公眾人物，他無疑是東久邇宮稔彥王政策路線的支持者。保守派政治家在戰後相當長的一段時間內掌權，他們樂於接受這種偏袒、不完整處理日本過去的方式。[384] 雖然個體民眾、學者和記者對這段歷史進行過坦誠辯論，但很難否認的是，日本官方在本質上一直傾向於忽視這段令人不快的不堪往事。

1952 年，《亂世佳人》終於在日本上映了，在票房上取得了巨大成功。許多日本人十分同情熱情、魯莽、不屈不撓的南方姑娘斯嘉麗，她克服了重重困難，即使失去了一切也依然意志堅定。她最後一句名言"畢竟，明天又是新的一天"在戰後日本人心中引起廣泛共鳴，他們試着在戰爭的廢墟中尋找光明的未來。這正是日本的選擇：帶着這一不可思議的過去，蛻變為嶄新的國家。

註 釋

序幕

1 "Daihon'ei Kaigun bu Happyo," December 8, 1941, http://cgi2.nhk.or.jp/shogenarchives/sp/movie.cgi?das_id=D0001400296_00000.

2 Masaki Hiroshi. *Chikakiyori, in Showa Nimannichi no Zenkiroku (5) Ichioku no "Shintaisei,"* ed. Harada Katsumasa, Ozaki Hotsumi, Matsushita Keiichi, and Mikuni Ichiro (Kodansha, 1989), 277.

3 Nagai Kafu, *Kafu Zenshu (24)* (Iwanami Shoten, 1994), 428–429.

4 *Showa Nimannichi no Zenkiroku (5)*, 276–277.

5 Tomaru Shigeru, "Rajioten no Mae wa Hitodakari." in "Watashi no Junigatsu Yoka," ed. Nishiha Kiyoshi, http://www.rose.san-net.ne.jp/nishiha/senso/19411208.htm#tomaru.

6 Nagai Kafu, *Tekiroku Danchotei Nichijo (2)* (Iwanami Bunko, 1987), 159.

7 Kato Yoshiko, *Saito Mokichi no Jugonen Senso* (Misuzu Shobo, 1990), 124.

8 Yomiuri Shimbun, *Kensho Senso Sekinin (1)* (Chuo Koron Shinsha, 2006), 55.

9 在實際展開攻擊的前四天，日本曾知會俄國，斷絕兩國之間的外交關係，並警告說它保留獨立行動的自由。

10 Takeuchi Yoshimi, *"Daitoa Senso to Warera no Ketsui (Sengen),"* Chugoku Bungaku 82 (1942): 482–484.

11 Yaoki Iijima, as told to Geneva Cobb Iijima "Growing Up in Old Japan" (self-published memoir, 2010), 19.

12 Suzuki Shun, "Fuan to Yatta to iu Kimochi," in "Watashi no Junigatsu Yaka", http://www.rose.sannet.ne.jp/nishiha/senso/19411208.htm#suzuki.

13 Robert Dallek, *Franklin D. Roosevelt and American Foreign Policy, 1932–1945* (New York: Oxford University Press. 1995), 312.

14 這個觀點在電影 "12 月 7 日" 中獲得強調，這是由約翰・福特（John Ford）和葛里格・托蘭（Gregg Toland）導演的美國海軍 1943 年使用的宣傳電影。

15 Winston S. Churchill, *The Grand Alliance*, vol. 3 of *The Second World War* (London: Cassell, 1950), 540.

16 Tojo Hideki, "Oomikotonori wo Haishi Tatematsurite," http://cgi2.nhk.or.jp/shogenarchives/jpnews/movie.cgi?das_id=D0001300464_00000&seg_number=001.

Konoe Fumimaro, *Heiwa e no Doryoku* (Nihon Denpo Tsu-shinsha, 1946), 94.

18 Hosokawa Morisada, "Konoeko no Shogai," in *Konoe Nikki* (Kyodo Tsushinsha, 1968), 150.

19 Yomiuri Shimbun, *Kensho Senso Sekinin*, (1), 56.

20 Takahashi Aiko, quoted in *Showa Nimannichi no Zenkiroku (6) Taiheiyo Senso*, ed. Harada Katsumasa, Ozaki Hotsumi. Matsushita Keiichi, and Mikuni Ichiro (Kodansha, 1990), 54.

21 Nagai, *Tekiroku Danchotei Nichijo (2)*, 253–254.

22 Ibid., 255.

23 Marius B. Jansen, "Monarchy and Modernization in Japan," *Journal of Asian Studies 36*, no. 4 (August 1977): 617.

24 Masao Maruyama, *Thought and Behaviour in Modern Japanese Politics*, ed. and trans. Ivan Morris (Oxford: Oxford University Press, 1979), 88 – 89.

25 Yamamoto to Navy Chief Nagano, September 29, 1941, quoted in *Gomikawa Junpei, Gozen Kaigi* (Bunshun Bunko, 1984), 9.

第一章

26 "Informal Conversations Between the Governments of the United States and Japan, 1941," May 19, 1942, in U.S. Department of State, *Papers Relating to the Foreign Relations of the United States and Japan, 1931–1941* (Washington, D.C.: Government Printing Office, 1943), 2:326.

27 Nagai, *Tekiroku Danchotei Nichijo (2)*, 140.

28 Ibid., 146.

29 Joseph C. Grew, *Turbulent Era: A Diplomatic Record of Forty Years, 1904–1945* (Cambridge, Mass.: Riverside Press, 1952), 2:1258.

30 Ibid., 1258.

31 "Konoe Naikaku no Dekibae," *Osaka Mainichi Shimbun*, June 3, 1937.

32 Fujiwara Akira, *Showa no Rekishi (5)* (Shogakukan, 1994), 91–92.

33 Ashida Hitoshi, 誤 寫 為 "Hitoshi Asa," quoted in Otoo D. Tolischus, "Synthesis of Japan," *New York Times*, August 3, 1941.

34 Ikeda Sumihisa, quoted in Fujiwara, *Taiheiyo Senso (5)*, 108.

35 Konoe Fumimaro, "Kokuminseifu wo Aite to sezu" (January 16, 1938), Gaimusho, *Nihon Gaiko Nenpyo narabi ni Shuyomonjo (2)* (Hara Shobo, 1966), 386.

36 Yamaura Kan' ichi, "Konoe Shuhen no Henkan," *Kaizo* (November 1938), 120.

37 Saionji Kinkazu, *Kizoku no Taijo* (Chikuma Gakugei Bunko, 1995), 153.

38 Ibid., 135–137.

39 Konoe Fumimaro, "Eibei Hon'I no Heiwa Shugi wo Haisu," reprinted in *Sengo Nihon Gaikoronshu* (Chuo Koronsha, 1995), 52.

40 Hosokawa, "Konoeko no Shogai," 122.

41 Konoe Fumimaro, *Sengo Obei Kenbunroku* (Chuko Bunko, 1981), 138.

42　Saionji Kinkazu, *Saionji Kinkazn Kaikoroku "Sugisarishi Showa"* (Ipec Press, 1991), 160.

43　Nagai, *Tekiroku Danchotei Nichijo (2)*, 145.

44　*Osaka Asahi*, September 22, 1941; *Osaka Mainichi*, November 22, 1941.

45　*Showa Nimaunichi no Zenkiroku (4) Nicchusenso e no Michi*, ed. Harada Katsumasa, Ozaki Hotsumi, Matsushita Keiichi, and Mikuni Ichiro (Kodansha, 1989), 237.

46　所有關於大兵潮津的敍述均出自：Ushio-tsu Kichijiro, "Jibunshi," http://www.rose.sannet.ne.jp/nishiha/taikenki/ushiotsu/。

47　轉引自Fukada Yusuke, *Bibonare Showa: Suwa Nejiko to Kamikazego no Otokotachi* (Bunshunbunko, 1985), 124。

48　*Showa Nimannichi no Zenkiroku (6)*, 39.

49　David J. Lu, *Japan: A Documentary History* (London: M. E. Sharpe, 1997), 448.

50　"Sumitsuin Honkaigi Giji Gaiyo" (September 26, 1940), B1–176 (KK 24–5), 2–3, at http://d-arch.ide.go.jp/kishi_colletion/bi.html.

51　"Matsumoto Joyaku Kyokucho 'Nichidokui Sangokujoyaku ni kansuru Sumitsuin Shinsaiinkai Giji Gaiyo'" (September 26, 1940), B1–173 (KK 24–5), 38, at ibid.

52　Toyoda Jo. *Matsuoka Yosuke: Higeki no Gaikokan (2)* (Shincho Bunko, 1983), 362.

53　Gomikawa, *Gozen Kaigi*, 53.

54　Kido Koichi, *Kido Koichi Nikki (2)* (Tokyo Daigaku Shuppan, 1980), 870.

55　Boeicho Boeikenshusho Senshishitsu, *Senshi Sosho: Daihon'ei Rikugunbu, Daitoa Senso Kaisen Keii (4)* (Asagumo Shimbunsha, 1974), 110; Osugi Kazuo, *Shinjuwan e no Michi: Kaisen, Hisen Kokonotsu no Sentakushi* (Kodansha, 2003), 221.

第二章

56　Saionji, *Saionji Kinkazu Kaikoroku*, 190–191.

57　Saionji, *Kizoku no Taijo*, 82.

58　Kase Toshikazu, *Senso to Gaiko (2)* (Yomiuri Shimbunsha, 1975), 104.

59　Hitler's translator Paul Schmidt to Matsuoka's secretary, quoted in Toyoda, *Matsuoka Yosuke (2)*, 433.

60　Toyoda Jo, *Matsuoka Yosuke: Higeki no Gaikokan (1)* (Shincho Bunko, 1983), 106.

61　James L. McClain, *Japan: A Modern History* (New York: W. W. Norton, 2002), 419.

62　Stewart Brown, "Japan Stuns World, Withdraws from League," United Press, February 24, 1933.

63　Ibid.

64　Toyoda, *Matsuoka Yosuke (1)*, 538–549.

65　Ibid., 24–25.

66　Brown. "Japan Stuns World."

260

67 *Toyoda, Matsuoka Yosuke (2)*, 181.

68 Ibid., 182.

69 Hayasaka Takashi, *Shikikan no Ketsudan: Manshu to Attsu no Shogun Higuchi Kiichiro* (Bungei Shinsho, 2010), 131–149.

70 Saionji, *Saionji Kinkuzu Kaikoroku*, 190–191.

71 Ibid., 70–71.

72 Ibid., 197.

73 Kase, *Senso to Gaiko (2)*, 35.

74 Osugi, *Shinjuwan e no Michi*, 234.

75 Ibid., 236.

76 Kase, *Senso to Gaiko (2)*, 105.

77 Konoe, *Heiwa e no Doryoku*, 46.

78 "Dai 21-kai Renraku Kondankai," April 22, 1941, in *Taiheiyo Senso e no Michi (Bekkan)*, ed. Inaba Masao, Kobayashi Tatsuo, Shimada Toshihiko, and Tsunoda Jun (Asahi Shimbunsha, 1988), 410–411.

79 "Memorandum by the Secretary of State," May 2, 1941, in U.S. Department of State, *Papers*, 2:411.

80 "Memorandum by the Secretary of State," April 16, 1941, in U.S. Department of State, *Papers*, 2:407.

81 Tajiri Akiyoshi, quoted in *Toyoda, Matsuoka Yosuke (2)*, 514.

82 "Draft Proposal Handed by the Japanese Ambassador (Nomura) to the Secretary of State," May 12, 1941, in U.S. Department of State, *Papers*, 2:420–425.

83 Toyoda, *Matsuoka Yosuke (1)*, 107–108.

84 "Memorandum by the Secretary of State," May 11, 1941, in U.S. Department of State, *Papers*, 2:416.

85 Osugi, *Shinjuwan e no Michi*, 257.

86 "Memorandum by the Secretary of State," April 16, 1941, in U.S. Department of State, *Papers*, 2:407.

87 Ibid., 409.

88 *Toyoda, Matsuoka Yosuke (2)*, 400.

第三章

89 Julia Meech-Pekarik, *The World of the Meiji Print: Impressions of a New Civilization* (New York: Weatherhill, 1986), 149.

90 Ibid., 154.

91　Ryusaku Tsunoda, Wm. Theo-dore de Bary, and Donald Keene, *Sources of Japanese Tradition* (New York: Colum-bia University Press, 1958), 705–706.

92　Jansen, "Monarchy and Moderniztion in Japan," 614.

93　Geoffrey Best, "Peace Conferences and the Cen-tury of Total War: The 1899 Hague Conference and What Came After," *International Affairs* 75, no. 3 (1999): 619–620.

第四章

94　Masuda Masao, "Senjika no Morioka Chugaku," http://morioka-times.com/topics/bungei/senjika/senji2.html.

95　Fuchida Mitsuo, *Shinjuwan Kogeki Sotaicho no Kaiso: Fuchida Mitsuo Jijoden* (Kodansha, 2007), 20–22.

96　Jawaharlal Nehru, *An Autobiography: With Musings on Recent Events in India* (London: John Lane, 1939), 16.

97　Yamamoto Yoshimasa, *Chichi, Yamamoto Isoroku* (Kobunsha, 2001), 21.

98　Ibid., 22–23.

99　Ibid., 125–130.

100　Ibid., 25.

101　Sheldon Garon, *State and Labor in Modern Japan* (Berkeley: University of Californaia Press, 1987), 158.

102　Hayashi Kyujiro, *Manshujihen to Hoten Soryoji* (Hara Shobo, 1978), 145–146.

103　Osugi, *Shinjuwan e no Michi*, 162.

104　Hando Kazutoshi, *Shikikan to Sanbo* (Bunshun Bunko, 1992), 109.

105　Ibid., 131.

106　"The Ambassador in Japan (Grew) to the Secretary of State," January 27, 1941, 711.94, in U.S. Department of State, *Papers*, 2:133.

107　Genda Minoru, *Shinjuwansakusen Kaikoroku* (Bunshun Bunko, 1998), 11–23.

第五章

108　Kase, *Senso to Gaiko (2)*, 45.

109　Ibid., 44.

110　Inose Naoki, *Showa Jurokunen Natsu no Haisen* (Bunshun Bunko, 1986), 181.

111　*Showa Tenno Dokuhakuroku*, ed. Terasaki Hidenari and Mariko Terasaki Miller (Bunshun Bunko, 2010), 67.

112　Gomikawa, *Gozen Kaigi*, 33.

113 "Dai 21-kai Renraku Kondankai," May 3, 1941, *Taiheiyo Senso e no Michi (Bekkan)*, 412.

114 "Dai 22-kai Renraku Kondankai," May 8, 1941, *Taiheiyo Senso e no Michi (Bekkan)*, 415; emphasis added.

115 "Memorandum by the Secretary of State," May 7, 1941, in U.S. Department of State, *Papers*, 2:412.

116 "Memorandum by the Secretary of State," April 16, 1941, in U.S. Department of State, *Papers*, 2:406.

117 "Informal Conversations Between the Governments of the United States and Japan, 1941," May 19, 1942, in U.S. Department of State, *Papers*, 2:328.

118 "Oral Statement Handed by the Secre-tary of State to the Japanese Ambassador (Nomura),'' June 21, 1941, in U.S. Depart-ment of State, *Papers*, 2:485-486.

119 "Dai 36-kai Renraku Kondankai," June 30, 1941, in *Taiheiyo Senso e no Michi (Bekkan)*, 460.

120 *Kase Toshikazu Kaisorokn (1)* (Yamate Shobo, 1986), 179.

121 Nagai, *Tekiroku Danchotei Nichijo (2)*, 142–143.

122 Ibid., 145.

123 Winston S. Churchill, "The Fourth Cli-macteric," June 22, 1941, http://www.winstonchurchill.org/learn/speeches/speeches-of-winston-churchill/809-the-fourth-climacteric.

124 Ian Kershaw, *Fateful Choices: Ten Decisions That Changed the World, 1940–1941* (New York: Penguin, 2008), 302-304.

125 'Memorandum of a Conversation," June 22, 1941, in U.S. Department of State, *Papers*, 2:493.

第六章

126 "Doitsu no tai Sobieto Senso ni kakawaru Nihonseifu no Tachiba ni tsuiteno Joho wo Hokoku seyo," June 23, 1941, no. 6058/6897, in shimotomai Nobuo and NHK Shuzaihan, *Kokusai Supai Zoruge no Shinjitsu* (Kadokawa Shoten, 1992), 321.

127 Richard Sorge, "*Zoruge no Shuki (2)*," October 1941, in *Gendaishishiryo (1)* (Misuzu Shobo, 1962), 180.

128 "Zoruge wo Chushin toseru Kokusaichobodan Jiken," in *Gendaishishiryo (1)*, 4–21.

129 Ozaki Hotsumi, "*Ozaki Hotsumi no Shuki (1),*" June 1943, in *Gendaishishiryo (2)* (Misuzu Shobo, 1962), 5.

130 Ibid., 8.

131 Sorge, "*Zoruge no Shuki (2)*," 160.

132 Ozaki, "*Ozaki Hotsumi no Shuki (1),*" 8.

133 Shimotomai and NHK Shuzaihan, *Kokusai Supai Zoruge no Shinjitsu*, 162–163.

134 Ozaki, "*Shuki (1),*" 12–13.

135 Hatano Sumio, *Bakuryotachi no Shinjuwan* (Asahi Shimbunsha, 1991), 24.

136 Hando, *Shikikan to Sanbo*, 101.

137　Yoshida Toshio, *Kaigun Sanbo* (Bunshun Bunko, 1993), 293.

138　*The Final Confrontation: Japan's Negotiations with the United States*, ed. James William Morley, trans. David A. Titus (New York: Columbia University Press, 1994), 109.

139　Ishii Akiho, television interview, *NHK Supesharu: Gozen Kaigi*, August 15, 1991.

140　"Dai 32-kai Renraku Kondankai," June 25, 1941, in *Taiheiyo Senso e no Michi (Bekkan)*, 445–446.

141　"Dai 33-kai Renraku Kondankai," June 26, 1941, in *Taiheiyo Senso e no Michi (Bekkan)*, 456.

142　Inose, *Showa Jurokunen Natsu no Haisen*, 157–159.

143　"Dai 33-kai Renraku Kondankai," June 26, 1941, in *Taiheiyo Senso e no Michi (Bekkan)*, 456.

144　"Dai 34-kai Renraku Kondankai," June 27, 1941, in *Taiheiyo Senso e no Michi (Bekkan)*, 457.

145　"Dai 36-kai Renraku Kondankai," June 30, 1941, in *Taiheiyo Senso e no Michi (Bekkan)*, 460.

146　Idid.

147　*Showa Tenno Dokuhakuroku*, 56.

148　*The Final Confrontation*, ed. Morley, 128.

149　"Dai 25-kai Renraku Kon-dankai," May 22, 1941, in *Taiheiyo Senso e no Michi (Bekkan)*, 418.

150　Gomikawa, *Gozen Kaigi*, 101.

151　"Gozen Kaigi," July 2, 1941, in *Taihciyo Senso e no Michi (Bekkan)*, 464–466. All the following quotations from this conference are from the same source.

152　Osugi, *Shinjuwan e no Michi*, 277.

153　"Dai 43-kai Jinmon Chosho," March 17, 1942, in *Gendaishishiryo (1)*, 287.

154　"Dai 43-kai Jinmon Chosho," March 11, 1942, in *Gendaishishiryo (1)*, 275.

155　Communication Nos. 163, 165, 166, and 167, July 10, 1941, in Shimotomai and NHK Shuzaihan, *Kokusai Supai Zoruge no Shinjitsu*, 322; emphasis in the original.

156　Gomikawa, *Gozen Kaigi*, 102.

第七章

157　*Showa Nimannichi no Zenkiroku (6)*, 73.

158　Kershaw, *Fateful Choices*, 300.

159　"Dai 38-kai Renraku Kondankai," July 10, 1941, in *Taiheiyo Senso e no Michi (Bekkan)*, 471.

160　"Dai 38-kai Renraku Kondankai," July 12, 1941, in *Taiheiyo Senso e no Michi (Bekkan)*, 472–474. 除另標明出處外，下述所有來自這次會議的引述均來源於此。

161　*Toyoda, Matsuoka Yosuke (2)*, 538.

162　*Showa Nimannichi no Zenkiroku (6)*, 76.

163 Nagai, *Tekiroku Danchotei Nichijo (2)*, 147.

164 "Joho Kokan Yoshi," July 26, 1940, in *Taiheiyo Senso e no Michi (Bekkan)*, 484.

165 "Dai 41-kai Renraku Kaigi," July 24, 1941, in *Taiheiyo Senso e no Michi (Bekkan)*, 488.

166 Hatano, *Bakuryotachi no Shinjuwan*, 117.

167 Takada Toshitane, television interview, *NHK Supeshuru: Gozen Kaigi*, August 15, 1991.

168 "Memorandum by the Acting Secretary of State," July 24, 1941, in U.S. Department of State, *Papers*, 2:529.

169 "Memorandum by the Ambassador in Japan (Grew)," July 27, 1941, in U.S. Department of State, *Papers*, 2:535.

170 Ibid., 536.

171 Osugi, *Shinjuwan e no Michi*, 315.

172 Konoe, *Heiwa e no Doryoku*, 71.

173 Kido, *Kido Koichi Nikki (2)*, 895–896.

第八章

174 Shimotomai and NHK Shu-zaihan, *Kokusai Supai Zoruge no Shinjitsu*, 166–167.

175 Ibid., 159–160.

176 "Josei no Suii ni tomonau Teikoku Kokusaku Yoko," July 2, 1941, *Taiheiyo Senso e no Michi (Bekkan)*, 467.

177 Correspondence, August 3, 1941, *Kensei Shiryoshitsu Shushu Monjo*, no. 1159, National Diet Library.

178 Kate Zernike, "Senators Begin Debate on Iraq, Visions in Sharp Contrast," *New York Times*, June 22, 2006.

179 Hatano, *Bakuryotachi no Shinjuwan*, 118.

180 Nagai, *Tekiroku Danchotei Nichijo (2)*, 144.

181 Roosevelt to Harry Hopkins, July 26, 1941, http://docs.fdrlibrary.marist.edu/PSF/BOX3/T32D01.HTML.

182 Osugi, *Shinjuwan e no Michi*, 320.

183 Toyoda to Nomura, telegram 162, August 12, 1941, in Gaimusho, *Nichibei Kosho Shiryo*, part 1, 162.

184 Kershaw, *Fateful Choices*, 315–317.

185 Ibid., 308.

186 Ibid., 304.

187 "Memorandum by the Secretary of State," August 17, 1941, in U.S. Department of State, *Papers*, 2:554–555.

188 "Oral Statement Handed by President Roosevelt to the Japanese Ambassador (Nomura)," August 17, 1941, in U.S. Department of State, *Papers*, 2:556-557.

189 *Saionji Kinkazu Kaikoroku*, 231.

190 Ibid.,208

191 "The Japanese Prime Minister(Prince Konoye) to President Roosevelt," August 27,1941,in U.S. Department of State,*Papers*, 2:573.

192 "Memorandum by the Secretary of State," August 28,1941,in U.S.Department of State,*Papers*, 2:571.

193 Ibid., 572.

194 "Memorandum of a Conversation," August 28, 1941, in U.S. Department of State, *Papers*, 2: 576–578. All the following quotations from the meeting are from this source.

第九章

195 Inose, *Showa Jurokunen Natsu no Haisen*, 45. Originally published in 1983, this book includes interviews conducted with surviving members of the institute.

196 Ibid., 76–78.

197 Ibid., 119.

198 Akimaru Jiro, television interview, *NHK Supesharu: Gozen Kaigi*, August 15, 1991.

199 Inose, *Showa Jurokunen Natsu no Haisen*, 193–194.

200 Ibid., 122.

201 Nagai, *Tekiroku Danchotei Nichijo (2)*, 118.

202 "Memorandum by the Secretary of State," September 3, 1941, in U.S. Department of State, *Papers*, 2: 588–589.

203 "Presidnet Roosevelt's Reply to the Japanese Prime Minister (Prince Konoye), Handed to the Japanese Ambassador (Nomura)," September 3, 1941, in U.S. Department of State, *Papers*, 2: 592.

204 The characterizations of Roosevelt are from Steven Casey, "Franklin D. Roosevelt," in *Mental Maps in the Era of Two World Wars*, ed. Steven Casey and Jonathan Wright (London: Palgrave Macmillan, 2008), 217–218.

205 Gomikawa, *Gozen Kaigi*, 145–146.

206 Osugi, *Shinjuwan e no Michi*, 331.

207 Ibid., 331–332.

208 "Dai 50-kai Renraku Kaigi," September 3, 1941, in *Taiheiyo Senso e no Michi (Bekkan)*, 507–508. All quotations from this conference are from this source.

209 Saionji, *Saionji Kinkazu Kaikoroku*, 211.

210 *Showa Tenno Dokuhakuroku*, ed. Terasaki Hidenari and Mariko Terasaki Miller (Bunshun

266

Bunko, 2010), 74.

211 Konoe, *Heiwa e no Doryoku*, 86–87.

212 Ibid., 87.

213 Hando, *Shikikan to Sanbo*, 122.

214 Konoe, *Heiwa e no Doryoku*, 87.

215 "Memorandum by the Ambassador in Japan (Grew)," September 6, 1941, in U.S. Department of State, *Papers*, 2:604–606.

第十章

216 Quoted in Osugi, *Shinjuwan e no Michi*, 346–347.

217 Gomikawa, *Gozen Kaigi*, 170.

218 Ibid., 170–171.

219 Kershaw, *Fateful Choices*, 312.

220 Ibid., 313.

221 Ibid., 319.

222 Franklin D. Roosevelt, "Fireside Chat 18: On the Greer Incident," September 11, 1941, http://millercenter.org/scripps/archive/speeches/detail/3323.

223 Kershaw, *Fateful Choices*, 322–324.

224 Shimotomai and NHK Shuzaihan, *Kokusai Supai Zoruge no Shinjitsu*, 220.

225 "Memorandum of a Conversation," September to, 1941, in U.S. Department of State, *Papers*, 2: 613–614.

226 Osugi, *Shinjuwan e no Michi*, 349.

227 "Memorandum by the Under Secretary of State (Welles)," October 13, 1941, in U.S. Department of State, *Papers*, 2: 685.

228 Matsumoto Shigeharu, *Konoe Jidai: Janarisuto no Kaiso (2)* (Chuko Bunko, 1987), 200.

229 Nomura to Toyoda, telegram 865, September 28, 1941, in Gaimusho, *Nichibei Kosho Shiryo* (Hara Shobo, 1978), part 1, 320.

230 Osugi, *Shinjuwan e no Michi*, 351.

231 Saionji, *Saionji Kinkazu Kaikoroku*, 236.

232 *Showa Nimannichi no Zenkiroku* (6), 55.

233 "Dai 55-kai Renraku Kaigi," September 25, 1941, in *Taiheiyo Senso e no Michi (Bekkan)*, 528–529.

234 Gomikawa, *Gozen Kaigi*, 172–173.

235 Kido, *Kido Koichi Nikki (2)*, 909.

236　Gomikawa, *Gozen Kaigi*, 174.

237　"The Ambassador in Japan (Grew) to the Secretary of State,'' September 29, 1941, in U.S. Department of State, *Papers*, 2: 649.

238　Ibid., 650.

239　Ibid., 647.

240　Toyoda, *Matsuoka Yosuke (2)*, 362.

241　"Dai 32-kai Renraku Kondankai," June 25, 1941, in *Taiheiyo Senso e no Michi (Bekkan)*, 446.

242　"Dai 66-kai Renraku Kaigi," November 1, 1941, in *Taiheiyo Senso e no Michi (Bekkan)*, 553.

243　Gomikawa, *Gozen Kaigi*, 177.

244　Ibid., 187.

245　Ibid., 182.

246　"Oral Statement Handed by the Secretary of State to the Japanese Ambassador (Nomura)," October 2, 1941, in U.S. Department of State, *Papers*, 2: 658.

247　Ibid., 660.

248　"Memorandum of a Conversation," October 2, 1941, in U.S. Department of State, *Papers*, 2: 655.

249　Ibid.

250　Ibid., 656.

251　"Dai 57-kai Renraku Kaigi," October 4, 1941, in *Taiheiyo Senso e no Michi (Bekkan)*, 530.

252　Excerpts of the conference are quoted in Gomikawa, *Gozen Kaigi*, 183–186.

253　Ibid., 190.

254　Ibid., 188.

255　Ibid., 189.

256　Ibid., 191–192.

257　Ibid.

258　Ibid., 190–191.

259　*The Final Confrontation*, ed. Morley, 213.

260　Osugi, *Shinjuwan e no Michi*, 360.

261　Gomikawa, *Gozen Kaigi*, 197.

262　Ibid., 193–194.

263　Ibid., 198–200. 除另標明出處外，下述所有來自這次會議的引述均來源於此。

264　Konoe, *Heiwa e no Doryoku*, 94.

265　Osugi, *Shinjuwan e no Michi*, 365.

266　Ibid., 367.

267　Cordell Hull, *The Memoirs of Cordell Hull* (New York: Macmillan, 1948), 2: 1054.

268 "Gosho Kaigi," October 12, 1941, in *Taiheiyo Senso e no Michi (Bekkan)*, 531–533.

269 Gomikawa, *Gozen Kaigi*, 203–204.

270 "Gosho Kaigi." 532.

第十一章

271 NHK 特別節目，電視紀錄片再放送。*"Nihonjin wa Naze Senso e to Mukattanoka" (3)*, February 27, 2011.

272 Nagai, *Tekiroku Danchotei Nichijo (2)*, 146.

273 Shimotomai and NHK Shuzaihan, *Kokusai Supai Zoruge no Shinjitsu*, 223–224.

274 Gomikawa, *Gozen Kaigi*, 212.

275 Konoe, *Heiwa e no Doryoku*, 95–96.

276 "Kakugi ni okeru Rikugun Daijin Setsumei no Yoshi," October 14, 1941, in *Taiheiyo Senso e no Michi (Bekkan)*, 533–534.

277 "Rikugun Daijin Setsumeigo Kyuchu ni Okeru Kido, Tojo Kaidan Yoshi," October 14, 1941, in *Taiheiyo Senso e no Michi (Bekkan)*, 535.

278 Ibid.

279 Saionji, *Saionji Kinkazu Kaikoroku*, 220.

280 Nagai, *Tekiroku Danchotei Nichijo (2)*, 153–154.

281 Inose, *Showa Jurokunen Natsu no Haisen*, 85–87.

282 Ibid., 87.

283 Kido, *Kido Koichi Nikki (2)*, 918.

284 Ibid., 917.

285 Osugi, *Shinjuwan e no Michi*, 388.

286 Saionji, *Saionji Kinkazu Kaikoroku*, 217.

第十二章

287 Gomikawa, *Gozen Kaigi*, 233–234.

288 "Dai 59-kai Renraku Kaigi," October 23, 1941, in *Taiheiyo Senso e no Michi (Bekkan)*, 537–538. 所有來自這次會議的引述均來源於此。

289 Nakahara Shigetoshi, television interview, *NHK Supesharu: Gozen Kaigi*, August 15, 1991.

290 Gomikawa, *Gozen Kaigi*, 246–247.

291 "Dai 62-kai Renraku Kaigi," October 27, 1941, in *Taiheiyo Senso e no Michi (Bekkan)*, 539.

292　Gomikawa, *Gozen Kaigi*, 249.

293　Ibid., 421.

294　Inose, *Showa Jurokunen Natsu no Haisen*, 184.

295　"Dai 62-kai Renraku Kaigi," 539.

296　Ibid., 540.

297　Osugi, *Shinjuwan e no Michi*, 402.

298　Gomikawa, *Gozen Kaigi*, 256.

299　"Dai 63-kai Renraku Kaigi," October 28, 1941, in *Taiheiyo Senso e no Michi (Bekkan)*, 541.

300　Ibid.

301　"Dai 65-kai Renraku Kaigi," October 30, 1941, in *Taiheiyo Senso e no Michi (Bekkan)*, 541–548. 所有來自這次會議的引述均來源於此。

302　Togo Shigenori, *Jidai no Ichimen: Taisen Gaiko no Shuki* (Chuko Bunko, 1989), 318–319.

303　Osugi, *Shinjuwan e no Michi*, 402.

第十三章

304　"Tojo Rikusho to Sugiyama Socho tono Kaidan Yoshi," November 11, 1941, in *Taiheiyo Senso e no Michi (Bekkan)*, 548–549. 所有來自這次會議的引述均來源於此。

305　Gomikawa, *Gozen Kaigi*, 284.

306　"Dai 66-kai Renraku Kaigi," November 1, 1941, in *Taiheiyo Senso e no Michi (Bekkan)*, 550–551.

307　Osugi, *Shinjuwan e no Michi*, 407.

308　Fuchida, *Sinjuwan Kogeki Sotaicho no Kaiso*, 104–108.

309　"Dai 66-kai Renraku Kaigi," 551–552.

310　*The Final Confrontation*, ed. Morley, 264.

311　Osugi, *Shinjuwan e no Michi*, 413.

312　"Gozen Kaigi," November 5, 1941, in *Taiheiyo Senso e no Michi (Bekkan)*, 573.

第十四章

313　Kurusu Saburo, *Homatsu no Sanjugonen* (Chuko Bunko, 2007), 88.

314　Togo, *Jidai no Ichimen*, 331.

315　Kurusu, *Homatsu no Sanjugonen*, 26–27. 所有來自這次會議的引述均來源於此。

316　Ibid., 221–222.

317 Togo to Nomura, telegram 725, November 4,1941, in Gaimusho, *Nichibei Kosho Shiryo*, part 1,385.

318 "Memorandum by the Secretary of State," November 10, 1941, in U.S. Department of State, *Papers*, 2: 718.

319 "Memorandum of a Conversation," November 13, 1941, in U.S. Department of State, *Papers*, 2: 730–731.

320 Nomura to Togo, telegram 1090, November 14, 1941, in Gaimusho, *Nichibei Kosho Shiryo*, part 1, 428.

321 "Oral Statement Handed by the Secretary of State to the Japanese Ambassador (Nomura) on November 15, 1941," in U.S. Department of State, *Papers*, 2: 734.

322 "Memorandum of a Conversation," November 15, 1941, in U.S. Department of State, *Papers*, 2: 732–734.

323 Osugi, *Shinjuwan e no Michi*, 422.

324 Sato Motoei, "Togo Gaisho wa Nichibei Kaisen wo Soshi Dekita," *Bungei Shunju* (March 2009): 313.

325 "Memorandum by the Secretary of State," November 17, 1941, in U.S. Department of State, *Papers*, 2: 740.

326 "Memorandum of a Conversation," November 14, 1941, in U.S. Department of State, *Papers*, 2: 733.

327 "Memorandum by the Secretary of State," November 17, 1941, in U.S. Department of State, *Papers*, 2: 742–743.

328 Hull, *The Memoirs of Cordell Hull*, 2: 1062.

329 See http://cgi2.nhk.or.jp/shogenarchives/jpnews/movie.cgi?das_id=D0001300461_00000&seg_number=002.

330 Kershaw, *Fateful Choices*, 326.

331 "Memorandum of a Conversation," November 18, 1941, in U.S. Department of State, *Papers*, 2: 745–750. 所有來自這次會議的引述均來源於此。

332 Kurusu, *Homatsu no Sanjugonen*, 96–97.

333 Ibid., 98.

334 "Memorandum of a Conversation," November 19, 1941, in U.S. Department of State, *Papers*, 2: 751.

335 Togo, *Jidai no Ichimen*, 338.

336 Togo to Nomura, telegram 798, November 20, 1941, in Gaimusho, *Nichibei Kosho Shiryo*, part 1, 467.

第十五章

337 Kurusu, *Homatsu no Sanjugonen*, 105.

338 "Draft Letter Handed by Mr. Saburo Kurusu to the Secretary of State," November 21, 1941, in U.S. Department of State, *Papers*, 2: 756–757.

339 Kurusu, *Homatsu no Sanjugonen*, 106.

340 Ibid.

341 "Memorandum by the Secretary of State," November 21, 1941, in U.S. Department of State, *Papers*, 2: 756.

342 "Memorandum of a Conversation," November 22, 1941, in U.S. Department of State, *Papers*, 2: 757.

343 Ibid., 758.

344 Ibid., 761.

345 Togo to Nomura, telegram 812, November 22, 1941, in Gaimusho, *Nichibei Kosho Shiryo*, part 1, 478–479.

346 Kershaw, *Fateful Choices*, 368–370.

347 Hull, *The Memoirs of Cordell Hull*, 2: 1081.

348 Henry Stimson, quoted in notes, Kershaw, *Fateful Choices*, 558.

349 Ibid.

350 "Outline of Proposed Basis for Agreement Between the United States and Japan," November 26, 1941, in U.S. Department of State, *Papers*, 2: 769.

351 *The Final Confrontation*, ed. Morley, 313.

352 "Memorandum of a Conversation," November 26, 1941, in U.S. Department of State, *Papers*, 2: 766.

第十六章

353 Togo, *Jidai no Ichimen*, 375.

354 Osugi, *Shinjuwan e no Michi*, 463.

355 Togo Shigehiko, *Sofu Togo Shigenori no Shogai* (Bungei Shunju, 1993), 278.

356 Osugi, *Shinjuwan e no Michi*, 464.

357 Ibid.

358 Kurusu, *Homatsu no Sanjugonen*, 111–112.

359 "Memorandum by the Secretary of State," November 27, 1941, in U.S. Department of State, *Papers*, 2: 770–772. 所有來自這次會議的引述均來源於此。

360 Churchill, *The Grand Alliance*, 539.

361 "Gozen Kaigi," November 5, 1941, 569–570.

362 Osugi, *Shinjuwan e no Michi*, 481.

363 "Dai 74-kai Renraku Kaigi," November 29, 1941, in *Taiheiyo Senso e no Michi (Bekkan)*, 592.

364 Kurusu, *Homatsu no Sanjugonen*, 121.

365 Ibid., 122.

366 Kido, *Kido Koichi Nikki (2)*, 928.

367 *Showa Tenno Dokuhakuroku*, 89–90.

368 Osugi, *Shinjuwan e no Michi*, 483.

369 Ibid.

370 "Dai 69-kai Renraku Kaigi," November 15, 1941, in *Taiheiyo Senso e no Michi (Bekkan)*, 585.

371 "*Gozen Kaigi*," December 1, 1941, in *Taiheiyo Senso e no Michi (Bekkan)*, 596.

尾聲

372 "Memorandum of a Conversation," December 7, 1941, in U.S. Department of State, *Papers*, 2: 787.

373 *The Final Confrontation*, ed. Morley, 19.

374 Togo to Nomura, telegram 844, November 28, 1941, in Gaimusho, *Nichibei Kosho Shiryo*, part 1, 505–506.

375 Togo to Nomura, telegram 878, December 3, 1941, in Gaimusho, *Nichibei Kosho Shiryo*, part 1, 530.

376 對這一辯論批判性的解讀詳見 Takeo Iguchi, *Demystifying Pearl Harbor: A New Japanese Perspective*, trans. David Noble (International House of Japan, 2010).

377 Kurusu, *Homatsu no Sanjugonen*, 164.

378 Ibid., 139.

379 Ibid., 211.

380 Ibid., 167.

381 Ibid.

382 *Showa Nimannichi no Zenkiroku (6)*, 336.

383 Iijima, "Growing Up in Old Japan," 20.

384 Nagai, *Tekiroku Danchotei Nichijo (2)*, 143.